セルフ授戒で仏教徒

五戒・八戒・菩薩戒、インド直伝実践マニュアル

大竹晋
Ōtake Susumu

国書刊行会

まえがき

本書は先に『宗祖に訊く――日本仏教十三宗・教えの違い総わかり』（国書刊行会、二〇一五）と『大乗非仏説をこえて――大乗仏教は何のためにあるのか』（国書刊行会、二〇一八）とのまえがきにおいて『明日から始める優婆塞・優婆夷――自誓受戒で在家仏教』という仮題のもとに刊行を予告した書です。

仏教には戒学《かいがく》、定学《じょうがく》、慧《え》学《がく》という三学（〝三つの学び〟）がありますが、本書は、筆者個人にとって、現代日本において血のかよった三学を考えようとする三部作のうちの最終刊をなしています。

戒学『セルフ授戒で仏教徒――五戒・八戒・菩薩戒、インド直伝実践マニュアル』（本書）

定学『大乗非仏説をこえて――大乗仏教は何のためにあるのか』（既刊）

慧学『宗祖に訊く――日本仏教十三宗・教えの違い総わかり』（既刊）

『宗祖に訊く』が日本の大乗仏教を体系化しようと試み、『大乗非仏説をこえて』が日本の大乗仏教の根幹に関わる信仰問題を解決しようと試みているのに対し、本書は日本の大乗仏教に在家者の戒を再生させようと試みています。

仮題においては「自誓受戒」ということばを用いましたが、その後、インド仏教において在家者が自分ひとりで戒を受けることを「自誓受戒」と呼ぶことは適切でないと気づきましたので、「セルフ授戒」ということばを用いることにしました。本書を読まれるかたが本書を「自誓受戒」についての書と呼ばないでくださいますと幸いです。

三部作は、いずれも、現代日本において骨董品扱いの死物と化している大乗仏教を、生きている宗教としてふたたび甦らせることを目的としています。注意ぶかい読者は筆者が三部作において対象読者について一貫して「自由な個人」という表現を用いていることにお気づきになるかもしれません。筆者は三部作を、既存の仏教団体に変化をもたらそうと思って書いたわけではなく、むしろ、大乗仏教に共感と関心とを持つ自由な個人に深化をうながそうと願って書いたのです。

ただし、前二冊における筆者の試みが既存の仏教団体周辺の人々からのさまざまな意見を招いたことも確かです。特に、『大乗非仏説をこえて』に対しては、在来の大乗仏教団体周辺の人々、あるいは新来の上座部仏教団体周辺の人々から、上座部を批判していて痛快である、あるいは不快であるという意見が寄せられました。そのことについてはひどく驚いたのですが、同書は決して上座部を批判してはおりません。筆者は南方の上座部そのものを批判しているわけではなく、日本の上座部仏教団体周辺の人々がしばしば大乗仏教の存在意義を否定し、あるいは大乗仏教を上座部仏教へと牽強付会し、あるいは上座部仏教を疑似科学で粉飾しがちであることに反対しているのです（同書においては一貫して「上座部仏教団体周辺の人々」という表現が用いられていますのでご確認ください）。筆者は唯識を専攻しましたので「一乗方便、三乗真実」論者であり、声聞乗、独覚乗、大乗という三乗はいずれも真実であると思っています。それゆえに、大乗の独立性を尊重するとともに、声聞乗の高貴な継承者である南方の上座部を尊敬しています。南方の上座部そのものと、日本の上座部仏教団体周辺の人々とを区別いただけますと幸いです。

本書の刊行も、いつに変わらぬ、国書刊行会の皆様のご理解とご好意とによって成しとげられました。特に、学生時代に律蔵を専攻した経験から、戒を主題とする本書の出版に対し好意と熱意とをもって取り組んでくださった、編集部の今野道隆さんに心から感謝申し上げる次第です。

令和二年四月吉日　京都東山今熊野の寓居にて

大乗優婆塞　大竹　晋

セルフ授戒で仏教徒　目次

まえがき　i

序　論　仏教において戒はなぜ受持されているか

一　はじめに　5
二　道徳性の意義　5
三　道徳性ある人　8
四　道徳性の受持　9
五　おわりに　12

第一章　仏教において戒はいかにして展開したか

一　はじめに　15
二　道徳性の別称　17
三　道徳性の展開　22
四　おわりに　34

第二章　仏教において戒は何を原則としているか

一　はじめに　37

二　道徳性の原則　38
三　道徳性の結末　41
四　おわりに　46

第三章　在家において戒は何を学処としているか

一　はじめに　49
二　五学処　50
三　八支近住学処　97
四　おわりに　103

第四章　菩薩において戒は何を学処としているか

一　はじめに　107
二　四の他勝処法　108
三　四十四の違犯　111
四　おわりに　162

第五章　仏教において戒は何を本質としているか

一　はじめに　165

二　道徳性の本質　166
三　道徳性の獲得　169
四　道徳性の捨棄　175
五　おわりに　181

第六章　いかにして自分ひとりで戒を受持するか

一　はじめに　185
二　在家の道徳性　188
三　菩薩の道徳性　208
四　おわりに　216

第七章　中国偽経の戒はいかなる問題を有するか

一　はじめに　219
二　原則の無視　221
三　失戒不能説　224
四　自誓受戒説　226
五　おわりに　238

第八章　無戒の仏教徒はいかなる問題を有するか
一　はじめに　243
二　インド仏教　244
三　末法無戒説　252
四　原則の無視　257
五　おわりに　259
結　論　セルフ授戒はなぜ日本仏教を興隆するか
一　はじめに　263
二　在家仏教　264
三　無教会仏教　266
四　仏教の興隆　268
五　おわりに　269
略号　271
註　279
索引　(1)

凡例

一、典拠としてアビダルマ／アビダンマ文献を指示する場合、すでに現代日本語訳がある文献については できるだけその現代日本語訳の頁を指示し、いまだ現代日本語訳がない文献については原典の頁を指示する。

一、『仏説目連問戒律中五百軽重事』は、来中した説一切有部の比丘、ヴィマラークシャ（卑摩羅叉）の講義録『五百問事』を原型としている（船山徹［1998］）。本書においては、『仏説目連問戒律中五百軽重事』のうち『五百問事』に由来する部分を説一切有部の文献として用いる。

一、『大智度論』は、伝承によれば鳩摩羅什によって漢訳された龍樹の著作であるが、近年、おおむね、鳩摩羅什によって編纂されたと考えられてきている（加藤純章［1996］）。本書においては、『大智度論』を鳩摩羅什の講義録の色彩が強い著作として用いる。

一、『成実論』は、いずれの部派に属するか長らく議論されてきたが、近年、おおむね、経量部に属すると考えられてきている（加藤純章［1989］）。本書においては、『成実論』を経量部の文献として用いる。

セルフ授戒で仏教徒——五戒・八戒・菩薩戒、インド直伝実践マニュアル

序論　仏教において戒はなぜ受持されているか

一　はじめに

『セルフ授戒で仏教徒——五戒・八戒・菩薩戒、インド直伝実践マニュアル』と名づけられる本書は、仏教の正統的な在家者として生活したいと望む自由な個人が自分ひとりで在家者の戒を受け、たもつための、手引きを提供することを目的としている。

本章においては、序論として、このことを説明したい。

二　道徳性の意義

仏教の正統的な在家者と出家者とがそれぞれ戒を受け、たもっていることはよく知られている。最も基本的な戒のセットとして、不殺生《ふせっしょう》、不偸盗《ふちゅうとう》、不邪婬《ふじゃいん》、不妄語《ふもうご》、不飲酒《ふおんじゅ》という五戒——在家者の戒であるが、出家者の戒のうちにも含まれる——があることもよく知られている。

ただし、戒を受け、たもつことは仏教の実践のうちもっとも人気のない要素であると言って過言ではない。こんにち、仏教の実践に興味を持つ人は多いが、そのような人は、たいてい、瞑想を学ぶことによって安楽に生きたいと思っており、戒を受け、たもつことはむしろ苦行に違いないと考えている。

したがって、本書は、まず、戒を受け、たもつことの意義から説明しなければならない。

仏教において、戒とは、仏教的な道徳性（morality）を意味する語のひとつである。

では、仏教において、戒はなぜ受けられ、たもたれているのであろうか。

それは、端的に言えば、人を超えて向上していくためである。

殺生、偸盗、邪婬、妄語、飲酒を始めとするもろもろのふるまいは、ある意味、きわめて人間的な悪徳である。仏教の正統的な在家者と出家者とは、そのような人間的な悪徳を抑制するために、戒を受け、たもっている。彼らは、そのような人間的な悪徳を抑制するゆえに、最終的に、人を超えて涅槃《ねはん》（ニルヴァーナ。〝鎮火状態〟）を得ることができるし、たとえすぐ涅槃を得られなくとも、死後に、人を超えて生天《しょうてん》（〝天界に生まれること〟）を得ることができると考えられている。

歴史的に言って、日本においては、戒を受け、たもっている、仏教の正統的な在家者と出家者とが少ない。それは、日本においては、人を超えて向上していくことよりも、人情の機微に通ずることのほうが好まれるからである。人情の機微に通ずることが好まれる社会においては、人間的な悪徳を抑制し、人を超えて向上していく人よりも、人間的な悪徳を完全には抑制できず、しかし人情の機微に通ずる人のほうが愛される。それゆえに、日本の在来の大乗仏教諸宗においては、歴史的に、戒をたもたなくても往生浄土《おうじょうじょうど》（〝仏国土《ぶっこくど》に生まれること〟）が得られる、あるいは、往生浄土と同時に涅槃すら得られるという教理が整備されてきたのである。戒を欠く仏教は、正統的な仏教とは異なる、日本の在来の大乗仏教の大いなる特徴である。

もちろん、日本においても、出家者が験《げん》を求めて期間限定で潔斎したり、在家者が願掛けとして期間限定で潔斎したりすることはある。そのような潔斎はすでに仏教伝来以前の日本人の姿を伝える『魏志倭人伝』（『魏志』烏丸鮮卑東夷伝倭人条）において記されているから、日本人の宗教性の古層に属すると言ってよい。同伝に次のようにある。

もし〔倭国内を〕行き来したり、海を渡って中国に詣でたりする場合、〔倭人たちは〕つねにひとりの者に、あたかも喪中の人であるかのように、頭を梳《くしけず》らせず、しらみを除かせず、衣服を垢まみれにさせ、肉を食べさせず、婦人に近づかせない。それを「持衰《じさい》」と呼ぶ。もし旅行する者がうまくいったならば、〔倭人たちは〕みなで彼（持衰）に生口（〝奴隷〟）や財物を顧慮するし、もし〔旅行する者が〕病気になったり暴害に遭ったりしたならば、「彼の持衰ぶりに謹みがなかった」と言って彼を殺そうとする。(1)

しかし、このような潔斎は戒と本質的に異なっている。潔斎は人にとって望ましい現世利益を求めるために行なわれるが、戒は人を超えて向上していくためにたもたれるからである。

かくて、歴史的に言って、日本においては、戒を受け、たもっている、仏教の正統的な在家者と出家者とが少ない。戒に対しては、「そんなの人間らしくない」というのが大多数の日本人の意見である。

そのような意見はかならずしも間違っているわけではない。ある意味、戒は確かに人間らしくないことに違いない。戒を受け、たもっている、仏教の正統的な出家者が多い東南アジア諸国においても、じつは、厳密な意味において戒を受け、たもっている、仏教の正統的な在家者はおおむね老いて来世が心配になった人々である（上座部仏教国である東南アジア諸国の在家者はみな五戒をたもっているであろうと考えることは幻想である）。老いる前から人間的な悪徳を抑制し、人を超えて向上していく、仏教の正統的な在家者は、日本においても、ほかの仏教国においても少ないのである。

言ってみれば、老いる前から戒を受け、たもつのは、よほどのことがあった者なのである。よほどのことがあって、自分が人であることを悲しく思わないかぎり、人間的な悪徳を抑制し、人を超えて向上していくことを決意する者とはならない。

三　道徳性ある人

戒を受け、たもっている、仏教の正統的な在家者と出家者とは、人を超えて向上していくことを決意した者である。彼らは人間的な悪徳を何かのきっかけで嫌になった。それゆえに、人を超えて向上していくことを望み、戒を受け、たもっているのである。

犯罪は、ばれないかぎり、法律によって罰せられない。しかし、戒を受け、たもっている、仏教の正統的な在家者と出家者とは、たとえばれなくても、犯罪のみならず人間的な悪徳を不用意に行なわない。彼にとっては、ばれるかばれないかは問題ではなく、人間的な悪徳にとどまるか人を超えて向上するかが問題なのである。

時折、「なぜ人を殺してはいけないのかわからない」と発言する者がいる。このような者の言うところによれば、自分が人を殺さないのは、単に、もし人を殺したのがばれたならば、法律によって罰せられるのが怖いからというだけである。このような者は、〝人を殺さないのは自分が向上していくためである〟という発想を欠いているゆえに、このように発言するのである。

ただし、このような者のうちの大多数は、「あなたは、人を殺すことを平気でできるような、そんなエゴイストになりたいのか」と尋ねられたならば、たいてい、首を横に振るはずである。彼らは、単に、若年の性急さなどのせいで、いまだ、〝人を殺さないのは自分が向上していくためである〟という発想に気づいていないだけにすぎない。

もっとも、このような者のうちのごく少数——選民意識を持つ、強烈なエゴイスト——は、そもそも、〝人を殺さないのは自分が向上していくためである〟という発想を理解できないに違いない。最初から自分をほかの人より上だと見なしているエゴイストは、自分が向上していかなければならないとは思わないのである。戒を受け、たもっている、仏教の正統的な在家者と出家者とは、最初から自分を最上と見なしているエゴイストからは、おそらく理解を得られないはずである。

しかし、それでもいいのである。

自分を向上させるという発想を持ち得ない者がいることは、自分を向上させるという発想を持たなくていいことにならない。「このままでは自分のためにならない」「自分をどうにかしたい」と思うようになった者は、もはや、もとのままにとどまることができないのだから、エゴイストからどう言われようとも、自分を向上させていくだけである。いつの時代においても、戒はそのような者たちによって受けられ、たもたれてきた。

戒は、出家者の戒と、在家者の戒とに大別される。本書において、筆者は、仏教の正統的な在家者として生活したいと望む自由な個人が自分ひとりで在家者の戒を受け、たもつための、手引きを提供したいと願っている。

四　道徳性の受持

筆者がそのような手引きを提供したいと願っているのはなぜか。

それは、現代の日本においては、在家者の戒を他者から受けることがほとんどできないからである。通常、インド仏教において、在家者の戒は出家者の戒をたもっているサンガ（〝出家者教団〟）の一員からじきじきに受けることによって得られる。しかし、現代の日本においては、そのようなサンガの一員を見つけることがきわめて難しい。上座部仏教あるいはチベット仏教のサンガが進出してきている都市部においては、それらのサンガの一員から在家者の戒を受けることができるかもしれないが、そのような機会を得ることは多くの人々にとってほとんど不可能である。

じつは、インド仏教においては、いくつかの学派において、在家者が、もしサンガの一員を見つけられない場合、自分ひとりで在家者の戒を受け、たもつことが認められている。本書において、筆者はそのような学派の説にもとづいて、仏教の正統的な在家者として生活したいと望む自由な個人が在家者の戒を受け、たもつための、手引きを提供したい。

すなわち、本書はあくまでインド仏教にもとづいて書かれる。中国仏教、日本仏教にはもとづかない。それはなぜかというならば、戒については、中国仏教、日本仏教はあまりにも中国偽経の戒から影響を受けすぎており、インド仏教以来の正統的な戒の考えかたからしばしば外れがちであると思われるからである。

冒頭に述べたとおり、仏教において、戒とは、仏教的な道徳性（morality）を意味する語のひとつである。われわれは先天的に仏教的な道徳性をたもっているわけではない。われわれは、仏教的な道徳律（moral code）に従うことによって、ようやく後天的に仏教的な道徳性をたもつことができる。その仏教的な道徳律は学処《がくしょ》と呼ばれる。したがって、本書においては、戒と学処との両方が扱われることになる。

本書は以下のような構成を持つ。

序　論　仏教において戒はなぜ受持されているか
第一章　仏教において戒はいかにして展開したか
第二章　仏教において戒は何を原則としているか

第三章　在家において戒は何を学処としているか
第四章　菩薩において戒は何を学処としているか
第五章　仏教において戒は何を本質としているか
第六章　いかにして自分ひとりで戒を受持するか
第七章　中国偽経の戒はいかなる問題を有するか
第八章　無戒の仏教徒はいかなる問題を有するか
結　論　セルフ授戒はなぜ日本仏教を興隆するか

第一章においては、インド仏教において出家者と在家者との戒がいかにして展開したかを論ずる。

第二章においては、インド仏教において出家者と在家者との戒が何を原則としているかを論ずる。

第三章においては、インド仏教において在家者の戒が何を学処としているかを論ずる。

第四章においては、インド仏教において菩薩の戒が何を学処としているかを論ずる。

第五章においては、インド仏教において出家者と在家者との戒が何を本質としているかを論ずる。

第六章においては、インド仏教において在家者が自分ひとりでいかにして在家者の戒を受け、たもつかを論ずる。

第七章においては、中国仏教において偽経の戒がいかなる問題を有するかを論ずる。

第八章においては、インド仏教と日本仏教とにおいて無戒の仏教徒がいかなる問題を有するかを論ずる。

五　おわりに

本章において述べてきたことがらは以下のとおりである。

1　戒をたもつのは、人を超えて向上していくためであり、その果てに生天ないし涅槃がある。

2　戒においては、大別して、出家者の戒と在家者の戒との二つがある。

3　本書は仏教の正統的な在家者として生活したいと望む自由な個人が自分ひとりで在家者の戒を受け、たもつための、手引きを提供する。

第一章　仏教において戒はいかにして展開したか

一　はじめに

古代インドにおいて悟りを開いて仏（ブッダ。〝目覚めた者〟）となった実在の人物である釈迦牟尼《しゃかむに》（シャーキャ・ムニ。〝釈迦族の隠者〟。釈尊）――いわゆる歴史的ブッダ――の教えは、彼の死（紀元前五世紀頃）の後に、彼の弟子たちの教団によって、経、律、論という三蔵（〝三つの籠〟）として結集《けつじゅう》された。経は阿含経《あごんきょう》、律は教団の運営規則、論は阿含経の解釈である。図示するならば、次図のとおりである。

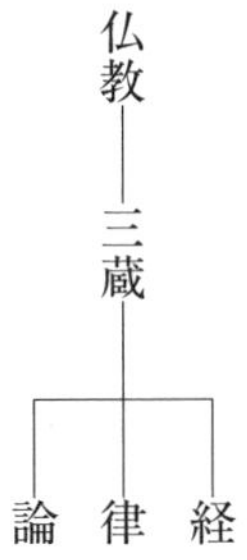

教団はのちに諸部派へと分裂し、それぞれの部派において、若干異なる三蔵が保持されることになった。これが部派仏教である。

阿含経においては、次のような三種類の修行者が説かれている。

①　声聞《しょうもん》（シュラーヴァカ。〝〔仏の〕声を聞く者〟）

②　独覚《どっかく》（プラティエーカブッダ。〝〔仏にたよらず〕独りで目覚めた者〟）

表1　七衆

七衆	内容
比丘《びく》（苾芻《びっしゅ》。ビクシュ）	出家者の男性（二十歳以上）
比丘尼《びくに》（苾芻尼《びっしゅに》。ビクシュニー）	出家者の女性（二十歳以上）
式叉摩那《しきしゃまな》（正学女《しょうがくにょ》。シクシャマーナー）	出家者見習いの女性（十八歳以上。二年間）
沙弥《しゃみ》（勤策男《ごんさくなん》。シュラーマネーラ）	出家者見習いの男性（二十歳未満）
沙弥尼《しゃみに》（勤策女《ごんさくにょ》。シュラーマネーリー）	出家者見習いの女性（十八歳未満）
優婆塞《うばそく》（近事男《ごんじなん》。ウパーサカ）	在家者の男性
優婆夷《うばい》（近事女《ごんじにょ》。ウパーシキー）	在家者の女性

③　菩薩《ぼさつ》（ボーディサットヴァ。〝〔仏の〕悟りを求める生きもの〟）

諸部派はいずれも声聞である。

その後、歴史的ブッダの死後五百年頃（紀元前後）から、新たに大乗経（〝偉大な乗りものに属する経〟）が出現し始めた。大乗経は部派仏教を小乗（〝つまらない乗りもの〟）と規定し、声聞ではなく菩薩となって、仏の悟りを求めるよう勧めている。

それによって、諸部派においても、律をそのまま用いつつ、経のうちに大乗経を加え、論として大乗経の解釈を造る者が出現し始め、結果として、諸部派の三蔵と異なる、大乗の三蔵が派生することとなった（律のみは諸部派と共有）。

これが大乗仏教である。

部派仏教と大乗仏教とはこのようにして並存するようになったのである。

部派仏教においても、大乗仏教においても、仏教徒は、細かく言えば七衆《しちしゅ》（〝七グループ〟）に、大まかに言えば出家者（プラヴラジタ。〝〔家を〕出た者〟）と在家者（グリハスタ／グリヒン。〝家にいる者／家を持つ者〟）との二つに区分される。表示するならば、表1のとおりである。

先に、①声聞、②独覚、③菩薩という、三種類の修行者について述べた。声聞は七衆のうち出家者、菩薩は七衆のうち出家者か在家者かである。独覚は七衆のうちに含まれない。

仏教においては、出家者も在家者も戒をたもつ。戒とは、仏教的な道徳性（morality）を意味する語のひとつである。ただし、それは、あくまで、仏教的な道徳性であるにすぎない。人は仏教的な道徳性のほかにも何らかの道徳性をたもち得るし、人ではないいくつかの動物も仲間同士において何らかの道徳性をたもち得るが、そのような道徳性は仏教的な道徳性としての戒ではない。

本章においては、まず、仏教的な道徳性を意味する語がいくつあるかについて確認し、そののち、仏教的な道徳性がいかにして展開したかについて確認したい。

二　道徳性の別称

仏教的な道徳性を意味する語のうち、特に代表的なのは律儀《りつぎ》（サンヴァラ。〝つつしみ〟）である。

部派仏教と大乗仏教とは、いずれも、北伝（〝北に伝わったもの〟）と南伝（〝南に伝わったもの〟）とに分かれている。北伝仏教に属する、部派仏教の説一切有部《せついっさいうぶ》、そこから派生した、部派仏教の経量部《きょうりょうぶ》、大乗仏教の唯識派においては、律儀は三つに区分されている。図示するならば、次図のとおりである。

律儀
- 別解脱律儀（戒、妙行、業、律儀）
- 静慮律儀
- 無漏律儀

われわれの娑婆世界は欲界《よくかい》（〝欲望界〟）、色界《しきかい》（〝物質界〟）、無《む》色界《しきかい》（〝非物質界〟）という三界によって構成されている。欲界は下界と低級な天界、色界と無色界とは高級な天界である。

別解脱律儀《べつげだつりつぎ》（〝〔罪悪からの〕個別的な解脱に属する律儀〟）とは、欲界に属する者たちの仏教的な道徳性である。

静慮律儀《じょうりょりつぎ》（〝瞑想に属する律儀〟）とは、色界に属する者たちの仏教的な道徳性である。

無《む》漏《ろ》律儀《りつぎ》（〝無漏に属する律儀〟）とは、無漏（〝煩悩なき状態〟）である聖者たちの仏教的な道徳性である。

したがって、われわれ欲界に属する者たちにとっては、このうち、別解脱律儀が仏教的な道徳性である。

説一切有部においては、別解脱律儀の別名として、戒、妙行《みょうぎょう》、業、律儀という四つの語が用いられている（『阿毘達磨倶舎論』業品〔舟橋一哉［1987：128］〕）。そのことは、説一切有部から派生した、経量部、唯識派においても踏襲されている。

戒（シーラ。〝自戒〟）
妙行（スチャリタ。〝善行〟）
業（カルマン。〝ふるまい〟）
律儀（サンヴァラ。〝つつしみ〟）

これら四つの語はいずれも別解脱律儀の別名であり得るが、厳密に言えば、妙行と業と律儀とはかならずしも別解脱律儀の別名であるとは限らない。

具体的に言えば、妙行は別解脱律儀より広義の語であって、妙行のうちには別解脱律儀よりも低レベルの妙行も含まれる。

業も別解脱律儀より広義の語であって、業のうちには別解脱律儀よりも低レベルの業も含まれる。

律儀も別解脱律儀より広義の語であって、律儀のうちには前述のように別解脱律儀、静慮律儀、無漏律儀がありうる。

特に、妙行は、「○○は別解脱律儀ではなく妙行であるにすぎない」というふうに、別解脱律儀よりも低レベルの妙行として扱われることが多い（後出）。

ともあれ、戒とは別解脱律儀の別名なのである。それは欲界に属する者たちの仏教的な道徳性である。

さて、三界においては、地獄、畜生、餓鬼、人、天という五趣の有情《うじょう》（〝生きもの〟）がいる（天とは、神々を意味する）。

地獄、畜生、餓鬼、人は三界のうち欲界に生まれ、天は三界のうちいずれかに生まれている。

人は別解脱律儀、静慮律儀、無漏律儀という三つをたもち得る。具体的に言えば、人は、欲界に生まれている以上、後天的に別解脱律儀をたもち得るし、心を色界へと送って瞑想する場合、後天的に静慮律儀をたもち得るし、聖者となる場合、後天的に無漏律儀をたもち得る。

天は静慮律儀、無漏律儀という二つをたもち得る。具体的に言えば、天は、欲界や色界に生まれている場合、後天的に静慮律儀と無漏律儀とをたもち得るし、無色界に生まれている場合、後天的に無漏律儀を、たとえ顕在的でないにせよ、潜在的にたもち得る（『阿毘達磨倶舎論』業品〔舟橋一哉［1987：243–244］〕）。

地獄、畜生、餓鬼は律儀をたもち得るか。地獄、畜生、餓鬼は心を色界へと送って瞑想することができないため後天的に静慮律儀をたもち得ないし、聖者となることができないため後天的に無漏律儀をたもち得ない。地獄、畜生、餓鬼は欲界に生まれているが、彼らが後天的に別解脱律儀をたもち得るかについては議論がある。

説一切有部においては、人のみが別解脱律儀と不律儀（〝つつしみのなさ〟。悪徳、罪悪）とをたもち得ると説かれている（『阿毘達磨倶舎論』業品〔舟橋一哉［1987：241–243］〕）。地獄、畜生、餓鬼は、別解脱律儀を受けないから別解脱律儀をたもち得ないし、悪をなそうとする意欲もないから（たとえば、畜生である肉食獣などは、相手に悪いと思いながら殺生しているのではなく、何も思わないまま殺生している）不律儀をたもち得ない。

なお、『サンユッタ・ニカーヤ（相応部）』のナーガ・サンユッタ（SN vol. III, 241–243）においては、胎生のナーガ（〝インドコブラ〟。すなわち、畜生）が近住《ごんじゅう》（ウパヴァーサ。〝節制的生活〟。布薩《ふさつ》）すると説かれており、これは胎生のナーガが別解脱律儀のひとつである近住律儀（後述）をたもつことを意味すると理解されうるが、説一切有部においては、胎生のナーガがたもつのは別解脱律儀ではなく妙行であるにすぎないと説かれている（『阿毘達磨大毘婆沙論』業蘊〔巻百二十四。T27, 648c〕。『阿毘達磨倶舎論』業品〔舟橋一哉［1987：243］〕）。胎生のナーガとは、ナーガをトーテムとする非アーリア人であるらしい。

経量部においては、人のみが不律儀をたもつと説かれているが（『成実論』七不善律儀品〔巻八。T32, 302c〕。なお、続けて、肉食獣が不律儀をたもつという説も紹介されている）、胎生のナーガが別解脱律儀のひとつである近住律儀をたもつ以上、かならずしも人のみが別解脱律儀をたもつわけではないと説かれている（『成実論』七善律儀品〔巻八。T32, 303a〕）。

以上、北伝の説一切有部、経量部、唯識派においては、律儀が別解脱律儀、静慮律儀、無漏律儀という三つに分けられている。われわれ欲界に属する者たちの仏教的な道徳性（morality）は、そのうち、別解脱律儀であって、戒と呼ばれている。

なお、南伝の上座部においては、律儀が別解脱律儀、静慮律儀、無漏律儀という三つに分けられることはない。われわれ欲界に属する者たちの仏教的な道徳性（morality）は単に戒と呼ばれている。

われわれ欲界に属する者たちは先天的に別解脱律儀をたもっているわけではない。われわれは仏教的な道徳律（moral code）に従うことによってようやく後天的に別解脱律儀をたもつことができる。その仏教的な道徳律は学処《がくしょ》（〝学びの基礎〟）と呼ばれる。学処については、のちにあらためて紹介する。

ここで、あらためて、われわれ欲界に属する者たちの仏教的な道徳性と仏教的な道徳律とを次頁表2にまとめておく。

表2

仏教的な道徳性	仏教的な道徳律
戒（〝自戒〟） 妙行（〝善行〟） 業（〝ふるまい〟） 律儀（〝つつしみ〟） 〔以上、すべて同義語。〕	学処（〝学びの基礎〟）

三　道徳性の展開

阿含経と律とにおいては、われわれ欲界に属する者たちの仏教的な道徳性――戒、妙行、業、律儀――がさまざまに説かれている。

部派仏教の論においては、それらのうち、われわれ欲界に属する者たちの仏教的な道徳性として、おもに①十善業《じゅうぜんごう》道《どう》と②七衆の別解脱律儀とが説かれている（①は三界に属する者たちの共有）。

大乗仏教の論においては、それらに加え、さらに③菩薩律儀が説かれている。

以下、順に確認したい。

（1）十善業道

まず、十善業道（〝十の善なるふるまいの道〟）とは、前述の別解脱律儀、静慮律儀、無漏律儀のどれにも含まれている、出家者と在家者とに共通の仏教的な道徳性である。説一切有部において、十善業道は十個の代表的な妙行であると規定されている（『阿毘達磨倶舎論』業品〔舟橋一哉［1987：308–309］〕）。十個とは、次のとおりである（漢訳語は玄奘訳）。

①離害生命（〝生命を害することから離れること〟。通称：不殺生）
②離不与取（〝与えられないものを取ることから離れること〟。通称：不偸盗）
③離欲邪行（〝性行為を邪まに行なうことから離れること〟。通称：不邪婬）
④離虚誑語（〝偽りのことばから離れること〟。通称：不妄語）
⑤離離間語（〝中傷のことばから離れること〟。通称：不両舌）
⑥離麁悪語（〝粗暴なことばから離れること〟。通称：不悪口）
⑦離綺語（〝軽薄なことばから離れること〟。通称：不綺語）
⑧離貪欲（〝貪欲から離れること〟。通称：不慳貪）
⑨離瞋恚（〝瞋恚から離れること〟。通称：不瞋恚）
⑩離邪見（〝〔非仏教的な〕邪まな見かたから離れること〟、通称：不邪見）

①から③は身業《しんごう》（〝からだによるふるまい〟）、④から⑦は語業《ごごう》（〝ことばによるふるまい〟）、⑧から⑩は意業《いごう》（〝こころによる

ふるまい〟）である。

十善業道においては、離欲邪行（〝性行為を邪まに行なうことから離れること〟）が説かれており、離非梵行（〝性行為から離れること〟）が説かれていない。それゆえに十善業道はしばしば在家者の道徳性であると考えられがちであるが、かならずしもそうではない。説一切有部においては、七衆の別解脱律儀をたもっている者（すなわち、出家者、在家者）の思《し》（〝思い〟。すなわち、律儀）が、十善業道と倶転《くてん》（〝ともに活動〟）していることが説かれている（『阿毘達磨倶舎論』業品〔舟橋一哉［1987：386-387］〕）。離非梵行は離欲邪行を含んでいる以上、十善業道は出家者の道徳性でもあり得る（本庄良文［1988：99-100］）。

十善業道は、婆羅門教文献において説かれている、十業への規制と共通している（中村元［1995：503］、藤田宏達［1975］）。たとえば、『マヌ法典』（紀元前二世紀―紀元後二世紀頃）に次のようにある。

一二・五　他人の財産をむやみに欲しがる、良くないことを心に思う、誤った考え方に夢中になる――これらの三種は心による行為である。

一二・六　罵言、虚言、むやみやたらな中傷、無駄なおしゃべりの四種は言葉による〔行為〕である。

一二・七　与えられない物を取ること、規定にない殺生をすること、他人の妻と交わることは身体による三種〔の行為〕であると言われている。（渡瀬信之〔訳註〕［2013：428-439］）

このうち、「規定にない殺生をすること」（婆羅門教の規定にない殺生をすること）への規制が、仏教においては、完全に殺生しないこととなっている。

以上、十善業道はインドにおいて認められている一般的な道徳性に由来しているとわかる。

（2）七衆の別解脱律儀

次に、七衆の別解脱律儀とは、前述の別解脱律儀、静慮律儀、無漏律儀のうちの別解脱律儀である、出家者と在家者とのそれぞれの仏教的な道徳性の合計である。

序論において確認したとおり、仏教徒は、細かく言えば七衆に、大まかに言えば出家者と在家者との二つに区分される。七衆のうち、比丘、比丘尼、式叉摩那、沙弥、沙弥尼は出家者であり、優婆塞、優婆夷は在家者である。

先に確認したとおり、われわれ欲界に属する者たちは先天的に別解脱律儀をたもっているわけではない。われわれは仏教的な道徳律（moral code）に従うことによってようやく後天的に別解脱律儀をたもつことができる。その仏教的な道徳律は学処と呼ばれる。

七衆がそれぞれ従うべき学処が別々であるゆえに、七衆の別解脱律儀は別々である。表示するならば、次頁表3のとおりである。

さて、七衆の別解脱律儀という語は、説一切有部、経量部、唯識派において用いられるにすぎず、上座部においては用いられていない。上座部においては、別解脱律儀（パーティモッカ・サンヴァラ。〝波羅提木叉のつつしみ〟）という語は比丘律儀と比丘尼律儀とについてのみ用いられている。それに対し、説一切有部、経量部、唯識派においては、別解脱という語は七衆すべての律儀について用いられている。説一切有部、経量部、唯識派においては、比丘律儀と比丘尼律儀とのみならず、七衆すべての律儀が別解脱（〝〔罪悪からの〕個別的解脱〟）に属すると考えられているのである。

上座部において用いられていない語ではあるが、本書においては、便宜上、七衆の別解脱律儀という語を用いる。

表3　七衆の学処と別解脱律儀

七衆	七衆の学処	七衆の別解脱律儀※
比丘	二百五十学処（概数。部派によって相違）	比丘律儀
比丘尼	五百学処（概数。部派によって相違）	比丘尼律儀
式叉摩那	六法	式叉摩那律儀
沙弥・沙弥尼	十学処	沙弥律儀／沙弥尼律儀
優婆塞・優婆夷	五学処	優婆塞律儀／優婆夷律儀
	八支近住学処	近住律儀

〔※　なお、七衆の別解脱律儀は、まとめれば、比丘律儀、沙弥律儀、優婆塞律儀、近住律儀という四律儀となる。〕

古い漢訳において、学処は「戒」と訳されている。具体的に言えば、比丘の二百五十学処は「二百五十戒」、沙弥・沙弥尼の十学処は「十戒」、優婆塞・優婆夷の五学処は「五戒」、八支近住学処は「八斎戒」と訳されている。すなわち、古い漢訳においては、仏教的な道徳性と仏教的な道徳律とがともに「戒」と訳されているのである。しかし、それは混乱を招きかねない。正確に言えば、われわれ欲界に属する者たちは仏教的な道徳律――学処――に従うことによってようやく仏教的な道徳性――戒、妙行、業、律儀――をたもつことができるのである。

したがって、本書においては、まぎらわしさを避けるため、学処についてはあくまで学処という語を用いる。

本書は正統的な仏教徒として生活したいと望む在家者が自分ひとりで在家者の戒を受け、たもつための、手引きを提供することを目的としている。在家者の戒とは、優婆塞律儀／優婆夷律儀と近住律儀とである。それゆえに、ここでは、それらについてのみ確認したい。なお、優婆塞律儀／優婆夷律儀は内容が同じである。

優婆塞律儀／優婆夷律儀

まず、優婆塞律儀／優婆夷律儀について確認したい。

優婆塞律儀／優婆夷律儀は、通常の日における、在家者の仏教的な道徳性である。優婆塞律儀／優婆夷律儀という語は、説一切有部、経量部、唯識派において用いられ、上座部においては用いられていない。上座部においては、五戒あるいは常戒という語が用いられている。ただし、本書においては、便宜上、優婆塞律儀／優婆夷律儀という語を用いる。

われわれ欲界に属する者たちは五学処に従うことによってようやく優婆塞律儀／優婆夷律儀をたもつことができる。五学処とは、次のとおりである（漢訳語は玄奘訳）。

①離害生命（〝生命を害することから離れること〟。通称：不殺生）
②離不与取（〝与えられないものを取ることから離れること〟。通称：不偸盗）
③離欲邪行（〝性行為を邪まに行なうことから離れること〟。通称：不邪婬）
④離虚誑語（〝偽りのことばから離れること〟。通称：不妄語）
⑤離飲諸酒（〝諸酒を飲むことから離れること〟。通称：不飲酒）

表4　五誓戒と五学処

婆羅門教（『バウダーヤナ法経』）比丘の五誓戒	ジャイナ教 出家者の五大誓戒	ジャイナ教 在家者の五小誓戒	仏教 在家者の五学処
不害（アヒンサー）	不害（アヒンサー）	離害生命	離害生命
真実（サティヤ）	実語（スーンリタ）	離虚誑語	離虚誑語
不盗（アスタイニャ）	不盗（アステーヤ）	離不与取	離不与取
離婬（マイトゥナヴァルジャナ）	梵行（ブラフマチャリヤ）	満足自妻	離欲邪行
捨棄（ティヤーガ）	無所有（アパリグラハ）	制欲	離飲諸酒

五学処は十善業道の初四業道に離飲諸酒を加えたものである。

五学処は婆羅門教やジャイナ教における五誓戒と共通している（中村元［1995：490–493］、長崎法潤［1981］）。表示するならば、表4のとおりである（中村元［1995：490–493］）。

五誓戒のうち、所有欲を制する第五が、仏教においては離飲諸酒となっている。『ディーガ・ニカーヤ』（『長部』。DN vol. III, 48–49）においては、離飲諸酒を除く四つが、出家者の四制戒（チャートゥ・ヤーマ）として、「苦行者は生類を殺さず、殺させず、生類を殺すのを容認しない」などの定型句によって説かれているが、この定型句はジャイナ教の誓戒における定型句である（中村元［1995：481–482］）。

さらに、『スッタニパータ』ダンミカ経においては、五学処にあたる五つが、在家者の誓戒（ヴラタ）として、「苦行者は生類を殺さず、殺させず、生類を殺すのを容認しない」などの定型句によって説かれているが、この誓戒という語はジャイナ教の誓戒と同一であるし、この定型句はジャイナ教の誓戒における定型句である（長崎法潤［1981］）。

以上、五学処は、離飲諸酒を例外として、婆羅門教やジャイナ教と共通の基盤に由来しているとわかる。

近住律儀

次に、近住律儀について確認したい。

近住律儀は、近住（ウパヴァーサ。〝節制的生活〟。布薩《ふさつ》）の日——新月、半月、満月の日——における、在家者の道徳性である。近住律儀という語は、説一切有部、経量部、唯識派において用いられ、上座部においては用いられていない。上座部においては、布薩戒という語が用いられている。ただし、本書においては、便宜上、近住律儀という語を用いる。

われわれ欲界に属する者たちは八支近住学処に従うことによってようやく近住律儀をたもつことができる。八支近住学処は、八支であるにせよ、詳しく言えば九支である（九支のうち、⑥⑦を合して八支となる）。九支とは、次のとおりである（漢訳語は玄奘訳）。

①離害生命（〝生命を害することから離れること〟）
②離不与取（〝与えられないものを取ることから離れること〟）
③離非梵行（〝性行為から離れること〟）
④離虚誑語（〝偽りのことばから離れること〟）
⑤離飲諸酒諸放逸処（〝諸酒を飲むことという、放逸にとってのよりどころから離れること〟）

⑥離歌舞倡伎（〝歌と、踊りと、器楽とから離れること〟）
⑦離塗飾香鬘（〝化粧することと、香料を塗ることと、花で飾ることとから離れること〟）
⑧離高広床（〝〔脚が〕高い寝床と、広い寝床とから離れること〟）
⑨離非時食《ひじじき》（〝〔正午から翌日の日の出までの時という〕不適切な時の食事から離れること〟）

八支近住学処（詳しく言えば、九支）は五学処のうち離欲邪行を除く四つに、出家者の学処である、離非梵行、離歌舞倡伎、離塗飾香鬘、離高広床、離非時食を加えたものである。

近住は、婆羅門教における、新月祭と満月祭との前夜祭である、断食儀式としての近住（ウパヴァサタ）に由来している（中村元［1995：517–518］、平川彰［2000：139–140］）。

五学処と八支近住学処との内容については、第三章において詳しく確認する。

以上、出家者と在家者との十善業道や、在家者の別解脱律儀——優婆塞律儀／優婆夷律儀と近住律儀と——は、婆羅門教やジャイナ教と共通の基盤に由来している。もしそうであるならば、仏教徒、婆羅門教徒、ジャイナ教徒は、部分的に異なるにせよ、大部分において同一の別解脱律儀——戒、妙行、業、律儀——をたもっていると考えてよいのだろうか。

この問題については、仏教の諸学派においても意見が分かれている。

説一切有部においては、異教徒の戒は仏教徒の別解脱律儀と同じではないと説かれている（『阿毘達磨俱舎論』業品〔舟橋一哉［1987：132］〕）。

経量部においては、十善業道のうち、身業と語業とである最初の七善業道について、異教徒の戒は仏教徒の別解脱律儀と同じであると説かれている（『成実論』正行品、七善律儀品〔巻七、巻八。T32, 296a; 303a〕）。

（3）　菩薩律儀

次に、菩薩律儀とは、大乗仏教の出家者と在家者とに共通の仏教的な道徳性である。

われわれ欲界に属する者たちは四の他勝処法《たしょうしょほう》と四十四の違犯《いぼん》とである学処に従うことによってようやく菩薩律儀をたもつことができる。四の他勝処法と四十四の違犯との内容については、第四章において確認する。

この菩薩律儀は菩薩戒とも呼ばれる。菩薩戒は、律儀戒（〝律儀という戒〟）、摂善法戒《しょうぜんぼうかい》（〝善法を集めることという戒〟）、饒益有情戒《にょうやくうじょうかい》（〝有情を利益することという戒〟）という三つから構成されている。

このうち、律儀戒とは、前述の、七衆の別解脱律儀に他ならない。すなわち、大乗仏教の出家者と在家者とは、菩薩戒の一部として、かならず、七衆の別解脱律儀のうちのいずれかをたもつ。

律儀戒、摂善法戒、饒益有情戒という三つのうち、基本は律儀戒である。『瑜伽師地論』に次のようにある。

> 〝三種類の菩薩戒なるもの、そのうちどれかが不完全である場合、〔菩薩は〕菩薩律儀によって護られていると述べられるべきか、あるいは護られていないと述べられるべきか〟というならば、護られていないと述べられるべきである。
>
> それら三種類のうち、具体的には、この律儀戒は〔三種類の菩薩戒を〕束ねるもの、結びつけるものであって、それが護られ、配慮されるならば、それ以外のもの（摂善法戒、饒益有情戒）も護られ、配慮されるようになるの

で、それゆえに、菩薩は、律儀戒が損なわれている場合、あらゆる〔菩薩〕律儀が損なわれている者であると述べられるべきである。

他者によって褒められたいから、かつ、他者の顔色を伺ったから、かつ、他者に受けるよう勧められたから〔律儀戒を受けるの〕ならば、それ（律儀戒）を受けるにすぎず、決して、自己の信仰によって、意楽《いぎょう》（〝こころざし〟）を形づくってのち、観察し、あらゆる有情に対する憐憫の心を起こし、善を望んで、受けてはいない。彼も〔菩薩律儀によって〕護られてはいないと述べられるべきである。彼はそれによっては善の円満へと取り組むようにもならないし、それ（菩薩律儀）の果である利益をも得られるようにならない。

そのことを逆にするならば、〔菩薩〕律儀によって護られ、善の円満へと取り組むようになり、それ（菩薩律儀）の果である利益をも得られるようになると理解されるべきである。(1)

順序としては、大乗仏教の出家者と在家者とは、まず、七衆の別解脱律儀のうちのいずれかをたもち、次に、菩薩戒すべてをたもつ。そのことは、『瑜伽師地論』本地分中菩薩地が『優波離所問経』を加えられて増広された、求那跋摩訳『菩薩善戒経』（宋の文帝の時代〔四二四―四五三〕に訳出）においてはっきり説かれている（平川彰［1990：260］）。同経に次のようにある。

比丘、比丘尼、式叉摩那、沙弥、沙弥尼、優婆塞、優婆夷である菩薩摩訶薩は、もし菩薩戒を受けてたもちたいのならば、先に心を清めて七衆の戒（別解脱律儀）を受けるべきである。(2)

菩薩摩訶薩が律儀戒を伴い、摂善法戒を伴い、饒益有情戒を伴うには、先に、優婆塞戒（優婆塞律儀）、沙弥戒（沙弥律儀）、比丘戒（比丘律儀）を具え、学ぶべきである。優婆塞戒を具えずに沙弥戒を得るというような、そのような状況はありえない。沙弥戒を具えずに比丘戒を得るというような、そのような状況はやはりありえない。このような三種類の戒を具えない者が菩薩戒を得るというような、そのような状況はやはりありえない。たとえば四階建ての楼閣においては、一階を経由せず二階へ至るというような、そのような状況はありえないし、二階を経由せず三階へ至り、三階を経由せず四階へ至るというような、そのような状況はやはりありえないのに似ている。(3)

ここでは、あたかも優婆塞戒→沙弥戒→比丘戒→菩薩戒を順に具えなければならないかのように説かれているが、それはこの経が比丘に対して説かれているからである。現実には、優婆塞は優婆塞戒→菩薩戒を順に具え、沙弥は沙弥戒→菩薩戒を順に具えればよいはずである（優婆夷、沙弥尼、式叉摩那もそれに準ずる）。

いずれにせよ、大乗仏教においては、菩薩といえども、前もって部派仏教の七衆の別解脱律儀のいずれかを受け、そののちに菩薩律儀を受けるのである。特に、出家者である菩薩はかならず前もって部派仏教の部派に加入して沙弥律儀／沙弥尼律儀、式叉摩那律儀、比丘律儀／比丘尼律儀のいずれかを受け、そののちに菩薩律儀を受けなければならない。

四　おわりに

本章において述べてきたことがらは以下のとおりである。

1　仏教においては、われわれ欲界に属する者たちの仏教的な道徳性として、戒、妙行、業、律儀という四つの語が用いられている。

2　阿含経と律とにおいては、欲界に属する者たちの仏教的な道徳性がさまざまに説かれている。

3　部派仏教の論や、大乗仏教の経と論とにおいては、それらが整理され、欲界に属する者たちの仏教的な道徳性として、おもに①十善業道と②七衆の別解脱律儀とが説かれている（①は三界に属する者たちの共有）。

4　大乗仏教の論においては、それらに加え、さらに③菩薩律儀が説かれている。

第二章　仏教において戒は何を原則としているか

一　はじめに

第一章において確認したとおり、仏教においては、われわれ欲界《よくかい》（〝欲望界〟）に属する者たちの仏教的な道徳性（morality）と仏教的な道徳律（moral code）とを意味する語として、表1のような語がある。

表1

仏教的な道徳性	仏教的な道徳律
戒（〝自戒〟） 妙行《みょうぎょう》（〝善行〟） 業（〝ふるまい〟） 律儀《りつぎ》（〝つつしみ〟） 〔以上、すべて同義語。〕	学処《がくしょ》（〝学びの基礎〟）

部派仏教の論においては、われわれ欲界に属する者たちの仏教的な道徳性として、おもに①十善業道と②七衆《しちしゅ》の別《べつ》解《げ》脱《だつ》律儀《りつぎ》とが説かれている（①は三界に属する者たちの共有）。大乗仏教の論においては、それらに加え、さらに③菩薩律儀が説かれている。

本章においては、仏教的な道徳性が何を原則としているかについて確認したい。

二　道徳性の原則

仏教的な道徳性は何を原則としているのであろうか。

このことは南伝仏教においては思索されなかったが、北伝仏教においては思索されている。

まず、大乗仏教においては、①十善業道と②七衆の別解脱律儀と③菩薩律儀とを含め、戒とは有情を悩まさないことであると規定されている。たとえば、無著（アサンガ）『摂大乗論《しょうだいじょうろん》』に次のようにある。

> 施波羅蜜多によっては有情《うじょう》（〝生きもの〟）を饒益《にょうやく》すること、戒波羅蜜多によっては有情を悩まさないこと、忍辱波羅蜜多によっては悩まされるのをこらえること、精進波羅蜜多によってはなすべきことをなすこととなるゆえに、〔菩薩は〕これら饒益のための諸因〔である四波羅蜜多〕によって諸有情を成熟させることに堪能となるのである。[1]

さらに、世親（ヴァスバンドゥ）『大乗荘厳経論《だいじょうしょうごんきょうろん》』に次のようにある。

> 有情のためになることに正しく取り組んでいる菩薩は、施、戒、忍辱という三波羅蜜多によって、順に、喜捨すること（施）、悩まさないこと（戒）、悩まされるのをこらえること（忍辱）によって、有情のためになることをなす。[2]

さらに、経量部の『成実論』六業品においても、戒とは有情を悩まさないことであると規定されている。同論に次のようにある。

> さらに、もし人が白業（〝清らかな業〟）を正しく行なって他者を悩まさず、財を取って〔他者に〕施して貪著もせず、みずから戒をたもち、さらに、戒の前後の眷属（戒のうちに含まれない妙行）を破らないならば、ウッタラクル（〝北方のクル大陸〟）に生まれる。[3]

さらに、『成実論』の訳者、鳩摩羅什の講義録の色彩が強い『大智度論』においては、①十善業道と②七衆の別解脱律儀とのうち、①十善業道を戒の基本と規定した上で、戒とは有情を悩まさないことであると規定されている。同論に次のようにある。

> さらにまた、この菩薩は慈悲心を生じ、阿耨多羅三藐三菩提《あのくたらさんみゃくさんぼだい》（〝この上ない正しくまったき悟り〟。無上正等菩提）へと出立する。
>
> 施によっては、有情を利益し、彼らが必要とするものをすべて彼らに与える。
>
> 戒によっては、有情を悩まさず、諸苦を与えず、つねに無畏《むい》（アバヤ。〝おびえずにすむこと〟）を施す。十善業道が〔有情を悩まさないことにとって〕基本である。そのほかは有情を悩まさないことにとって遠因である。〔なぜ遠因であるかと言えば、比丘、比丘尼の〕戒律（プラーティモークシャ・ヴィナヤ。〝別解脱〔律儀〕による律〟）は〔自己が〕今生において涅槃《ねはん》をつかむためのものだからである。婬欲は有情を悩まさないにせよ、〔自己の〕

心が縛られるゆえに、〔涅槃をつかむためには〕大罪である。それゆえに、戒律においては、婬欲が最初にある。白衣《びゃくえ》（在家者）にとっては、不殺生戒が〔戒の〕最初にある。〔白衣の戒は〕福徳を求めるためのものだからである。

菩薩は今生における涅槃を求めず、無量の生において輪廻を往来しつつ諸功徳を修習する。

十善業道は本来的な戒であり、そのほかの〔七衆の別解脱〕律儀は外来的〔な戒〕である。(4)

ここでは、戒とは有情を悩まさないこと、すなわち、無畏施《むいせ》（アバヤ・ダーナ）であると規定されている。その意味において、①十善業道こそが有情を悩まさないことにとって基本である。②七衆の別解脱律儀のうち、比丘律儀や比丘尼律儀は、間接的には有情を悩まさないためにあるにせよ、直接的には自己が涅槃をつかむためにあるから、有情を悩まさないことにとって遠因であるにすぎない。

以上、北伝仏教――少なくとも部派仏教の経量部と大乗仏教と――においては、仏教的な道徳性は有情を悩まさないことを原則としているのである。

北伝仏教において、有情を悩まさないことが仏教的な道徳性の原則と見なされていることは、①十善業道が重視されていることに由来する。逆に言えば、南伝仏教において、有情を悩まさないことが仏教的な道徳性の原則と見なされていないことは、おそらく、①十善業道があまり重視されていないことと関係するはずである。南伝仏教に属する上座部の論においては、①十善業道に対する言及がきわめて少ない（平川彰［1989b: 21］）。

三　道徳性の結末

では、仏教的な道徳性は何を結末としているのであろうか。

この問題については、部派仏教と大乗仏教とによって回答が異なる。

部派仏教

まず、部派仏教においては、仏教的な道徳性——戒、妙行、業、律儀——は生天《しょうてん》（〝天界に生まれること〟）あるいは涅槃（ニルヴァーナ）を結末としている。

もともと、原始仏教においては、施論《せ》（〝施与についての論〟）、戒論（〝自戒についての論〟）、生天論（〝〔死後に〕天界に生まれることについての論〟）という三論が説かれていた。これは、施と戒とによって生天が得られるという、在家者向けの説である。

さらに、原始仏教においては、戒学（〝自戒についての学び〟）、定学《じょう》（〝集中状態についての学び〟）、慧学《え》（〝叡智についての学び〟）という三学が説かれていた。これは、戒によって定が得られ、定によって慧が得られ、慧によって涅槃が得られるという、出家者向けの説である。

部派仏教においても、これらが踏襲されている。すなわち、部派仏教においては、戒をたもって生天を得る者もいるし、戒をたもって涅槃を得る者もいる。戒は生天をも涅槃をも結末としうるのである。

したがって、説一切有部においては、施、戒、修（〝瞑想〟）という三福業事（〝福徳である業というよりどころ〟）についいて、施は（死後の）大なる富財を結末とし、戒はすぐれて生天を結末とし（〝すぐれて〟と言われるのは、戒ほどではないにせよ、施も生天を結末とし得るからである）、修はすぐれて離繋《りけ》（〝〔煩悩の〕繋縛から離れること〟。涅槃の別名）を結末としている（〝すぐれて〟と言われるのは、修のよりどころとして、戒も離繋を結末とし得るからである）と説かれている（『阿毘達磨倶舎論』業品〔舟橋一哉［1987：523–524］〕）。

言い換えれば、説一切有部においては、涅槃は、直接的には修によって、間接的には戒によって得られるのであり、施によってはまったく得られない。

おおまかに言って、戒をたもって生天を得る者は在家者であり、戒をたもって涅槃を得る者は出家者である。ただし、原始仏教においては、まれに、在家者であっても、戒をたもって涅槃を得る者がいると説かれている。そもそも、原始仏教においては、聖者の位として、預流《よる》、一来《いちらい》、不還《ふげん》、阿羅漢《あらかん》という四つが説かれている。涅槃を得るのは阿羅漢である。そして、原始仏教においては、在家者は、おおむね、預流あるいは不還に達すると説かれ、まれに、阿羅漢に達しうると説かれている。表示するならば、表2のとおりである。

しかし、部派仏教においては、在家者が阿羅漢に達しうることはしばしば疑問視されている。上座部の『ミリンダパンハー』（中村元、早島鏡正〔訳〕［1964：7–9］）においては、在家者は阿羅漢に達したその日のうちに出家者となるか、死去するという説が説かれている（藤田宏達［1964］、森章司［2001］）。

説一切有部の『阿毘達磨大毘婆沙論』（巻四十六。T27, 241a）においては、在家者は阿羅漢に達しえないという説と、在家者は阿羅漢に達したのちにかならず出家者となるという説との二つが説かれている（藤田宏達［1964］）。

ちなみに、『阿毘達磨大毘婆沙論』（巻百四。T27, 537b）と、経量部のハリヴァルマン『成実論』（巻八。T32, 300b）とに

表2　在家者が達しうる位

在家者が達しうる位	代表的な出典
預流	• 『中阿含経』大品優婆塞経（T1, 616b）≑『アングッタラ・ニカーヤ』五・一七九経（『増支部』。AN vol. III. 211） （佐々木教悟［1985：52-53］の指摘による。）
不還	• 『雑阿《ぞうあ》含経《ごんきょう》』九二八経（巻三十三。T2, 236c）≑『サンユッタ・ニカーヤ』（『相応部』。SN vol. V, 395） （佐々木教悟［1985：52-53］の指摘による。）
阿羅漢 （ただし、ヤサ青年はその日のうちに出家者となり、浄飯王はその日のうちに死去した※）	• 『パーリ律』大品、ヤサ青年の故事 • 『ジャータカ・アッタカター』ニダーナカター、浄飯王の故事（JA vol. I, 90） （森章司［2001］の指摘による。）

〔※　このほか、原始仏教においては、たとえ在家者が阿羅漢に達したと明言されないにせよ、そう推測されうる記述がいくつかある。藤田宏達［1964］、森章司［2001］。〕

おいては、預流はいまだなお性交すると説かれている。これは在家者がおおむね預流に達することを意味している。なお、上座部の『カターヴァットゥ・アッタカター』（『論事註』）「家住阿羅漢論」（佐藤密雄〔訳〕〔1991：315-317〕）においては、北道派（ほかの文献において現われない学派。その教理は大衆部《だいしゅぶ》や大乗仏教に類似。藤田宏達〔1964〕）において、在家者である阿羅漢がありうるという説が説かれていたことが記されている。これは在家者が涅槃を得られることを意味している。

大乗仏教

次に、大乗仏教においては、仏教的な道徳性――戒、妙行、業、律儀――は大菩提（〝〔ブッダの〕大いなる悟り〟）を結末としている。大乗仏教においても、もちろん、仏教的な道徳性は涅槃を結末としていないわけではない。ただし、大乗仏教においてはむしろ有情を救済するためにブッダが無住処涅槃（〝涅槃にとどまらない状態〟）となることが説かれるのである。したがって、仏教的な道徳性はかならずしも涅槃を結末としていない。

大菩提は、施、戒、忍辱《にんにく》（〝忍耐〟）、精進《しょうじん》（〝努力〟）、静慮《じょうりょ》（〝瞑想〟）、般若《はんにゃ》（〝叡智〟）という六波羅蜜多（〝六つの完成〟）によって得られる。唯識派の『大乗荘厳経論』に次のようにある。

施など〔という六波羅蜜多〕によって、菩薩には完全な利他があることになる。順に、他者に生活用品を不足させないこと（施）によってであり、悩まさないこと（戒）によってであり、悩まされることをこらえること（忍辱）によってであり、付き添いをすることに懈怠しないこと（精進）によってであり、神通などの威力によって導くこと（静慮）によってであり、善く言われたこと、善く語られたことによって疑いを断ちきってやること

〔般若〕によってである。

この利他ゆえに、菩薩には自利があることになる。〔菩薩にとっては〕他者のためになすべきことが自己のためになすべきことだからであるし、〔菩薩はこの利他ゆえに〕大菩提を得るからである。

以上、完全な利他を主題として、六波羅蜜多があるのである(5)。

前述のとおり、説一切有部において、涅槃は、直接的には修によって、間接的には戒によって得られるのであり、施によってはまったく得られない。

それに対し、大乗仏教において、大菩提は、施、戒、忍辱、精進、静慮、般若という六波羅蜜多すべてが揃うことによって得られるのである。

なお、大乗仏教においては、大菩提を得る者はかならず出家者である。在家者は出家者とならないかぎり大菩提を得られない。

そもそも、大乗仏教においては、聖者の位として十地と仏地とが説かれている。大菩提を得るのは仏地である。『十地経』初地の末尾、第二地の末尾においては、それぞれ、初地の菩薩、第二地の菩薩は在家者か出家者かであると説かれている。第四地の末尾、第五地の末尾においては、それぞれ、第四地の菩薩、第五地の菩薩は出家者となると説かれている。

したがって、少なくとも第六地以上の菩薩はかならず出家者である。在家者は出家者とならないかぎり大菩提を得られない。

こんにちの日本においては、平川彰（一九一五―二〇〇二）が提唱した大乗仏教在家起源説の影響ゆえか、〝大乗仏教においては在家者もブッダとなれる〟と言われることがしばしばある。しかし、そのように言うことは正しくない。大乗仏教においては、出家者しかブッダとなれない。仏教の開祖たる歴史的ブッダが出家者であった以上、そのことは揺るがない。

四　おわりに

本章において述べてきたことがらは以下のとおりである。

1　北伝仏教――少なくとも部派仏教の経量部と大乗仏教と――においては、仏教的な道徳性――戒、妙行、業、律儀――は有情を悩まさないことを原則としている。

2　仏教的な道徳性は部派仏教においては生天あるいは涅槃を結末とし、大乗仏教においては大菩提を結末としている。

第三章　在家において戒は何を学処としているか

一　はじめに

第一章において確認したとおり、仏教においては、われわれ欲界《よくかい》（〝欲望界〟）に属する者たちの仏教的な道徳性（morality）と仏教的な道徳律（moral code）とを意味する語として、表1のような語がある。

表1

仏教的な道徳性	仏教的な道徳律
戒（〝自戒〟） 妙行《みょうぎょう》（〝善行〟） 業（〝ふるまい〟） 律儀《りつぎ》（〝つつしみ〟） 〔以上、すべて同義語。〕	学処《がくしょ》（〝学びの基礎〟）

われわれ欲界に属する者たちは仏教的な道徳律に従うことによってようやく仏教的な道徳性をたもつことができる。たとえば、在家者は五学処という仏教的な道徳律に従うことによってようやく優婆塞律儀／優婆夷律儀という仏教的な道徳性をたもつことができるし、八支近住《ごんじゅう》学処という仏教的な道徳律に従うことによってようやく近住律儀という仏教的な道徳性をたもつことができる。

本章においては、在家者の仏教的な道徳性がいかなる仏教的な道徳律にもとづくかについて確認したい。

二　五学処

五学処は、通常の日における、在家者の仏教的な道徳律である。

上座部においては、優婆塞律儀／優婆夷律儀——厳密に言えば、上座部においては、あくまで五戒あるいは常戒と呼ばれる——を受ける時、受戒者は次のように五学処を唱えるよう教えられている。

①〝生命を害することから離れること〟という学処を受けます。
②〝与えられないものを取ることから離れること〟という学処を受けます。
③〝性行為を邪まに行なうことから離れること〟という学処を受けます。
④〝偽りのことばから離れること〟という学処を受けます。
⑤〝スラーとメーラヤとである、酒という、放逸にとってのよりどころから離れること〟という学処を受けます。(1)

ただし、ほかの部派においては、かならずしも受戒者がこのように五学処を唱えるよう教えられているわけではない。説一切有部においては、戒師が五学処を唱え、受戒者がひとつひとつ承諾するよう教えられている。『十誦律《じゅうじゅりつ》』に次のようにある。

①いのちあるかぎり〝生命を害することから離れること〟は優婆塞の学処である。それについて、いのちあるかぎり〝生命を害することから離れること〟を、もしたもつことができるならば、「できます」と言うがよい。
②いのちあるかぎり〝与えられないものを取ることから離れること〟は優婆塞の学処である。それについて、いのちあるかぎり〝与えられないものを取ることから離れること〟を、もしたもつことができるならば、「できます」と言うがよい。
③いのちあるかぎり〝性行為を邪まに行なうことから離れること〟は優婆塞の学処である。それについて、いのちあるかぎり〝性行為を邪まに行なうことから離れること〟を、もしたもつことができるならば、「できます」と言うがよい。
④いのちあるかぎり〝偽りのことばから離れること〟は優婆塞の学処である。それについて、いのちあるかぎり〝偽りのことばから離れること〟を、もしたもつことができるならば、「できます」と言うがよい。
⑤いのちあるかぎり〝酒を飲むこと〟は優婆塞の学処である。それについて、いのちあるかぎり〝穀物酒、葡萄酒、甘蔗酒である酒、放逸にさせる酒を飲むことから離れること〟を、もしたもつことができるならば、「できます」と言うがよい。(2)

なお、『十誦律』の訳者の一人、鳩摩羅什の講義録の色彩が強い『大智度論』（巻十三。T25, 159c–160a）も『十誦律』を踏襲している。

『十誦律』を見るかぎり、上座部と説一切有部とは、第五の学処において互いにやや異なっているかのように見える。しかし、それは漢訳である『十誦律』がやや意訳されているからである。説一切有部の『阿毘達磨法蘊足論』の梵文を見るかぎり、上座部と説一切有部とは、五学処のいずれにおいても互いに異なっていない。同論に次のようにある。

優婆塞の学処は五つである。
①いのちあるかぎり〝生命を害することから離れること〟は優婆塞の学処である。
②③④⑤いのちあるかぎり〝与えられないものを取ることから、性行為を邪まに行なうことから、偽りのことばから、スラーとマイレーヤとである、酒という、放逸にとってのよりどころから離れること〟は優婆塞の学処である。(3)

おそらく、『十誦律』における「穀物酒」は「スラー」の意訳、「葡萄酒、甘蔗酒」は「マイレーヤ」の意訳なのである（スラーとマイレーヤとについては後述）。なお、説一切有部における五学処に「いのちあるがぎり」という語が付されていることについては、第六章において確認する。

五学処はこのように簡単であるにせよ、五学処の内容は、上座部と説一切有部と経量部との諸論、唯識派の『瑜伽師地論』において詳細に論じられている。ここでは、そのうち最も詳細な『瑜伽師地論』を中心として、五学処の内容を確認したい。

『瑜伽師地論』においては、まず、本地《ほんじ》分《ぶん》の有尋有伺等三地において経文——唯識派が用いる説一切有部の阿含経の文——が註釈され、次に、摂決択分《しょうけっちゃくぶん》においてその註釈が補足されている。

〔1　離害生命〕

第一は離害生命（〝生命を害することから離れること〟）である。これは、旧訳においては不殺生と漢訳されるが、新訳においては離害生命と漢訳される。ここでは、離害生命という訳語を用いる。

まず、経文に次のようにある。

> この世で、ある者は、じつに、生命を害する者である。暴虐であり、血塗られた手を持ち、殺すことや屠ることに執着しており、あらゆる有情《うじょう》（〝生きもの〟）に対し、本物の生類に対し、羞じらいがなく、憐れみのなさに陥っており、果ては羽虫や蟻という生類に至るまで、生命を害することから離れない(4)。

この経文に対する『瑜伽師地論』の註釈に次のようにある。

> 「じつに、生命を害する者である」といわれるのは、標挙の句である。
> 「暴虐であり」といわれるのは、殺したり害したりする心にとどまっているからである。
> 「血塗られた手を持ち」といわれるのは、それを殺すことを成しとげたゆえに、身を〔血まみれに〕変えることに達しているからである。
> 「殺すことや屠ることに執着しており」といわれるのは、生命から切り離して、解体して、生計を立てているからである。
> 「羞じらいがなく」といわれるのは、非難されるべきことを自分から起こしているからである。

「憐れみのなさに陥っており」といわれるのは、〔殺される〕他者たちの好まないことを惹き起こしているからである。

ニルグランタ（〝離繫〟。ジャイナ教徒）と呼ばれる出家者たちがいる。彼らは次のように言っている。〝百ヨージャナ以内における生類なるもの、それらについて、律儀をたもったり、あるいは、律儀をたもたなかったりするのである〟。そのことへの対処として、「あらゆる有情に対し」と言うのである。

他ならぬ彼ら（ニルグランタ）は、さらに、次のように言っている。〝たとえば樹木などのような外界の諸物（植物）は生類となっているものである〟。そのことへの対処として、「本物の生類に対し」と言うのである。

以上、正しい福徳である、〔生命を害することを全体的に〕やめることという対処も明らかにされているし、正しくない福徳である、〔生命を害することをニルグランタが部分的に〕やめることという対処も明らかにされているのである。

説かれているとおりの、このような諸句によっては、準備して殺すことが明らかにされている。

「果ては羽虫や蟻という生類に至るまで」といわれる、この句によっては、〔相手を〕選択せずに殺すことが明らかにされている。

「生命を害することから離れない」といわれるのは、〔生命を害することを〕やめないかぎり、そのかぎり、生命を害する者であるが、縁がある場合、〔生命を害することから〕抜け出す余地があると明らかにされている。

次に、まとめの内容をいえば、これらあらゆる諸句によっては、〔「暴虐であり、血塗られた手を持ち」という、〕生命を害することのしるしと、〔「殺すことや屠ることに執着しており」という、〕生命を害することのはたらきと、〔「羞じらいがなく、憐れみのなさに陥っており」という、〕生命を害することのきっかけと、〔「果ては羽虫や蟻という生類に至るまで、あらゆる有情に対し、本当の生類に対し」という、〕生命を害することの対象化のはたらきの分類とが明らかにされている。

　別個のまとめの内容をいえば、いかにして生命を害することをなす者となっているのか、いかにして生類を殺しているのか、いかなる生類を殺す彼に生命を害する者たることがあるのか、かくて、それが明らかにされているのである。

　以上、これは生命を害する者であるプドガラ（〝個体〟）の特徴が明らかにされているのであるが、生命を害することの特徴が〔明らかにされているの〕ではない[5]。


この註釈に対する『瑜伽師地論』の補足に次のようにある。


　その場合、生命を手によって殺すとしても、〝殺されたのである〟と述べられるべきである。

　土塊か、杖か、武器か、拘束か、入牢か、断食か、打つことか、傷つけることか、殴ることか、しまいには、マントラ（真言）か、薬か、悪念か、呪いか、起屍《きし》（ヴェーターラ。〝ゾンビ〟）や起屍を作ることかなどによって殺すとしても、〝殺されたのである〟と述べられるべきである。

　財などを欲して殺すとしても、〝殺されたのである〟と述べられるべきである。

　傷つけようという考えか、報復したいという欲か、法への欲か、しまいには、娯楽や遊びかのために殺すとしても、〝殺されたのである〟と述べられるべきである。

　みずから殺すにせよ、他者に殺させるにせよ、殺したならば、〝生命を害することがなされたのである〟と述べられるべきである[6]。

以上においては、いくつか重要なことが説かれている。

植物は有情ではない

仏教においては、植物は有情ではない。このことは、『瑜伽師地論』のみならず、現存するいずれの部派の文献においても説かれている（杉本卓洲［1999］第四章「仏教における生命観――草木をめぐって」）。

律儀は羽虫や蟻より大きい有情に対してたもたれる

仏教においては、律儀は羽虫や蟻より大きい有情に対してたもたれる。このことは、『瑜伽師地論』のみならず、現存するいずれの部派の文献においても説かれている。言い換えれば、律儀は肉眼で見えるくらいの動物に対してたもたれるのであって、肉眼で見えないくらいの動物、あるいは微生物に対してはたもたれない。

部派仏教の諸部派の律においては、飲虫水戒《おんちゅうすいかい》が説かれている。そこにおいては、虫を殺さないために、虫まじりの水を飲むことが禁じられているが、説一切有部の『十誦律』に対する註釈である、後秦（三八四―四一七）の失訳『薩《さつ》婆多毘尼毘婆沙《ばたびにびばしゃ》』においては、虫とは肉眼で見えるくらいの虫であると註記されている。同論に次のようにある。

> ある時、シャーリプトラは、清浄な天眼によって、空中に〔肉眼では見えない〕虫が、あたかも水辺の砂、あたかも器の中の粟のように、無辺無量にいるのを見た。見てのち、〔虫の生命を害しないために〕食を断《た》った。二、三日たって、仏は命令して食べさせた。およそ、虫まじりの水が規制されるのは、肉眼によって見られるもの〔である虫〕、漉水嚢《ろくすいのう》（〝水漉し器〟）によって捉えられるもの〔である虫〕に限られるにすぎない。天眼によっ

て見られたもの〔である虫〕は規制されない(7)。

天眼によって見られた虫とは、現代風に言えば、微生物であるのかもしれないが、仏教において律儀は、肉眼で見えないくらいの動物、あるいは微生物に対してはたもたれないのである。たとえば、律儀をたもつ仏教徒が乳酸菌飲料を飲んだりウイルスを殺したりしても、彼は律儀を破ったことにはならない。

律儀は羽虫や蟻より大きいあらゆる有情に対してたもたれる

仏教においては、律儀は羽虫や蟻より大きいあらゆる有情に対してたもたれる。このことは、現存するいずれの部派の文献においても説かれている。なお、経量部の『成実論』七善律儀品（巻八。T32, 303a）においては、『瑜伽師地論』と同様、ニルグランタが百ヨージャナ以内の有情に対してのみ律儀をたもっていることが批判されている。ちなみに、ヨージャナは仏教（律蔵）におけるヨージャナとインド国俗（七世紀ごろ）におけるヨージャナとの二種類に分けられ（前者が古く、後者は新しい）、前者は約六・五キロメートル、後者は約十三キロメートルである（森章司、本澤綱夫［2002］）。この場合は後者であろうか。

説一切有部においては、律儀があらゆる有情、あらゆる支、あらゆる処、あらゆる時、あらゆる場合に対してもたれる場合、それは別解脱《べつげだつ》律儀《りつぎ》であるにせよ、特定の有情、特定の支、特定の処、特定の時、特定の場合に対してたもたれる場合、それは妙行にすぎないと説かれている（『阿毘達磨倶舎論』業品〔舟橋一哉［1987：207-208］〕。『阿毘達磨順正理論』辯業品〔巻三十七。T29, 562b〕）。支とは、五学処の五支、八支近住学処の八支である。

説一切有部においては、死刑、害虫駆除、害獣駆除、屠畜に罪悪はないという見解の持ち主がそれらを行なうことは、『雑阿含経《ぞうあごんきょう》』一〇四九経において殺生が貪（〝むさぼり〟）から生じたもの、瞋（〝いかり〟）から生じたもの、痴（〝おろかさ〟）から生じたものという三種類に区分されているうち、痴から生じたものであると説かれている（『阿毘達磨大毘婆沙論』業蘊〔巻百十六。T27, 605c〕。『阿毘達磨倶舎論』業品〔舟橋一哉［1987：322］〕。『阿毘達磨順正理論』辯業品〔巻四十一。T29, 576c〕）。

経量部においては、それらは他者を利するから福徳を得るし、他者を損なうから罪悪を得ると説かれている（『成実論』三業品〔巻七。T32, 292a〕）。

なお、律儀はあくまで仏教徒がたもつものであり、非仏教徒に対し強制されるべきものではない。仏教徒と非仏教徒とが共存する国において、仏教徒が離害生命（不殺生）を理由に国に対し死刑廃止や戦争放棄を要望することは非仏教徒に対する強制であるので控えることが望ましい。

生命を害することの代表例は屠畜である

仏教において、生命を害することの代表例は屠畜である。そのことは、上掲の註釈において、生命を害する者が「生命から切り離して、解体して、生計を立てている」と言われていることからわかる。

仏教においてのみならず、インドの宗教においては、一般に、屠畜に対するいましめがある。屠畜に対するいましめは、しばしば、屠畜する者に対する差別と密接に結びついている。

もともと、古代インドに侵入した牧畜民、アーリア人は屠畜を行なっていた。しかし、彼らは定住したのち、農耕を行なうようになり、さらに、ジャイナ教や仏教を中心として屠畜に対するいましめが説かれるようになるにつれ、屠畜を行なわなくなった。

しかるに、アーリア人がインドに定住する前から森林生活を送っていた狩猟採集民、チャンダーラ（旃茶羅《せんだら》）は、農耕の拡大によって住みかを追われ、アーリア人社会の最底辺に編入されて、屠畜――肉の販売を含む――、動物の死体処理、死刑執行などによって生計を立てるようになった（山崎元一［1986］第三章、山崎元一［1993］）。アーリア人が有するようになった触穢《しょくえ》（〝穢れの接触感染〟）の観念から、チャンダーラは不可触民として差別されるようになった。五世紀初頭にインドに留学した中国人僧侶、法顕《ほっけん》（三三七―四二二）は、その差別の様子を生々しく記録している。法顕の旅行記『高僧法顕伝』に次のようにある。

国を挙げて、人々はみな殺生せず、飲酒せず、葱や蒜を食べない。ただ旃茶羅を例外とするのみである。旃茶羅は〔漢語においては〕悪人と言われ、人から離れて住み、もし都市のうちに入る場合、木切れを撃ち鳴らしてみずからを〔人と〕区別する。人はそれと知って彼を避け、ぶつからないようにする。国中、豚や鶏を飼わず、生口（〝奴隷〟）を売らず、都市のうちに屠畜店や酒屋はない。貨幣での売り買いには貝を用いる。ただ旃茶羅、猟師が肉を売るのみである。(8)

緯度が低く、土地の生産性が高いインドにおいては、屠畜せずとも、農耕だけで食物をまかなうことができた。それゆえに、屠畜に対するいましめや、屠畜する者に対する差別が起こり得た。

逆に、緯度が高く、土地の生産性が低いヨーロッパにおいては、屠畜しないかぎり、農耕だけで食物をまかなうことができなかった。それゆえに、屠畜に対するいましめや、屠畜する者に対する差別は起こり得なかった。西洋史学者、鯖田豊之（一九二六―二〇〇一）は、その著書『肉食の思想　ヨーロッパ精神の再発見』（鯖田豊之［2007：66］）において、ヨーロッパにおける「と畜業や肉屋を名誉ある職業とみる伝統」について述べている。

さて、仏教の文献においては、屠畜する者がたしかに無慈悲な者の例として挙げられている。ただし、仏教の文献においては、屠畜する者を不可触民として差別することはかならずしもない。

まず、出家者について言えば、『テーラガーター』に載る原始仏教の出家者たちのうちには、確実なものとして三人、不確実なものを含めて五人、チャンダーラを出自とする人々がいる（松濤誠達［1992］）。ただし、チャンダーラを出家させることは非仏教徒からの仏教批判を招いたらしく、のちには、説一切有部の『根本説一切有部毘奈耶雑事』（巻二十五。T24, 328ab）のように、チャンダーラを出家させることを禁じている例もある（磯邊友美［2005］）。筆者が気づいているかぎり、大乗仏教の『大般《だいはつ》涅槃経《ねはんぎょう》』（法顕訳、巻四。T12, 882b; 曇無讖、巻七。T12, 406a; 蔵訳。P no. 788, Tu 103a1-5）においても、チャンダーラを出家させることは魔によって説かれた経律と呼ばれている。このことは差別に対する消極的な加担であるが、少なくとも、積極的な加担ではない。

次に、在家者について言えば、南伝と北伝との複数の文献において、在家者は肉の販売——製造と流通とが分化していない時代においては、屠畜を意味する——を含むいくつかの職業に就くべきでないと規定されている。ただし、それは、それらの職業が仏教的な道徳性——生命を害することから離れること——に抵触するからであり、決して、それらの職業に就く人々を不可触民として差別しているからではない。表示するならば、次頁以下の表2・3のとおりである。

表2　在家者が就くべきでない職業・南伝篇

部派仏教・上座部 『アングッタラ・ニカーヤ』（『増支部』。AN vol. III, 208）	①武器の販売 ②有情の販売 ③肉の販売 ④酒の販売 ⑤毒の販売
大乗仏教（求那跋摩訳） 『優婆塞五戒威儀経』（T24, 1119c）	①売肉（〝肉の販売〟） ②沽酒（〝酒の販売〟） ③売毒（〝毒の販売〟） ④売衆生（〝有情の販売〟） ⑤売兵仗（〝武器の販売〟）
大乗仏教（梁・天監十七年〔五一八〕、僧伽婆羅訳） 『文殊師利問経』（巻上。T14, 499c）	①酤酒（〝酒の販売〟） ②売肉（〝肉の販売〟） ③売毒薬（〝毒の販売〟） ④売刀剣（〝武器の販売〟） ⑤売女色（〝女色の販売〟）

表3　在家者が就くべきでない職業・北伝篇

部派仏教・説一切有部（後秦〔三八四―四一七〕、失訳） 『薩婆多毘尼毘婆沙』（巻一。T23, 508c）	①販売畜生（〝畜生の販売〟） ②販売弓箭刀杖（〝武器の販売〟） ③沽酒（〝酒の販売〟） ④圧油（〝搾油〟） ⑤作五大色染（〝黄色、赤色、青色、黒色、白色への染色〟）
部派仏教・説一切有部（宋・元嘉年間〔四二四―四五三〕、僧伽跋摩訳） 『薩婆多部毘尼摩得勒伽《さつばたぶびにまとくろくが》』（巻七。T23, 609b）	①圧油（〝搾油〟） ②猩猩血染（〝赤色への染色〟） ③沽酒（〝酒の販売〟） ④売肉（〝肉の販売〟） ⑤売刀杖（〝武器の販売〟）
部派仏教・部派不明 『決定義経』（本庄良文［1989：28］）	①毒の販売 ②武器の販売 ③有情の販売 ④酒の販売 ⑤肉の販売 ⑥検査されていない胡麻と芥子とからの搾油

南伝と北伝とにおいて挙げられている武器の販売、肉の販売、毒の販売や、北伝においてのみ挙げられている、搾油、染色は、いずれも仏教的な道徳性――生命を害することから離れること――に抵触する職業である。具体的に言えば、肉の販売は屠畜であるし、搾油は植物に付いている虫の生命を害することであるし、染色は色（特に赤色）の原料となる虫（梵語：ラークシャ。音写：洛沙《らくしゃ》、落沙《らくしゃ》。和名：ラックカイガラムシ）の生命を害することである。武器の販売、毒の販売は、たとえ自己が生命を害することではないにせよ、他者に生命を害させることである。

さらに、南伝と北伝とにおいて挙げられている酒の販売は、やはり、仏教的な道徳性――酒を飲むことから離れること――に抵触する職業である。具体的に言えば、酒の販売は、たとえ自己が酒を飲むことではないにせよ、他者に酒を飲ませることである。

したがって、在家者がこれらの職業に就くべきでないと教えられているのは、あくまで、それらの職業が仏教的な道徳性に抵触するからであり、決して、それらの職業に就く人々を不可触民として差別しているからではない。

なお、このことに関連して、大乗仏教においては、菩薩は屠畜を含むいくつかの職業に就く人々に近づくべきでないと規定されているが、それも、あくまで、彼らに近づく菩薩が仏教的な道徳性を失いかねないからであり、決して、彼らを不可触民として差別しているからではない。たとえば、『法華経』に次のようにある。

マンジュシュリーよ、菩薩摩訶薩の対象とは何か。マンジュシュリーよ、ある時、菩薩摩訶薩は王に近づかず、王子たちにも、王の大臣たちにも、王の宮人たちにも近づかず、敬わず、仕えない。歩み寄らない。

ほかの異教徒たちである、遊行者、出家者、アージーヴァカ（邪命。〝唯物論者〟）、ニルグランタ（離繫。〝ジャイナ教徒〟）にも、詩論に耽溺する有情たちにも近づかず、敬わず、仕えない。

ローカーヤタ（順世。〝快楽主義者〟）の物言いをたもつ者たちにも、ローカーヤタにも近づかず、敬わず、仕えない。彼らと知り合いにならない。

チャンダーラ、マウシュティカ（〝拳闘者〟。賤民の一種）、養豚者、養鶏者、猟師（直訳は〝鹿を猟る者〟）、屠畜者、俳優・舞踊者、賭け武術者、職業格闘者（最後の二つはクシャトリヤ女性と賤民との間に生まれた者）にも、ほかの、他者たちにとっての娯楽や遊戯の位置にある者たちにも〔近づかず、敬わず、仕えない〕。彼らに歩み寄らない。彼らと知り合いにならない。例外として、彼らが歩み寄ってきた際には、時々、法を説いてやるが、しかし、彼らに依存しないまま説いてやる。

声聞乗の者である比丘や比丘尼や優婆塞や優婆夷に近づかず、敬わず、仕えない。彼らと知り合いにならない。経行《きんひん》のさなかであっても精舎《しょうじゃ》の中であっても、彼らと集う場を持つようにならない。例外として、彼らが歩み寄ってきた際には、時々、法を説いてやるが、しかし、彼らに依存しないまま説いてやる。

マンジュシュリーよ、これが菩薩摩訶薩の対象である。(9)

さらに、『大方等陀羅尼経』（その初出は晋の安帝の時代〔三九六―四〇三、四〇四―四一八〕に訳出された法衆訳『大方等陀羅尼経』。梵文、異訳はない）に次のようにある。

〔Ｉ〕貴君（マンジュシュリー）が考えるとおり、行者は五つのことを修習して、もろもろの戒のありかたをたもつべきである。具体的には、①陀羅尼の内容を犯さない。②方等経《ほうどうきょう》（大乗経）をそしらない。③他者の過失を見つけない。④大乗を讃えもせず小乗を貶めもしない。⑤善友から離れずつねに〔ほかの〕有情の妙行《みょうぎょう》（〝善行〟）

を説く。このような五つのことは、行者の業であって、戒を破らざることをありかたとしている。

〔Ⅱ〕さらにまた、良家の息子よ、①〔自分より〕上のレベルの所見を説かない。また、②おのれの行なった、好いこと、醜いことを説かない。また、③毎日、三つの時に〔牛糞か泥香を〕地に塗るべきである。④一日に一遍、〔陀羅尼を〕誦えるべきである。⑤一日に一回、懺悔する。このような五つのことは、行者の業であって、戒を破らざることをありかたとしている。

〔Ⅲ〕さらにまた、良家の息子よ、さらに五つのことがある。この法を行ずる比丘と白衣《びゃくえ》（在家者）とは、①鬼神を祀《まつ》ってはならない。②鬼神を軽んじてもならない。③鬼神の廟を壊してもならない。④たとえ鬼神を祀る人がいたとしても、〔その人を〕軽んじてはならない。⑤その人と交際してもならない。このような五つのことは、行者の業であって、戒を護ることを境界としている。

〔Ⅳ〕さらにまた、良家の息子よ、さらに五つのことがある。①方等経（大乗経）をそしる家と交際してはならない。②戒を破る比丘と交際してはならない。③五戒を破る優婆塞とも交際してはならない。④猟師の家と交際してはならない。⑤比丘の過失をつねに説く人と交際してはならない。このような五つのことは、行者の業であって、戒を護ることを境界としている。

〔Ⅴ〕さらにまた、良家の息子よ、さらに五つのことがある。①頭骨や皮を細工する家と交際してはならない。②藍染をする家と交際してはならない。③養蚕をする家と交際してはならない。④搾油する家と交際してはならない。⑤地下の宝を掘る家と交際してはならない。このような五つのことは、行者の業であって、戒を護ることを境界としている。

〔Ⅵ〕さらにまた、良家の息子よ、さらに五つのことがある。①盗賊の家と交際してはならない。②泥棒の家と交際してはならない。③サンガの建物を焼く人と交際してはならない。④サンガの物を盗む人と交際してはならない。⑤少なくとも一比丘の物を盗む人と交際してはならない。このような五つのことは、行者の業であって、戒を護ることを境界としている。

〔Ⅶ〕さらにまた、良家の息子よ、さらに五つのことがある。①豚、羊、鶏、犬を飼育する家と交際してはならない。②占星術師の家と交際してはならない。③娼婦の家と交際してはならない。④寡婦の家と交際してはならない。⑤酒を売る家と交際してはならない。このような五つのことは、行者の業であって、戒を護ることを境界としている。

良家の息子よ、このような、七とおりの五つのことについて、行者は深く根源的に考察し、しかるのちに、捨離すべきである。そのほかのこともそれと同様である。(10)

ここでは、明らかに、「戒を護ること」を主眼として、菩薩は屠畜を含むいくつかの職業に就く人々に近づくべきでないと規定されている。

したがって、菩薩は屠畜を含むいくつかの職業に就く人々に近づくべきでないと規定されているのは、あくまで、彼らに近づく菩薩が仏教的な道徳性を失いかねないからであり、決して、彼らを不可触民として差別しているからではない。筆者は、厳密に言って、仏教の文献においては、屠畜する者が無慈悲な者の例として挙げられることはたしかにあるにせよ、屠畜する者を不可触民として差別することはかならずしもないと判断している。

しかし、日本においては、仏教の名のもとに、屠畜する者を不可触民として差別することが行なわれてきた。そのことはなぜ起こったのだろうか。
それは、日本においては、『法華経』『大方等陀羅尼経』のうちに屠畜する者に近づくべきではないという規定があることが触穢の観念と混同されたからである。

インドにおいては、触穢の観念があった。仏教においては、たとえ『法華経』『大方等陀羅尼経』のうちに屠畜する者に近づくべきではないという規定があるにせよ、それは触穢の観念と関係せず、屠畜する者を不可触民として差別することはなかった。

日本においても、インドにおいてと同様、触穢の観念があった。ただし、日本においては、『法華経』『大方等陀羅尼経』のうちに屠畜する者に近づくべきではないという規定があることが触穢の観念と混同され、その結果、屠畜する者を不可触民として差別することが始まっていった。

なお、日本においては、屠畜する者を不可触民として差別するのみならず、関西を中心として、青屋（藍染屋、紺屋、紺掻）を不可触民として差別することがあった。そのことは、結局のところ、染色を在家者が就くべきでない職業と規定する、先の『薩婆多毘尼毘婆沙』『大方等陀羅尼経』にもとづくことを、日本史学者、喜田貞吉《きださだきち》（一八七一―一九三九）が、真言宗智山派の泊如運敞《はくにょうんしょう》（一六一四―一六九三）の類書『寂照堂谷響集《じゃくしょうどうこくきょうしゅう》』（一六八九。巻六。DBZ149, 111a）にもとづいて、「青屋考」（一九一九）において指摘している（喜田貞吉［1982：175］）。

以上、日本において、仏教の名のもとに、屠畜する者を不可触民として差別することが行なわれてきたことは誤解にもとづく。ただし、敢えて言えば、仏教において生命を害することから離れることが説かれていること自体に、差別を惹き起こすきっかけがなかったわけではない。

そもそも、生命を害することから離れることを説く仏教は、生命を害することに従事している人々にとって、決して快いものではない。もし仏教徒が多数派となるならば、生命を害することに従事している人々は少数派となって、肩身の狭い思いをしなければならなくなる。現実に、かつて、日本においては江戸時代に寺請制度（檀家制度）によって全国民が仏教徒となった結果、屠畜する者に対する差別が増幅されたのである。したがって、筆者は、仏教徒は多数派となるべきではないと思っている。

生命を害することから離れることは、あくまで、人を超えて向上していくことを望む者が、少数派として、個人的に心の中でたもてばよいことである。現代においては、社会の変動とともに、檀家制度に立脚する日本の大乗仏教教団である諸宗は檀家数を減らし続けているが、筆者はそれを良いことであると思っている。

特に肉食について

この学処においては、生命を害することから離れることは説かれているが、肉を食べることから離れることは説かれていない。

なお、大乗仏教においては、一部の経において、肉を食べることから離れることが説かれている。具体的に言えば、『大般涅槃経』『央掘魔羅経《おうくつまらきょう》』において、出家者について、肉を食べることから離れることが説かれ、『入楞伽経《にゅうりょうがきょう》』において、菩薩――在家者・出家者――について、肉を食べることから離れることが説かれている。しかし、これらは、大乗仏教においては、結局、仏教的な道徳律――学処――として受け容れられなかった。『瑜伽師地論』においては、四の他勝処法と四十四の違犯とである学処のうちに、肉を食べることから離れることは説かれていない（この点については、第四章において確認する）。

第二章において確認したとおり、北伝仏教――少なくとも部派仏教の経量部と大乗仏教と――においては、仏教的な道徳性――戒、妙行、業、律儀――は有情を悩まさないことを原則としている。肉を食べることは、自然死した有情の肉を食べるのでないかぎり、ほかの有情を悩ますことにつながるかもしれないにせよ、少なくとも、みずからほかの有情を悩ますこと、あるいはみずから誰かに命じてほかの有情を悩ますことではない。それゆえに、肉を食べることは、生命を害することから離れることに違犯しない。

もし、肉を食べることはほかの有情を悩ますことにつながる以上、肉を食べることから離れなければならないならば、あらゆることはほかの有情を悩ますことにつながる以上、あらゆることから離れなければならなくなる。極端に言えば、自己が他者にとって嫌いなタイプである場合、自己は他者の目に触れるだけで他者を悩ましているかもしれないのである。そのようにあらゆることから離れなければならないならば、結局、自己が生きていること自体から離れなければならなくなる。要するに、〝自己が生きていること自体が他者を悩ましている〟と考えての自殺であるが、仏教の目的は、そのような自殺ではなく、あくまで、涅槃《ねはん》である。だからこそ、仏教において、肉を食べることから離れることは説かれていないのであると考えられる。

ただし、肉を食べることがほかの有情を悩ますことにつながるかもしれないのは事実である。仏教の正統的な在家者たるもの、肉を食べることがほかの有情を悩ますことにつながるかもしれない以上、可能なかぎり、肉を食べることから離れることが望ましい。

特に自殺について

この学処においては、生命を害することから離れることは説かれているが、自殺から離れることは説かれていない。

第二章において確認したとおり、北伝仏教――少なくとも部派仏教の経量部と大乗仏教と――においては、仏教的な道徳性――戒、妙行、業、律儀――は有情を悩まさないことを原則としている。自殺はほかの有情を悩まさない。それゆえに、自殺は、生命を害することから離れることに違犯しない。

自殺によっては、地獄、畜生、餓鬼という三悪趣に堕ちるような罪悪を得ない。たとえば、経量部の『成実論』三業品に次のようにある。

貴君が〝自分で〔自分を〕殺すこと、あるいは自分で〔自分を〕罵ることによっても罪悪を得る〟と言ったのに関しては、そのことはそのとおりでない。もし〔人が〕自分で自分を苦しめることによって罪悪を得るならば、〔福徳によって人、天という〕善趣に生まれ得る人はいなくなる。それはなぜかというならば、人は〔行、住、坐、臥という〕四威儀においてつねに自分を苦しめている。そうである以上、あたかも他者を悩ますのと同様、あらゆることによってつねに罪悪を得るはずである。それゆえに、〔福徳によって人、天という〕善趣に生まれ得る人はいなくなる。〔しかし、〕そのことはそのとおりでない。自分〔を苦しめることと楽しませることと〕によらずに〔順に〕罪悪と福徳とがあると知るべきである。(11)

『成実論』の訳者、鳩摩羅什の講義録の色彩が強い『大智度論』にも次のようにある。

罪悪と福徳とは〔順に〕他者を悩ますことと他者を益することとによって生ずる。自分で自分を供養することと自分で自分を殺すことによっては、福徳があったり罪悪があったりしない。[12]

さらにまた、他者を殺すことによって殺しという罪悪が得られるが、自分で自分を殺すことによってではない。[13]

結局のところ、生命を害することから離れることとは、他者を悩まさないことであって、自己を悩まさないことで

表4　自殺しようとした出家者が得る違犯

	違犯
上座部『パーリ律』（VP vol. III, 82）	突吉羅
大衆部《だいしゅぶ》『摩訶僧祇律』（巻二十九。T22, 467a）	越毘尼（突吉羅）
法蔵部『四分律』（巻五十六。T22, 983a）	偸蘭遮
化地部『五分律』（巻二十八。T22, 184b）	偸羅遮
説一切有部『十誦律』（巻五十二、巻五十八。T23, 382a; 436c）	違犯はない（ただし、小さな理由によってはすべきでない）

はない。

一神教においては、自殺が罪悪を得ると見なされている。それは一神教において生命が神のものと見なされているからである。しかし、仏教において生命は神のものではない。それゆえに、仏教において自殺は罪悪を得ると見なされていない。

ちなみに、出家者については、律において、自殺が違犯と規定されている場合もある。表示するならば、前頁表4のとおりである（杉本卓洲［1999：63-65］の指摘による）。しかし、在家者については、自殺はまったく違犯と規定されていない。

ただし、自殺がほかの有情を悩まさないにせよ、悩ますことにつながるかもしれないのは事実である。仏教の正統的な在家者たるもの、自殺がほかの有情――自分の家族など――を悩ますことにつながるかもしれない場合、自殺しないことが望ましい。

〔2　離不与取〕

第二は離不与取（〝与えられないものを取ることから離れること〟）である。これは、旧訳においては不偸盗と漢訳されるが、新訳においては離不与取と漢訳される。ここでは、離不与取という訳語を用いる。

まず、経文に次のようにある。

> この世で、ある者は、じつに、不与取者である。彼は、集落にある、あるいは阿蘭若（アラニャ。〝郊外の閑静地〟）にある、他者たちに属する、与えられていないもの――盗みを企てられているもの――を取るし、不与取

から離れない[14]。

この経文に対する『瑜伽師地論』の註釈に次のようにある。

「じつに、不与取者である」といわれるのは、標挙の句である。

「他者たちに属する」といわれるのは、他者によって保持されている、財物、穀物などの事物である。

「集落にある」といわれるのは、集落に置かれている、あるいは持ってこられているものである、他ならぬそれ（財物、穀物などの事物）である。

「あるいは阿蘭若にある」といわれるのは、阿蘭若に生えている、あるいは置かれている、あるいは持ってこられているものである、他ならぬそれ（財物、穀物などの事物）である。

「盗みを企てられているもの」といわれるのは、与えられていないもの、捨てられていないもの、手放されていないものである。

「取る」といわれるのは、わがものにするのである。

①与えられないものを取る者であるといわれる。いつであれ、生活用品が足りないことによって、わがものにするからである。

②与えられないものを楽しむ者であるといわれる。かの、盗みの業（〝ふるまい〟）をいだいて行動するからである。

③与えられていないもの、捨てられていないもの、手放されていないものを願う者であるといわれる。他者によって取られたものを、わがものにしようと願うからである。その場合、与え手である所有者によって、かつて、

与えるというかたちで与えられていないもの、それが〝与えられていないもの〟と言われるのである。所有者によって、取り手に対し捨てられていないもの、それが〝捨てられていないもの〟と言われるのである。他ならぬ所有者によって、あらゆる人に対し、ほしいままに取って受用してもらうために手放されたのではないもの、それが〝手放されていないもの〟と言われるのである。

次に、盗みを自分に選択する。①与えられないものを取る者であることによって、かつ、②与えられないものを楽しむ者であることによってである。

くすねることを選択する。③与えられていないもの、捨てられていないもの、手放されていないものを願う者であることによってである。

浄からざるものを選択する。法廷における他者の勝訴のせいで、浄からざるからである。

潔からざるものを選択する。他者によって勝訴されないにせよ、それの過失によって垢ある者となるからである。

有罪なるものを選択する。現法（〝現世〟）と来世とにおける好ましからぬ果をもたらす因を、つかむからである。

「不与取から離れない」といわれるのは、殺生の場合と同様に、これ（不与取）についても、その他の諸業道（欲邪行など）についても、分類が見すえられるべきである。

次に、まとめの内容をいえば、誰から取るので与えられないものを取る者であるのか、どこに住んでなのか、どのようになっている方便を有する者として取るのか、その取ることによっていかなる過失に至るのか——そのことがまとめの内容である。

これも、不与取者の特徴であるが、不与取の特徴ではないと理解されるべきである。(15)

この註釈に対する『瑜伽師地論』の補足に次のようにある。

その場合、堂々と他者の物を取ったとしても、不与取であると述べられるべきである。こっそり盗もうが、人家に壁穴を開けようが、結び目をほどこうが、道を塞いで陥れて奪おうが、負債を放棄しようが、返却を放棄しようが、誑《おう》（〝たぶらかし〟）や諂《てん》（〝へつらい〟）によってだまされて奪おうが、怯えさせようが、他者の諂という方便のせいであろうが、意図してみずから奪おうが、他者に奪わせようが、不与取であると述べられるべきである。

自己のために奪おうが、他者のために奪おうが、怯えのせいで奪おうが、殺すためであろうが、縛るためであろうが、壊すためであろうが、使うためであろうが、仕えるためであろうが、嫉（〝ねたみ〟）を本性としていようが、瞋（〝いかり〟）によって奪おうが、すべて不与取であると述べられるべきである。(16)

ここでは、いくつか重要なことが説かれている。

不与取は人為が加わっているものを取ることである

阿蘭若に生えている、他者たちに属する、与えられない穀物を取ることも不与取である。逆に言えば、人為が加わっていない、自生している植物を取ることは不与取ではない。たとえば、経量部の『成実論』に次のようにある。

表5　地中の物

	地中の物
部派仏教・説一切有部 『阿毘達磨大毘婆沙論』業蘊（巻百十三。T27, 584c） 『阿毘達磨倶舎論』業品（舟橋一哉［1987：342］）	王に属する
部派仏教・経量部 『成実論』十不善道品（巻八。T32, 304c）	王に属しない

さらに、もし自然に物を得たならば、不与取と呼ばれない(17)。

ただし、これはあくまで在家者の場合である。出家者の場合、自生している植物を取ることは壊生種戒《えしょうしゅかい》に反する。

特に地中の物について

この学処においては、地表の物についてしか説かれていない。地中の物については、王に属するから取ってはならないという説と、王に属しないから取ってもよいという説とがある。表示するならば、表5のとおりである。古代のインドにおいては、土地の所有権が王にあったから、地中の物の所有権も、王に属するか、王に属しないかのどちらかと説かれているのである。

現代の日本においては、土地の所有権が個人にある。地中の物の所有権も個人に属している。したがって、私有地において地中の物を取ってはならない。

〔3　離欲邪行〕

第三は離欲邪行（"性行為を邪まに行なうことから離れること"）である。これは、旧訳においては不邪婬と漢訳されるが、新訳においては離欲邪行と漢訳される。ここでは、離欲邪行という訳語を用いる。

まず、経文に次のようにある。

この世で、ある者は、じつに、欲邪行者である。彼は、かの、他者の妻、他者によって護られている女性なるもの――たとえば、母によって護られていたり、父によって護られていたり、兄弟によって護られていたり、姉妹によって護られていたり、姑《しゅうとめ》によって護られていたり、舅《しゅうと》によって護られていたり、親戚によって護られていたり、自分によって護られていたりし、刑罰を伴い、障壁を伴い、刑罰と障壁とを伴い、果ては〔結婚申し込みの〕花輪によって囲まれている女性に至るまで――、そのようなかたちの女性を、無理やり、力ずくで、侵して、諸欲において行に陥るし、邪行に陥るし、邪行から離れない(18)。

この経文に対する『瑜伽師地論』の註釈に次のようにある。

「じつに、欲邪行者である」といわれるのは、標挙の句である。「かの」「父母」などによって「護られている女性なるもの」といわれるのは、たとえば、彼女の父母は、わが娘を、夫君と結婚させるために、それ（夫君）以外の者との性交から遠ざけ、護り、時々見はっているのである。

あるいは、彼〔父〕〔もしくは彼女〔母〕〕が亡くなった場合、近親者である、「兄弟」あるいは「姉妹」によって護られているのである。

あるいは、彼〔兄弟〕〔もしくは彼女〔姉妹〕〕がいない場合、「親戚」によって護られているのである。

それ〔親戚〕がない場合、他ならぬ自分で〝これ〔未婚女性の性交〕は家にふさわしくない〟と理解してのち、「自分によって」自分を護っているのである。

あるいは、わが息子のために、「姑」や「舅」によって護られているのである。

「刑罰を伴い」といわれるのは、王の執務者の家の、刑罰の規範によって護られているからである。

「障壁を伴い」といわれるのは、門番によって護られているからである。

そういうわけで、じつに、まとめれば、かの三種類の護りが未婚女性について明らかにされていることになる。①上長か、親しい人か、自分かによる護り。②王によって取り決められた家族による護り。③門番による護り。

「他者の妻」といわれるのは、他ならぬ彼女は既婚である。

「他者によって護られている女性」といわれるのは、他ならぬ彼女は未婚であるにせよ三種類の護りによって護られているのである。

「そのようなかたちの女性を、無理やり」といわれるのは、迷乱を生じてである。

「力ずくで」といわれるのは、あらゆる父母などが見ているところで、同意しない女性を押し倒して、である。

「侵して」といわれるのは、〔あらゆる父母などが〕見ていないところで、同意しない女性を盗むのである。

「諸欲において行に陥る」といわれるのは、ここでは、性交が「欲」と意図されている。

「邪行に陥る」といわれるのは、自分の妻であっても、不適切な器官、不適切な場所、不適切な時に〔交わるの〕である者ら、彼らは罪ある者となるのである。

次に、まとめの内容をいえば、いかなる女性に交わる者、いかにして交わる者に欲邪行があるのか、かくて、それが明らかにされているのである。(19)


この註釈に対する『瑜伽師地論』の補足に次のようにある。


その場合、①交わるべきでない者に交わることによって、欲邪行であると述べられるべきである。②不適切な器官に交わること、③不適切な時に交わること、④不適切な場所で交わることについても、欲邪行であると述べられるべきである。

その場合、母などや、「母によって護られている女性」など、『経』のうちに説かれているもろもろのものが、①〝交わるべきでない者〟と呼ばれる。その場合、自己のもとにいる、あるいは他者のもとにいる、あらゆる男性も①〝交わるべきでない者〟といわれる。

その場合、膣を例外として、そのほかの諸器官が②〝不適切な器官〟といわれる。

月経期間と、妊娠期間と、授乳期間と、斎戒〔ウポーシャダ。近住〕期間と、何らかの病気にかかっている、すなわち、性交の享受に適しない病気にかかっている期間と、それ〔性交〕の適量以外〔の期間〕とが③〝不適切な時〟と呼ばれる。その場合、適量とは、次のとおりである。〔性交は一日に〕五回までにしておくのが適量である。それ以外は適量ではない。

その場合、上人たちがいる集会と、霊廟〔チャイティヤ〕がある場所と、多くの人々の目の前と、高低があったり薄かったりしてそこに危険がある地域という、そのようなものに準ずる場所が④〝不適切な場所〟と呼ばれる。

その場合、自分で行なっても欲邪行であると述べられるべきである。他者たち（カップル）を取り持って誤らせても欲邪行であると述べられるべきである。堂々とやろうが、こっそりとやろうが、誑や諂によってだまされてやろうが、固い意志でやろうが、欲邪行であると述べられるべきである。[20]

ここでは、いくつか重要なことが説かれている。

欲邪行は不倫だけではない

通俗的な仏教書においては、しばしば、邪婬——欲邪行——は不倫であると説明されている。しかし、かならずしもそうではない。不倫でなくとも欲邪行であることがらは多くある。

そもそも、欲邪行の定義は学派によってかなり異なっている。表示するならば、八二—八三頁の表6のとおりである。

南伝の上座部においては、欲邪行は交わるべきでない者と交わることであるにすぎないが、北伝の法蔵部、正量部、説一切有部、経量部、唯識派においては、欲邪行はかなり拡大されている。

すべてに共通しているのは、他者によって護られている女性、あるいは女性自身によって護られている女性と交わることが欲邪行と規定されていることである。他者の妻と交わることのみならず、他者によって護られている未婚女性、あるいは女性自身によって護られている未婚女性と、他者あるいは女性自身の許可がないまま、交わることも欲邪行なのである。したがって、欲邪行は不倫だけではない。

肛門性交と口腔性交とが欲邪行と規定されることもある

法蔵部、正量部、説一切有部、経量部、唯識派においては、たとえ自分の妻とであっても不適切な器官――肛門、口腔――に交わることが欲邪行と規定されている。これは、律において、出家者について、たとえ女性器でなくとも不適切な器官に交わることが非梵行（〝性行為〟）と規定されていることから影響されているに他なるまい。

なお、第二章において確認したとおり、北伝仏教――少なくとも部派仏教の経量部と大乗仏教と――においては、仏教的な道徳性――戒、妙行、業、律儀――は有情を悩まさないことを原則としている。したがって、経量部の『成実論』の訳者、鳩摩羅什の講義録の色彩が強い『大智度論』においては、不適切な器官に交わることは、女性を悩ますゆえに、欲邪行であると説かれている。同論に次のようにある。

不適切な器官は女根《にょこん》（〝女性器〟）ではないため、女性の心が楽しまない。〔不適切な器官に交わることは、〕強いて道理に合わないことを行なうゆえに、欲邪行と呼ばれるのである(21)。

古代においては、女性の意思が尊重されていなかったため、男性が女性の不適切な器官に無理に交わって女性を悩ますこともあったに違いない。それゆえに、不適切な器官に交わることが欲邪行と規定されることは、悩まされる女性を減らすという抑止の意味を持っていたに違いない。

しかし、現代においては、女性の意思も尊重されている。女性が自分の意思で性交に不適切な器官を用いる場合、不適切な器官に交わることは、相手の女性を悩まさないゆえに、欲邪行とならないとも考えられる。ただし、仏典においてはそこまで考えられてはいない。

表6　欲邪行の定義

	欲邪行の定義
部派仏教・上座部 『ディーガ・ニカーヤ・アッタカター』（『長部註』。DNA vol. III, 1048） 『マッジマ・ニカーヤ・アッタカター』（『中部註』。MNA vol. I, 199） 『サンユッタ・ニカーヤ・アッタカター』（『相応部註』。SNA vol. II, 145） 『ウパーサカ・ジャナ・アランカーラ』（『荘厳優婆塞生類論』。浪花宣明［1987：232–234］）	交わるべきでない者と交わること • 護られている女性 • 他者の妻
部派仏教・法蔵部※ 『舎利弗阿毘曇論』（巻六。T28, 574b）	①護られている女性と交わること ②自分の妻とであっても不適切な器官に交わること
部派仏教・正量部 『有為無為決択』（並川孝儀［2011：276］）	①自分の妻でない者と交わること ②自分の妻であるのか自分の妻でないのか疑いながら、どちらであってもよいと〔思い〕、自分の妻でない者と交わること ③不適切な器官に交わること • ほかの女性の肛門など • ほかの男性と不男（去勢男）との肛門など • 自分の妻の肛門など
部派仏教・説一切有部 『阿毘達磨倶舎論』業品（舟橋一哉［1987：343–344］） 『阿毘達磨順正理論』辯業品（巻四十二。T29, 578c）	①交わるべきでない者と交わること • 護られている女性（他者の妻を含む） • 自分の母や娘 • 自分の父母と血縁関係がある女性 ②自分の妻とであっても不適切な器官に交わること

	・肛門、口腔 ③自分の妻とであっても不適切な場所で交わること ・露地、霊廟（チャイティヤ）、寺院（ヴィハーラ） ④自分の妻とであっても不適切な時に交わること ・妊娠中、授乳中、斎戒中
部派仏教・経量部 『成実論』十不善道品（巻八。T32, 304c）	①自分の妻でない者と交わること ②自分の妻とであっても不適切な器官に交わること
大乗仏教・唯識派 『瑜伽師地論』（前掲）	①交わるべきでない者と交わること ・母など ・護られている女性（他者の妻を含む） ・あらゆる男性 ②自分の妻とであっても不適切な器官に交わること ・膣以外 ③自分の妻とであっても不適切な時に交わること ・月経中、妊娠中、授乳中、斎戒中、病気中、不適量中 ④自分の妻とであっても不適切な場所で交わること ・上人たちがいる集会、霊廟（チャイティヤ）がある場所、多くの人々の目の前、危険がある地域
大乗仏教・唯識派 『阿毘達磨雑集論』（ASBh 63, 25–26）	①交わるべきでない女性〔と交わること〕 ②不適切な器官と、不適切な場所と、不適切な時とにおいて、不適量と、不道理とのかたちで、交わるべき女性〔と交わること〕 ③あらゆる男性、あらゆる不能男〔と交わること〕

〔※　水野弘元［1996］の考証による。〕

同性愛が欲邪行と規定されることもある

さらに、正量部、唯識派においては、男性が男性と交わることが欲邪行と規定されている。これは、律において、出家者について、たとえ女性器でなくとも男性の肛門と交わることが非梵行（〝性行為〟）と規定されていることから影響されているに他なるまい。

なお、第二章において確認したとおり、北伝仏教――少なくとも部派仏教の経量部と大乗仏教と――においては、仏教的な道徳性――戒、妙行、業、律儀――は有情を悩まさないことを原則としている。したがって、大乗仏教においては、男性が男性と交わることは、相手の男性を悩ますゆえに、欲邪行であると説かれていると考えられる。古代においては、同性愛者である男性同士が知りあう機会が少なかったため、同性愛者である男性が異性愛者である男性と無理に交わって異性愛者である男性を悩ますこともあったに違いない。それゆえに、男性が男性と交わることが欲邪行と規定されることは、悩まされる男性を減らすという抑止の意味を持っていたに違いない。

しかし、現代においては、同性愛者である男性同士が知りあう機会がある。同性愛者である男性同士が交わることは、相手の男性を悩まさないゆえに、欲邪行とならないとも考えられる。ただし、仏典においてはそこまで考えられてはいない。ダライ・ラマ十四世は、個人的な意見として、在家者同士の同性愛を許容している。

例えば、ダライ・ラマ氏は個人的な意見として、パートナー同士が合意し、出家僧侶の禁欲を誓っておらず、そして、他の人に害を与えないという三つの条件を満たせば、同性愛は間違いではないと発言した。

（ケネス・タナカ［2010：154］）

特に遊女と交わることについて

先に確認したとおり、すべてに共通しているのは、他者によって護られている女性、あるいは女性自身によって護られている女性と交わることが欲邪行と規定されていることである。

遊女は他者によって護られている女性ではないし、女性自身によって護られている女性でもない。したがって、遊女と交わることは欲邪行ではない。南伝の上座部の『スッタニパータ』一〇八においては、自分の妻に満足せず、遊女と交わり、他者の妻と交わることが破滅の門と説かれているが、かならずしも、遊女と交わることが欲邪行と説かれているわけではない。むしろ、『スッタニパータ』一〇八に対応する、北伝の説一切有部の『雑阿含経』一〇二経の偈（巻四。T2, 28c）、所属部派不明の『別訳雑阿含経』二六八経の偈（巻十三。T2, 467c）においては、自分の妻と遊女とを捨てて他者の妻と交わる者がチャンダーラのような者と説かれている（岩井昌悟［2015］）。

ただし、すでにほかの男性によって結婚を申し込まれている遊女、あるいは、ほかの客によって予約されている遊女は、他者によって護られている女性である。たとえば、説一切有部の『尊婆《そんば》須蜜菩《しゅみつぼ》薩所集論《さつしょしゅうろん》』に次のようにある。

> 人によって護られている妻、もしくは、人によって護られている、果ては〔結婚申し込みの〕花輪によって囲まれている遊女に至るまでの者、それが「他者に属する女性」と呼ばれるべきである。(22)

したがって、すでにほかの男性によって結婚を申し込まれている遊女、あるいは、すでにほかの客によって予約されている遊女と交わることは欲邪行である。たとえば、『大智度論』に次のようにある。

このようなさまざまな者――しまいには、〔ほかの男性が結婚申し込みの〕花輪で囲んで約束のしるしとした遊女に至るまで――、そのような者を犯すならば、欲邪行と呼ばれる。(23)

さらに、『大日経』に対する善無畏《ぜんむい》（シュバカラシンハ。六三七―七三五）の講義の筆録である一行《いちぎょう》『大毘盧遮那成仏経疏《だいびるしゃなじょうぶつきょうしょ》』（『大日経疏』）に次のようにある。

西方（インド）の法によるに、もし女性が女色を売りたい場合、官から許可されてのち、人（男性客）が彼女に若干の物品を与えることによって、いくばくかの時のあいだ、彼（男性客）によって護られている者となるのである。しかして、彼女は人（男性客）が来た時、ただちに門に標識を置いてほかの人に知らせる。ほかの人はそれを見て、ただちに彼女がすでに〔人（男性客）によって〕護られているとわかる。もし〔ほかの人がその時〕かたくなに〔彼女を〕犯すならば、欲邪行に同ずる。(24)

なお、経量部の『成実論』においては、遊女は律において妻の一種として説かれている「わずかの時間における妻」に該当するゆえに、遊女と交わることは欲邪行にならないと説かれている。同論に次のようにある。

質問。遊女は妻ではないが、彼女と性交した場合、どうして欲邪行ではないのか。
回答。〔遊女は〕わずかの時間のあいだ妻となっている。律において「わずかの時間における妻である」と説かれ、しまいには、〔結婚申し込みの〕花輪によって規制されているとおりである。(25)

さらに、『成実論』においては、他者によって護られていない遊女と交わることは欲邪行ではないにせよ、遊女自身は欲邪行していると説かれている。同論に次のようにある。

　欲邪行を具えている者は、不適切な器官に交わる者や、遊女などである。[26]

これは遊女が、他者の夫、あるいは他者によって護られている男性と交わるからであると考えられる。〝他者によって護られている男性〟という言いかたは経文に出ないにせよ、少なくとも、法蔵部の『四分律』（巻三。T22, 583b）においては、他者によって護られている女性の種類と同じだけ、他者によって護られている男性の種類もあると明記されている。

したがって、仏教の正統的な在家者たるもの、もし自分が他者の夫、あるいは他者によって護られている男性であるならば、たとえみずからが遊女と交わることが欲邪行でないにせよ、遊女を欲邪行させないために、遊女と交わらないことが望ましい。

特にマスターベーションについて

法蔵部、正量部、説一切有部、経量部、唯識派においては、欲邪行の要素である〝不適切な器官〟は、女体のうち、膣以外の器官を指している。すなわち、在家者が自分の手で行なうマスターベーションは欲邪行と規定されていない（なお、出家者が自分の手で行なうマスターベーションは故出不浄戒《こしゅつふじょうかい》に反する）。

ただし、密教の時代に至って造られた、アシュヴァゴーシャ（馬鳴《めみょう》）に帰される『十不善業道経』（その初出は十一世紀に訳された日照等訳『十不善業道経』）においては、自分の手すら〝不適切な器官〟のうちに含まれ、したがって、マスターベーションは欲邪行と規定されている。同経に次のようにある。

不適切な器官とは、口、肛門、幼児幼女の尻の割れ目、そして、自分の手である。(27)

しかし、これは行き過ぎである。第二章において確認したとおり、北伝仏教——少なくとも部派仏教の経量部と大乗仏教と——においては、仏教的な道徳性——戒、妙行、業、律儀——は有情を悩まさないことを原則としている。マスターベーションは他者を悩まさない。したがって、マスターベーションを欲邪行と規定することが適切であるとは考えられない。

なお、たとえば既婚者が配偶者と性交しないままマスターベーションに没頭することは、それを知った配偶者を悩ますことになりうるかもしれない。したがって、仏教の正統的な在家者たるもの、もし自分が既婚者であるならば、配偶者を悩まさないよう配慮することが望ましい。

〔4　離虚誑語〕

第四は離虚誑語（〝偽りのことばから離れること〟）である。これは、旧訳においては不妄語と漢訳されるが、新訳においては離虚誑語と漢訳される。ここでは、離虚誑語という訳語を用いる。

まず、経文に次のようにある。

この世で、ある者は、じつに、虚誑語者である。彼は、集会で、あるいは会衆の中で、あるいは王の家の中で、あるいは執務者の家の中で、あるいは親戚の家の中で、まのあたりに訊ねられる。「おお、丈夫《ますらお》よ、汝が知っていること、それを言いたまえ。汝が知っていないこと、それを言いたまうな。汝が見ていること、それを言いたまえ。汝が見ていないこと、それを言いたまうな。」

彼は、知っていないに他ならないのに「知っています」と言い、見ていないに他ならないのに「見ています」と言い、知っているに他ならないのに「知りません」と言い、見ているに他ならないのに「見ていません」と言うというふうに、自己のために、あるいは他者のために、あるいは両者のために、あるいは怯えのために、あるいはわずかな財のために、わかっていつつ虚誑語を語るし、虚誑語から離れない(28)。

この経文に対する『瑜伽師地論』の註釈に次のようにある。

「じつに、虚誑語者である」とは、標挙の句である。

「王の家の中で」といわれるのは、〝王に〟である。

「執務者」といわれるのは、彼（王）に使われる者である。

「集会」といわれるのは、さまざまな、商人の集まりである。

「会衆」といわれるのは、彼らと、四方の人との集合である。

〔見・聞・覚・知のうち、聞・覚・知という〕三つの慣用句によって体験されたもの、それが知である。見によって体験されたものが、他ならぬ、見である。

「自己のために」といわれるのは、「怯えのために」、あるいは「わずかな財のために」である。「自己のために」と同じように、そのように、「他者のために」「両者のために」である。「怯えのために」といわれるのは、殺害、拘束、過剰要求、叱責などに怯えるゆえに、である。「わずかな財のために」といわれるのは、財物、穀物、貴金属などのために、である。「わかっていつつ虚誑語を語る」といわれるのは、想〔〝想い〟〕と欲〔〝願い〟〕と見〔〝見解〟〕とを定めてのち、語るからである。

次に、まとめの内容をいえば、法廷ゆえに、かつ、異なって語ることゆえに、かつ、〔「自己のために」「他者のために」「怯えのために」「わずかな財のために」という〕きっかけゆえに、かつ、想に反することゆえに、虚誑語と理解されるべきである(29)。

この註釈に対する『瑜伽師地論』の補足に次のようにある。

その場合、自己のために虚誑語しても、虚誑語であると述べられるべきである。他者のためであろうが、怯えのためであろうが、わずかな財のためであろうが、見ていないのに〝見ています〟と言うのであろうが、聞いていない、覚《わか》っていない、知っていないのに〝知っています〟と言うのであろうが、見ているのに〝見ていません〟と言うのであろうが、聞いている、覚《わか》っている、知っているのに〝知りません〟と言うのであろうが、やはり虚誑語であると述べられるべきである。

音声のかたちに変換して言うのであろうが、何も言わないまま〔他者が〕それの内容を受け取るのであろうが、他者に言わせるのであろうが、身ぶりの変化のありさまによって示すのであろうが、まのあたりに言うのであろ

うが、やはり虚誑語であると述べられるべきである。(30)

ここでは、いくつか重要なことが説かれている。

虚誑語の代表例は訊ねられた場合の虚誑語である

仏教においては、虚誑語の代表例は訊ねられた場合の虚誑語である。そのことは、上掲の経文において、虚誑語者が「まのあたりに訊ねられる」と言われていることからわかる。

ただし、虚誑語は訊ねられた場合のみならず、訊ねられない場合にもありうるはずである。たとえ訊ねられなくとも、自分からいつわりを拡散する者もいるからである。

経量部の『成実論』においては、俳優などが虚誑語を具えていると説かれている。同論に次のようにある。

虚誑語を具えている者は、俳優などである。(31)

これは俳優などが台詞あるいは即興でいつわりを語るからに他なるまい。

ただし、『成実論』の説は異例である。説一切有部の『阿毘達磨大毘婆沙論』業蘊（巻百十三、巻百十六。T27, 584a; 606c）、『阿毘達磨倶舎論』業品（舟橋一哉［1987：359］）、『阿毘達磨順正理論』辯業品（巻四十二。T29, 580a）においては、俳優などが具えているのは雑穢語（綺語）であると説かれている。かならずしも虚誑語（妄語）ではない。

虚誑語はことばに限らない

仏教においては、虚誑語はことばに限らない。いつわりを身ぶりによって、あるいは以心伝心によって、拡散することも虚誑語である。経量部の『成実論』においては、虚誑語は（語によるのみならず）身・語・意によると説かれている。同論に次のようにある。

虚誑語とは、身・語・意によってほかの有情を誑かし虚妄に理解させること、そのことが虚誑語と呼ばれる。[32]

なお、当然ながら、いつわりを文書によって拡散させることも虚誑語になると考えられる。

〔5　離飲諸酒〕

第五は離飲諸酒（〝諸酒を飲むことから離れること〟。正確には〝スラーとマイレーヤとである、酒という、放逸にとってのよりどころから離れること〟）である。これは、旧訳においては不飲酒と漢訳されるが、新訳においては離飲諸酒と漢訳される。ここでは、離飲諸酒という訳語を用いる。

『瑜伽師地論』に次のようにある。

さらに、〔害生命、不与取、欲邪行、虚誑語という〕四不善業道に続く、「スラーとマイレーヤと」という第五について、優婆塞の〔五〕学〔処〕と結びつくかたちで、過患《かげん》（〝害悪〟）が世尊によって説かれている。それらも、具体的には『ナンディカ経』において、広く理解されるべきである。[33]

おおまかに言って、スラーは穀物酒、マイレーヤはその他の酒である。表示するならば、表7のとおりである。

『瑜伽師地論』においては、『ナンディカ経』なる経が指示されていた。同経に次のようにある。

ナンディカよ、スラーとマイレーヤとである、酒という、放逸にとってのよりどころにおいては、これらの過患が三十五あると知られるべきである。三十五とは何かというならば——

（1）見る見るうちに倉が尽きること。

（2）もろもろの病が入ってくること。

（3）口論と喧嘩とが増えること。

（4）恥部（性器）を丸出しにすること。

表7　スラーとマイレーヤとの定義

	スラー	マイレーヤ
部派仏教・上座部 『パーリ律』（VP vol. IV, 110） 『ウパーサカ・ジャナ・アランカーラ』（『荘厳優婆塞生類論』。浪花宣明［1987：234-235］）	小麦酒、餅酒、米酒、酵母酒、合成酒※	花酒、果実酒、糖酒、蜜酒、合成酒※
部派仏教・説一切有部 『阿毘達磨倶舎論』業品（舟橋一哉［1987：194］）	米穀のしぼり汁	液汁のしぼり汁

〔※　合成酒とは、複数の材料を合成して造られた酒。〕

（5）不名誉を生ずること。
（6）慧《え》（〝知恵〟）の弱さのきっかけとなること。
（7）いまだやって来ていない財産もやって来ないし、すでにやって来ている財産も尽きること、取り尽くされることに到る。
（8）秘密を洩らす。
（9）彼の仕事の完成が遠のく。
（10）力の弱さのきっかけとなる。
（11）母を母とも思わない者となる。
（12）父を父とも思わない者となる。
（13）沙門たることを敬わなくなる。
（14）婆羅門たることを敬わなくなる。
（15）一族の長《おさ》をあなどる者となる。
（16）仏を重んじない者となる。
（17）法を重んじない者となる。
（18）サンガ（〝出家者教団〟）を重んじない者となる。
（19）学〔処〕を受けることを重んじない者となる。
（20）諸根（〝諸感官〟）において入り口が閉められていない者となる。
（21）女性に対し度を過ぎて放逸に陥る。

(22)友だち、同居者、親族、血族から容れられない者となる。
(23)多くの者にとって意にそまない者となる。
(24)多くの人に逆行する者となる。
(25)非法（〝不正〟）を行なう者となる。
(26)非業（〝悪事〟）に与《くみ》する者となる。
(27)正法をかけ離れた者となる。
(28)愧《き》（〝羞恥〟）をかけ離れた者となる。
(29)智者たちは彼を、もろもろの確認事項について、質問されるべき者と思わない。
(30)放逸をなして気にしない者となる。
(31)如来の語に立脚しない。
(32)涅槃から遠くなる。
(33)狂気を引き起こす業を作り、積む。
(34)身が壊れてのち、死んでのち、悪処・悪趣・深坑・奈落に生まれる。
(35)さらに、もしそこ（悪処・悪趣・深坑・奈落）から死んでのち、人の衆同分《しゅどうぶん》（〝同質性〟）へ向かうかたちで（すなわち、人として）この世にいることに至ったとしても、彼は、生まれるあちこちにおいて、そのあちこちにおいて、狂気となるし、ものおぼえが悪くなる。

ナンディカよ、これらが、スラーとマイレーヤとである、酒という、放逸にとってのよりどころにおける、三十五の過患であると知られるべきである(34)。

表8 飲諸酒の罪

	飲諸酒の罪
部派仏教・上座部※ 『ヴィナヤ・アッタカター』（『律註』。VA vol. IV, 860） 『クッダカパータ・アッタカター』（『クッダカパータ註』。KhPA, 24）	世間罪
部派仏教・正量部 『有為無為決択』（並川孝儀［2011：123–125; 296］）	性罪
部派仏教・説一切有部 『阿毘達磨倶舎論』業品（舟橋一哉［1987：192–193］） 『阿毘達磨順正理論』辯業品（巻三十八。T29, 560b–561a）	性罪（律師の説） 遮罪（阿毘達磨論師の説）
部派仏教・経量部 『成実論』五戒品、十不善道品（巻八。T32, 300b; 305c）	遮罪
大乗仏教・唯識派 『瑜伽師地論中菩薩地釈』（D no. 4047, Yi 166a2–166b4; P no. 5548, Ri 204b4–205b2）	遮罪

〔※ 清水俊史［2017］第四部第六章の指摘による。〕

さて、部派仏教においては、煩悩によって起こされる、本質的に悪い罪と、かならずしも煩悩によらずに起こされる、やらないほうが良い罪とが区別されている。前者は、北伝の諸部において性罪《しょうざい》（〝本質的な罪〟）と呼ばれ、南伝の上座部において世間罪と呼ばれている。後者は、北伝の諸部において遮罪《しゃざい》（〝制止にもとづく罪〟）と呼ばれ、南伝の上座部において制定罪と呼ばれている（世間罪と制定罪とについては、清水俊史［2017］第四部第六章の訳語を用いる）。断生命、不与取、欲邪行、虚誑語については、諸部派はいずれもそれらが性罪／世間罪であると説いている。それに対し、飲諸酒については、それが性罪／世間罪であるという説と、遮罪／制定罪であるという説との二つがある。表示するならば、表8のとおりである。

飲諸酒は遮罪であるという説においては、煩悩によらず、治療のために薬として諸酒を飲むことが認められている。第二章において確認したとおり、北伝仏教――少なくとも部派仏教の経量部と大乗仏教と――においては、仏教的な道徳性――戒、妙行、業、律儀――は有情を悩まさないことを原則としている。飲諸酒はかならずしもただちに有情を悩ますことでなく、ただ、諸酒を飲む者が飲諸酒をよりどころとして放逸となる場合、はじめて有情を悩ますことになる。それゆえに、この説においては、飲諸酒は性罪ではなく遮罪であると説かれているのである。たとえば、経量部の『成実論』に次のようにある。

質問。飲諸酒は性罪なのか。
回答。否である。それはなぜかというならば、飲諸酒は〔ほかの〕有情を悩まさないからである。ただ罪にとってのきっかけであるにすぎない[35]。

三　八支近住学処

八支近住学処は、近住（〝節制的生活〟。布薩《ふさつ》）の日――新月、半月、満月の日、神変月（後述）――における、在家者の道徳律である。

古代インドにおいて用いられていた太陰太陽暦においては、月の満ち欠けによって、一ヶ月が前半と後半とに分かれている。新月、半月、満月の日とは、前半と後半との、それぞれ第八日と、第十四日あるいは第十五日とである。前半と後半とがそれぞれ十四日である月は小の月、それぞれ十五日である月は大の月と呼ばれていた（森章司［1997］）。

【前半】

第八日（半月）

第十四日あるいは第十五日（満月）

【後半】

第八日（半月）

第十四日あるいは第十五日（新月）

したがって、近住の日は一ヶ月に四回ある。少なくとも、かつての説一切有部においては近住はそのように実践されていたし、現在の上座部においても近住はそのように実践されている。

なお、現在のチベット仏教においては前半と後半とのそれぞれ第八日と第十四日と第十五日とに近住が実践されている（小野田俊蔵［2018］）。したがって、近住の日は一ヶ月に六回ある。ただし、これが古い伝統であるとは考えられない。

このほか、近住の日として、一部の仏典においては神変月が挙げられている。神変月については、すでに古い時代において実態がよく判らなくなっていたらしい。上座部においては複数の解釈がある（浪花宣明［1987：248–249］）。もともとは太陰暦と太陽暦との差によって生ずる年末の約十一日間であったという可能性が高い（阪本（後藤）純子［2018］）。

近住の日において、在家者は、通常の日における優婆塞律儀／優婆夷律儀ではなく、沙弥律儀に近い近住律儀を道徳性としてたもつ。在家者は、八支近住学処という道徳律に従うことによって、はじめて近住律儀という道徳性をたもつことができる。

上座部においては、近住律儀――厳密に言えば、上座部においては近住律儀とは呼ばれず、布薩戒と呼ばれる――を受ける時、受戒者は次のように八支近住学処を唱えるよう教えられている（沙弥の十学処の一部）。

①〝生命を害することから離れること〟という学処を受けます。
②〝与えられないものを取ることから離れること〟という学処を受けます。
③〝非梵行《ひぼんぎょう》（〝性行為〟）から離れること〟という学処を受けます。
④〝偽りのことばから離れること〟という学処を受けます。
⑤〝スラーとメーラヤとである、酒という、放逸にとってのよりどころから離れること〟という学処を受けます。
⑥〝非《ひ》時《じ》食《じき》（〝〔正午から翌日の日の出までの時という〕不適切な時の食事〟）から離れること〟という学処を受けます。
⑦〝歌と、踊りと、器楽と、〔それらの〕観覧と、花を〔身に〕つけることと、香料を塗ることと、化粧品で装うことという、放逸にとってのよりどころから離れること〟という学処を受けます。

⑧〝高い寝床と、広い寝床とから離れること〟という学処を受けます。(36)

ただし、ほかの部派においては、かならずしも受戒者がこのように八支近住学処を唱えるよう教えられているわけではない。説一切有部を踏襲しているらしい『大智度論』(巻十三。T25, 159c–160a)においては、戒師が八支近住学処を唱え、受戒者がひとつひとつ承諾するよう教えられている。

さらに、上座部と説一切有部とは、八支近住学処の順序において互いに異なっている。説一切有部の『阿毘達磨大毘婆沙論』に次のようにある。

『経』において説かれているとおり、近住律儀は八支を具えている。八とは何かというならば――

①離害生命(〝生命を害することから離れること〟)、

②離不与取(〝与えられないものを取ることから離れること〟)、

③離非梵行(〝性行為から離れること〟)、

④離虚誑語(〝偽りのことばから離れること〟)、

⑤離飲諸酒諸放逸処(〝諸酒を飲むことという、放逸にとってのよりどころから離れること〟)、

⑥離歌舞倡伎(〝歌と、踊りと、器楽とから離れること〟)、離塗飾香鬘(〝化粧することと、香料を塗ることと、花で飾ることとから離れること〟)

⑦離高広床(〝〔脚が〕高い寝床と、広い寝床とから離れること〟)

⑧離非時食(〝〔正午から翌日の日の出までの時という〕不適切な時の食事から離れること〟)である。(37)

説一切有部においては、離非時食が最後に置かれているのである。説一切有部に限らず、北伝仏教の部派においては、離非時食が最後に置かれ、特に説一切有部においては、離非時食が八支近住学処の本体として重視されている（平川彰［2000：150］）。

八支近住学処のうち、離害生命、離不与取、離虚誑語、離飲諸酒諸放逸処は五学処と共通している。したがって、ここでは、残りのものについて確認したい。

八支近住学処の内容は、上座部の『ウパーサカ・ジャナ・アランカーラ』（『荘厳優婆塞生類論』）において詳細に論じられているが、説一切有部と経量部と唯識派との諸論においてはほとんど論じられていない。したがって、ここでは、比較研究にわたらず、同書にもとづいて離非梵行、離歌舞倡伎、離塗飾香鬘、離高広床、離非時食の内容を簡単に確認するにとどめる。

〔3　離非梵行〕

第三は離非梵行である。肛門性交や口腔性交など、あらゆる性行為から離れる。

〔6　離歌舞倡伎、離塗飾香鬘〕

第六は離歌舞倡伎、離塗飾香鬘である。現代においては、歌と、踊りと、器楽との観覧のうちに、電子媒体による観覧も含まれると考えられる。

〔7　離高広床〕

第七は離高広床である。床《ゆか》に簡素な寝具を敷いて寝ればよい。

〔8　離非時食〕

第八は離非時食である。不適切な時においても、ジュース類を摂ることは許される。

以上、在家者において道徳律が何を内容としているかについて確認した。

七衆《しちしゅ》の別解脱律儀はいずれも身業《しんごう》（〝からだによるふるまい〟）と語業《ごごう》（〝ことばによるふるまい〟）とに対するつつしみである。たとえば、優婆塞律儀／優婆夷律儀と近住律儀とは、離虚誑語という学処に従うことによって語業に対するつつしみとなるし、そのほかの四学処あるいは七学処に従うことによって身業に対するつつしみとなる。逆に言えば、七衆の別解脱律儀は意業《いごう》（〝こころによるふるまい〟）に対するつつしみではない。内心においてならば、何をしようと違犯《いぼん》とならない。

第二章において確認したとおり、北伝仏教——少なくとも部派仏教の経量部と大乗仏教と——においては、仏教的な道徳性——戒、妙行、業、律儀——は有情を悩まさないことを原則としている。意業はあくまで内心にとどまっているかぎり有情を悩まさないから、七衆の別解脱律儀において意業はつつしまれていないのである。

四　おわりに

本章において述べてきたことがらは以下のとおりである。

1　われわれ欲界に属する者たちは仏教的な道徳律――学処――に従うことによってようやく仏教的な道徳性――戒、妙行、業、律儀――をたもつことができる。

2　在家者は五学処に従うことによってようやく優婆塞律儀／優婆夷律儀をたもつことができるし、八支近住学処に従うことによってようやく近住律儀をたもつことができる。

3　優婆塞律儀／優婆夷律儀と近住律儀とはいずれも身業と語業とに対するつつしみである。

第四章　菩薩において戒は何を学処としているか

一　はじめに

第一章において確認したとおり、仏教においては、われわれ欲界《よくかい》（〝欲望界〟）に属する者たちの仏教的な道徳性（morality）と仏教的な道徳律（moral code）とを意味する語として、表1のような語がある。

表1

仏教的な道徳性	仏教的な道徳律
戒（〝自戒〟） 妙行《みょうぎょう》（〝善行〟） 業（〝ふるまい〟） 律儀《りつぎ》（〝つつしみ〟） 〔以上、すべて同義語。〕	学処《がくしょ》（〝学びの基礎〟）

われわれ欲界に属する者は仏教的な道徳律に従うことによってようやく仏教的な道徳性をたもつことができる。たとえば、菩薩は四の他勝処法《たしょうしょほう》と四十四の違犯《いぼん》とである学処という仏教的な道徳律に従うことによってようやく菩薩律儀という仏教的な道徳性をたもつことができる。

本章においては、菩薩の仏教的な道徳性がいかなる仏教的な道徳律にもとづくかについて確認したい。

二　四の他勝処法

四の他勝処法と四十四の違犯とは、唯識派の『瑜伽師地論』において説かれている。本章においては、『瑜伽師地論』にもとづいて、四の他勝処法と四十四の違犯との内容を検討したい。

なお、四の他勝処法と四十四の違犯とは、のちに『瑜伽師地論』みずからにおいて明言されるとおり、さまざまな大乗経を濃縮するかたちで定められている。本章においては、そのような大乗経をも、筆者が気づいているかぎり、出典として紹介したい。

『瑜伽師地論』に次のようにある。

> このように戒律儀に安住している菩薩には、四の他勝処法がある。四とは何か。[1]

他勝処法とは、波羅夷《はらい》（パーラージカ。〝追放罪〟）に位置する法という意味である。波羅夷（パーラージカ）が「他勝」（〝他者によって打ち勝たれること〟）と訳されている。

第一の他勝処法

> 利得と尊敬とに汲々とする者が自己をもちあげることや、他者をけなすことは、菩薩の他勝処法である。[2]

これの典拠は『虚空蔵菩薩経』である〔同経において説かれている、初心者である菩薩の八つの根本違反のうち、第五〕。同経に次のようにある。

次にまた、初心者である菩薩たちは二枚舌の者となり、〔真実と〕異なるふうに教える。さらに、この大乗を、賛辞と名声とを目的としつつ、利得と尊敬とを動機としつつ、音読するし、読習するし、差し出すし、語るし、説くし、ひとびとに〔自分が〕聴いただけのことを教える。次のように言いだす。「われわれは大乗の者である。他者たちは違う。」

彼らは利得と尊敬とを動機としつつ、他者たちに嫉妬する。彼ら〔他者たち〕は生活必需品をひとびとからもらっているから、それを機縁として、彼ら〔初心者である菩薩たち〕は彼ら〔他者たち〕に怒りをいだくし、妨害するし、非難するし、けなすし、忌避する。自己をもちあげるが、他者たちを〔もちあげるの〕ではない。

これゆえに、彼らは、嫉妬を動機として、上人法《しょうにんほう》〔〝常人を超える属性〟〕をもって自己を〔ひとびとに〕知らしめようとする。それゆえに、彼らは、そのことがらによって、大乗の楽から堕ちるし、〔サンガから〕波羅夷〔〝追放〟〕される。〔死後に〕悪趣へ逝く者となるような、この、大きく重い違犯に陥る。

たとえば、ある男が宝島に行こうとし、行くべく、船によって海に入り、彼が大海において他ならぬ自分のせいで船を壊すであろうなら、まさにその場において死に至るであろうように、まさにそのように、初心者である菩薩たちなるものは、功徳の大海を渡ろうと欲しつつ、嫉妬を動機として、それ〔上人法〕を語るし、それを機縁として、彼らは信〔〝信仰〟〕という船を壊してのち、慧《え》〔〝叡智〟〕という命《いのち》から離れるに至る。このように、彼ら愚かな初心者である菩薩たちは、嫉妬を動機として、非理を機縁として、大きく重い違犯に陥る。

これは初心者である菩薩にとって第五の根本違犯である。(3)

第二の他勝処法

物資がある場合、現に見えている場合に、苦しんでいる、貧しい、身寄りない、寄る辺ない、現前している、正しく乞うている者たちに対し、物惜しみを本性とするせいで、薄情ゆえに財を与えないことや、正しく現前している、求めている者たちに対し、法を慳《お》しむゆえに諸法を分け与えないことは、菩薩の他勝処法である。(4)

第三の他勝処法

菩薩が、そこから荒いことばをいだすだけでは済まないような、そのような忿《ふん》（〃いきどおり〃）の占拠を増大させ、忿によって圧倒され、手か石か棒か剣かによって有情《うじょう》（〃生きもの〃）たちを打ち、傷つけ、苦しめる。かつ、他ならぬ激しい忿の意向を内にいだいたまま、他者たちから、行き過ぎたことをしでかしたことについての謝罪を受け容れず、こらえず、意向を手放さない。これも菩薩の他勝処法である。(5)

第四の他勝処法

菩薩蔵（大乗経）をそしることや、自己あるいは他者に随って正法のまがいものを勝解《しょうげ》（〃受け容れ〃）した者が、

正法のまがいものを楽しむこと、明らかにすること、打ち立てることは、菩薩の他勝処法である。(6)

以上、これらが四の他勝処法である。それらのうち、菩薩はどれか一法に違犯してのちは――ましてや、すべてについては言うまでもないが――現法（〝現世〟）において広大な菩薩資糧（〝菩薩の具え〟）を集めたりたもったりするに堪えなくなるし、現法において意楽《いぎょう》（〝こころざし〟）の浄化に堪えなくなる。〔彼は〕菩薩の偽物であるが、本物の菩薩ではない。(7)

以上で、四の他勝処法は終わる。

三　四十四の違犯

このように菩薩の律儀戒のうちに安住している菩薩について、汚れがあったり、汚れがなかったり、小であったり、中であったり、大であったりする違犯も、無違犯も理解されるべきである。(8)

第一の違犯

このように菩薩の律儀戒のうちに安住している菩薩が、毎日、①如来、あるいは如来のための塔に対し、②法あるいは法のための書籍である菩薩経蔵や菩薩経蔵のマートリカー（〝論母〟。アビダルマ）に対し、あるいは③全方向における、偉大な地（菩薩の十地）に踏み入っている菩薩たちのサンガなるものである、かのサンガに対し、何か、少しでも、多くでも、供養に関わることを、最低限、身によって一回お辞儀することすら、最低限、語によって仏と法とサンガとの功徳に関する四句の一偈を唱えることすら、最低限、意によって仏と法とサンガとの功徳への憶いを先とし一回浄信することすら、行なわずに日夜をすごすのは、違犯を伴うもの、逸脱を伴うものとなる。

【汚れある違犯】もし不敬のせい、嬾惰や懈怠のせいであるならば、汚れある違犯に陥るし、陥ったことになる。

【汚れなき違犯】もし失念のせいであるならば、汚れなき違犯に陥るし、陥ったことになる。

【無違犯】すでに清浄意楽地（菩薩の十地の初地）に入っている者〔である菩薩〕については、違犯はない。なぜなら、〔その〕菩薩は意楽が清浄だからであり、具体的には、証浄（〝確たる浄信〟）を得た比丘は、絶対に常時に、法性《ほっしょう》（〝きまりごと〟）として、大師（仏）と法とサンガとに奉仕し、最高の供養によって供養しているのである。(9)

第二の違犯

【汚れある違犯】菩薩が、〔自己のうちに〕すでに起こっている、大きな欲、不満足、利得と尊敬とへの愛着を許容するのは、違犯を伴うもの、逸脱を伴うものとなり、汚れある違犯に陥る。

【無違犯】それを払いのけるために願いを生じており、精進（〝努力〟）を始めており、それへの対抗措置を採ることによってそれを妨げることに安住している者〔である菩薩〕に、生まれつき強烈な煩悩があることによって、圧倒的に次々と〔大きな欲、不満足、利得と尊敬とへの愛着が〕現行《げんぎょう》（〝顕在化〟）してくるせいならば、違犯はない。(10)

第三の違犯

【汚れある違犯】菩薩が年上の、徳のある、尊敬されるにふさわしい仏教徒を見てのち、慢に捉われ、あるいは怨恨の心を持ち、あるいは瞋恚の心を持ち、立ち上がっては席を譲らない。さらに、他者から話しかけられ、語りかけられ、挨拶され、訊ねられた場合、慢に捉われ、あるいは怨恨の心を持ち、あるいは瞋恚の心を持ち、適切なやりかたによっては、ことばを使って応対しないのは、違犯を伴うもの、逸脱を伴うものとなり、汚れある違犯に陥る。

【汚れなき違犯】〔菩薩が〕もし慢に捉われず、あるいは怨恨の心を持たず、あるいは瞋恚の心を持たないにせよ嬾惰や懈怠のせいで、あるいは無記（〝白紙状態〟）なる心を持ちつつ失念のせいで〔席を譲らないし、ことばを使って応対しないの〕は、違犯を伴うもの、逸脱を伴うものとなるが、汚れある違犯に陥らない。

【無違犯】①〔菩薩が〕重病である、あるいは乱心しているならば、違犯はない。

②〔菩薩が〕眠っているならば、違犯はない。その相手は〝〔菩薩は〕目覚めているな〟という想いを持ち、近づき、話しかけ、語りかけ、挨拶し、訊ねるかもしれないが。

③他者たちに法を説くことに、あるいは論議を決択することに取り組んでいる者〔である菩薩〕については、

違犯はない。
④　その相手とは別の者に挨拶している者〔である菩薩〕については、違犯はない。
⑤　法を説いている他者たちに、あるいは論議を決択することに、耳を傾け、聴いている者〔である菩薩〕については、違犯はない。
⑥　法話の味をそぐことと、説法者の心とに配慮している者〔である菩薩〕については、違犯はない。
⑦　その方便によって彼ら有情たちを調伏し、教化し、悪しき場所から抜け出させてのち、善き場所に安住させてやる者〔である菩薩〕については、違犯はない。
⑧　サンガの規制に配慮している者〔である菩薩〕については、違犯はない。
⑨　他の大多数の者たちの心に配慮している者〔である菩薩〕については、違犯はない[11]。

第四の違犯

【汚れある違犯】菩薩が他者から、食べもの、飲みもの、服などという生活必需品を約束されて、家、あるいは別の寺、あるいは別の家に招待される場合、慢に捉われ、あるいは怨恨の心を持ち、あるいは瞋恚の心を持ち、行かず、招待をわがものにしないのは、違犯を伴うもの、逸脱を伴うものとなり、汚れある違犯に陥る。

【汚れなき違犯】〔菩薩が〕嬾惰や懈怠のせいで行かないのは、汚れなき違犯に陥る。

【無違犯】①〔菩薩が〕病で無力である、あるいは乱心しているならば、違犯はない。
②　場所が遠く、かつ、道が危険を伴うならば、違犯はない。

③〔菩薩が〕その方便によって彼を調伏したいと望み、教化したいと望み、悪しき場所から抜け出させてのち、善き場所に安住させてやりたいと望むならば、違犯はない。
④別の者との先約があるならば、違犯はない。
⑤絶え間ない善品《ぜんぽん》（〝善のたぐい〟）を中断してしまうのを防ぐために、行かずにいる者〔である菩薩〕については、違犯はない。
⑥〔菩薩が〕いまだかつてない、有意義な、法の意義を聴くことを、逸してしまうからであるならば、違犯はない。法の意義を聴くことについてと同じように、そのように、論議を決択することについても〔違犯はないと〕理解されるべきである。
⑦〔菩薩が〕苦しめようという意図によって招待されているならば、違犯はない。
⑧他の大多数の者たちの怨恨の心に配慮している者〔である菩薩〕については、違犯はない。
⑨サンガの規制に配慮している者〔である菩薩〕については、違犯はない。(12)

これは、内容上、出家者である菩薩のみに該当する。

第五の違犯

【汚れある違犯】菩薩が他者のもとで金や銀や摩尼珠や真珠や瑠璃などというさまざまな多くの勝れた財物を得る場合、与えられる場合、怨恨の心を持ち、あるいは、瞋恚の心を持ち、受け取らず、突き返すのは、違犯を伴うもの、逸脱を伴うものとなり、有情を捨てることによって、汚れある違犯に陥る。

【汚れなき違犯】〔菩薩が〕嬾惰や懈怠のせいで受け取らないのは、違犯を伴うもの、逸脱を伴うものとなるが、汚れある違犯に陥らない。

【無違犯】①乱心している者〔である菩薩〕については、違犯はない。

②その受け取ることに対する愛着を、心のうちに見いだしている者〔である菩薩〕については、違犯はない。

③その相手にのちに後悔があることを推測している者〔である菩薩〕については、違犯はない。

④その相手に施についての混乱があることを推測している者〔である菩薩〕については、違犯はない。

⑤溜め込むことを放棄している施し手に、それを原因として貧困や破産があることを推測している者〔である菩薩〕については、違犯はない。

⑥サンガに属するものや、仏塔（ストゥーパ）に属するものであることを推測している者〔である菩薩〕については、違犯はない。

⑦不正に他所から持ってこられたものであり、それを原因として死刑、あるいは緊縛、あるいは体刑、あるいは失墜・非難という苦境が生ずるであろうことを推測している者〔である菩薩〕については、違犯はない。(13)

第六の違犯

【汚れある違犯】菩薩が法を求める他者たちに対し、怨恨の心を持ち、あるいは瞋恚の心を持ち、あるいは嫉妬に苛まれて、法を提供しないのは、違犯を伴うもの、逸脱を伴うものとなり、汚れある違犯に陥る。

【汚れなき違犯】〔菩薩が〕嬾惰や懈怠のせいで与えないのは、違犯を伴うもの、逸脱を伴うものとなるが、汚れある違犯に陥らない。

【無違犯】①〔その他者が〕あら探しする異教徒であるならば、違犯はない。

②〔菩薩が〕重病であるか、あるいは乱心しているならば、違犯はない。

③〔菩薩が〕その方便によって〔その他者を〕調伏したいと望み、教化したいと望み、悪しき場所から抜け出させてのち、善き場所に安住させてやりたいと望むならば、違犯はない。

④〔その他者が〕法に通じていないならば、違犯はない。

⑤もし〔その他者が〕不敬なまま、不遜なまま、悪い威儀のまま、〔法を〕受けようとしているならば、違犯はない。

⑥偉大な説法によって、下等な素質の者に、法の獲得におののかされることと、邪見と、邪執と、被害・破滅とがあるようになることを、〔菩薩が〕推測しているならば、違犯はない。

⑦その相手の手にわたった法が、ほかの、器でない者たちによって伝播していくことを、〔菩薩が〕推測しているならば、違犯はない。(14)

これの典拠は『大宝積《だいほうしゃく》経《きょう》』迦葉品《かしょうほん》である。同経に次のようにある。

カーシャパよ、これら四つの諸法は菩薩にとって慧を破滅させるよう働くのである。四つとは何かというならば、すなわち、①法と法師とについて尊重なき者となる。②法について吝嗇であり、法について師拳（〝師匠が握りしめておくこと〟）をなす。③法を求めるプドガラ（〝個体〟）に対し法の断絶をなし、意気阻喪させ、散乱させ、説示せず、隠す。④増上慢の者となり、自己を持ち上げ、他者たちをけなす。カーシャパよ、これら四つの諸法は菩薩にとって慧を破滅させるよう働くのである。[15]

なお、①は第三十二の違犯の典拠、④は第三十の違犯の典拠である（後述）。

第七の違犯

【汚れある違犯】菩薩が、暴虐である、破戒している諸有情に対し、暴虐や破戒を機縁とした上で、怨恨の心を持ち、あるいは瞋恚の心を持ち、あるいは無視し、あるいは振り払うのは、違犯を伴うもの、逸脱を伴うものとなり、汚れある違犯に陥る。

【汚れなき違犯】〔菩薩が〕嬾惰や懈怠のせいで無視し、失念のせいで振り払うのは、違犯を伴うもの、逸脱を伴うものとなるが、汚れある違犯に陥らない。

それはなぜかというならば、暴虐である、破戒している、苦の原因のうちにある諸有情に対するほどには、――それほどには、持戒しており、かつ身業《しんごう》と語業《ごごう》と意業《いごう》との活動に静かさがある者に対し、菩薩のうちに憐愍の心と行為への意欲とは起こらないからである。

【無違犯】①乱心している者〔である菩薩〕については、違犯はない。

②〔菩薩が〕その方便によって〔暴虐である、破戒している諸有情を〕調伏したいと望むならば、違犯はない。詳しくは先（第三の違犯⑦）のとおりである。

③ 他の大多数の者たちの心に配慮している者〔である菩薩〕については、違犯はない。
④ サンガの規制に配慮している者〔である菩薩〕については、違犯はない。[16]

これの典拠は『大宝積経』迦葉品である。同経に次のようにある。

カーシャパよ、これら四つは菩薩の無量の福徳資糧である。四つとは何かというならば、①物欲なき心による法施、②破戒している諸有情に対する大悲、③あらゆる有情に対し菩提心（〝悟りを求める心〟）を説くこと、④力なき諸有情に対し忍をもって仕えることである。カーシャパよ、これら四つが菩薩の無量の福徳資糧である。[17]

第八の違犯

他者の心に配慮することを目的として、浄信なき有情たちを浄信させるために、かつ、浄信ある有情たちをますます増進させるために、『波羅提木叉』による『律』において、世尊によって安立された遮罪《しゃざい》（〝制止にもとづく罪〟）なるもの。それについて、菩薩は声聞《しょうもん》たちと同じように学ぶのであり、たがえることはない。

それはなぜかというならば、まず、声聞たちは自己の利益をもっぱらとしている。彼らは、ともあれ、他者の心に配慮しないわけではなく、浄信なき有情たちを浄信させるために、かつ、浄信ある有情たちをますます増進させるために、〔『波羅提木叉』の〕学を学んでいる。ましてや、他者の利益をもっぱらとしている菩薩たちは当然である。

しかるに、声聞たちがわずかな目的を有すること、わずかな仕事を有すること、わずかな希望に住することにもとづいて、世尊によって安立された遮罪なるもの。それについて、菩薩は声聞たちと同じようには学ばない。それはなぜかというならば、自己の利益をもっぱらとし、他者の利益を顧みない声聞が、他者の利益をめぐって、わずかな目的を有し、わずかな仕事を有し、わずかな希望に住しているのは好ましいが、しかるに、他者の利益をもっぱらとする菩薩が、他者の利益をめぐって、わずかな目的を有し、わずかな仕事を有し、わずかな希望に住しているのが好ましいはずはない。

① すなわち、菩薩によって、他者たちのために、十万もの衣が、親族ならざる婆羅門や在家者たちのもとから、提供されただけ求められるべきである。彼ら有情たちの財力と無財力とを推し量って、必要なだけ受け取られるべきである。

② 衣と同じように、そのように、器もである。

③ 〔衣が〕求められるべきであるのと同じように、そのように、自ら乞い求めた糸でもって、親族ならざる織り手たちによって、〔衣が〕織らせられるべきである。

④ 他者のために、百もの絹製のふとんカバーと、百ものクッションカバーとが準備されるべきである。

⑤ 十兆オンスもの金銀がわがものとされるべきである。

声聞たちがわずかな目的を有すること、わずかな仕事を有すること、わずかな希望に住することにもとづいての、かくかくしかじかなどの遮罪について、〔菩薩は声聞と〕同じようには学ぶ者でないのである。

【汚れある違犯】菩薩戒律儀のうちに安住している菩薩が、有情の利益をめぐって、怨恨の心を持ち、あるいは瞋恚の心を持ち、わずかな目的を有する者、わずかな仕事を有する者、わずかな希望に住する者となるのは、違犯を伴うもの、逸脱を伴うものとなり、汚れある違犯に陥る。

【汚れなき違犯】〔菩薩が〕嬾惰や懈怠のせいで、わずかな目的を有する者、わずかな仕事を有する者、わずかな希望に住する者となるのは、違犯を伴うもの、逸脱を伴うものとなり、汚れなき違犯に陥る(18)。

これは、内容上、出家者である菩薩のみに該当する。ここで挙げられている五つの遮罪は、順に、出家者の正式な戒である『波羅提木叉』やその註釈である『律』において尼《に》薩《さつ》耆《ぎ》波《は》逸《いつ》提《だい》法《ほう》（〝捨てて懺悔すべき法〟。異訳は〝捨堕法〟）と規定されている、①過《か》分《ぶん》取《しゅ》衣《え》戒、②長《じょう》鉢《はつ》戒、③自《じ》乞縷《こつる》糸《し》非《ひ》親織《しんしき》戒、④蚕《さん》綿《めん》臥《が》具《ぐ》戒、⑤受《じゅ》畜《ちく》金《こん》銀《ごん》銭《せん》戒に反している。しかし、菩薩は他者の利益のためならば敢えてそれをやってのけるのである。

第九の違犯

菩薩が以下のかたちの方《ほう》便《べん》善《ぜん》巧《ぎょう》（〝手だてについての巧みさ〟）によって現行し、違犯なき者となるし、多くの福徳を生ずることになるような、ある性《しょう》罪《ざい》（〝本質的な罪〟）すらある(19)。

これは、内容上、在家者である菩薩のみに該当する（後述）。性《しょう》罪《ざい》とは、害生命、不与取、非梵行、虚誑語、離間語、麁悪語、綺語である。しかし、菩薩は他者の利益のためならば敢えてそれをやってのけるのである。

(1) 害生命

具体的には、菩薩は、泥棒・盗賊が、偉大な精神を持つ声聞たちや独覚たちや菩薩たちである、百の多数倍もの、命ある者たちを、わずかな財のために殺そうとのぼせ上がり、多くの無間業をなすことに取り組んでいるのを見、そして、見おわってのち、さらに、心によって、次のように心を起こす。〝もし自分がこの命ある者（泥棒・盗賊）を絶命させてのち、地獄に生まれるとしても、地獄に生まれることは自分にとって望むところとなりますように。しかし、この有情（泥棒・盗賊）が無間業をなしてのち、地獄を来世とすることがありませんように〟。

このような意向を持つ菩薩は、この命ある者（泥棒・盗賊）を、善なる心によって、あるいは、無記（〝白紙状態〟）なる心によって、知ってのち、自責しつつも、今後についての憐憫の心にもとづいて、絶命させる。〔菩薩は〕違犯なき者になるし、かつ、多くの福徳を生ずるのである。(20)

註釈者サーガラメーガの指摘によれば、これの典拠は『方便善巧経』である。同経に次のようにある。

良家の息子よ、かつて過去世に、宝を求めるために大海に乗り出した五百人の貿易商たちがいた。次に、その時、彼ら同道者たちのうちに、悪業を有する者、罪業を有する者、矢と刀とを学んだ者、盗人、他者の宝を奪う者、貿易商のふりをして加わっている者がいて、邪悪なことをするためにその船に乗り込んでいた。そののち、その悪質な男は「自分はこれらの貿易商全員を絶命させ、宝をすべて運んでジャンブー・ドゥヴィーパ（〝ユーラシア大陸〟）に行こう」と思うようになった。

次に、その時、同道者たちの船に乗り込んでいる者のうちに、マハーカルナ（〝大悲ある者〟）というサールタヴァーハ（〝貿易商のリーダー〟）がいた。そののち、サールタヴァーハであるマハーカルナは彼が眠った際の夢において、その大海に住む神によって、「同道者たちのその船のうちに、こういう名の、こういうような、欺く者、他者の宝を奪う者がいる。そやつは『これらの貿易商全員を絶命させ、宝をすべて運んでジャンブー・ドゥヴィーパに行こう』と思っているが、そうなれば、この男はこれらの貿易商たちを殺してしまい、どうしようもない罪業をなすことになる。それはなぜかというならば、具体的には、彼ら五百の貿易商たちは、この上ない正しくまったき悟りへと向かっている、不退の菩薩たちなのであって、もしその男が彼ら菩薩たちを殺したならば、彼はこの業障《ごっしょう》という過失によって、それぞれの菩薩のために、それぞれの菩薩がこの上ない正しくまったき悟りを完成するまでの間、その間、マハーナーラカ（〝大地獄の住民〟）として煮られることとなる。そういう場合において、サールタヴァーハよ、汝はこの男もこのようにナーラカに堕ちずにすみ、彼らも殺されずにすむような、そのような方便を考えよ」と夢のかたちで示された。

良家の息子よ、すると、かのサールタヴァーハは次のように思った。「これら貿易商たちも殺されず、この男もナーラカに堕ちないように、わたしがなすべき何らかの方便はあるだろうか。」

そう思って、他の者にも少しも言わずに、七日間、風を待ってのち、七日が過ぎると、彼は次のように思った。「この男を絶命させるより他に方便はない。」

彼は次のように思った。「もし貿易商全員に伝えたとしても、彼らは不善心によって男を殺し、彼ら全員がナーラカに堕ちることになってしまう。」「もしわたしによってこの男が絶命させられ、そのせいで、わたしがナーラカに生まれようとも、十万劫、次々とマハーナーラカに生まれることを耐え忍び、この男がこれらの貿易商を殺してのち罪を増やさないようにすべきだ。」

良家の息子よ、具体的には、かの、サールタヴァーハであるマハーカルナは、彼ら菩薩たちを護るために、かの大悲と、かの方便とによって、故意にその男を矛で殺した。わたし（釈迦牟尼）こそが、その時、マハーカルナというサールタヴァーハだったのだ。

良家の息子よ、わたしは、かの方便善巧と、かの方便とによって、一万劫のあいだ輪廻に背を向けたのである。その男も死んでのち天上世間に生まれたのである。船に乗り込んでいた五百人の貿易商なるもの、彼らはのちに賢劫《けんごう》（現在の劫）において五百仏としてお出ましになったのである。(21)

ここで注意されるべきなのは、敢えて殺人をやってのけることが許されるのはあくまで殺されそうになっている数百人の聖者を救うという特殊な状況においてのみであるという点である。このような状況は現実においてはまず起こらない。したがって、これはあくまで他者を救うためなら敢えてそれほどのことをやってのけるという心構えを説いていると理解されなければならない。

他者を救うために敢えて殺人をやってのけることは日本天台宗の貞舜《じょうしゅん》（一三三四―一四二二）『宗要柏原案立《しゅうようかしわばらあんりゅう》』（巻四。T74, 512b）において「一殺多生」と表現され、この表現は十五年戦争期において日本の在来の大乗仏教団体によって戦争迎合のスローガンとして用いられた。しかし、他者を救うために敢えて殺人をやってのけることが許されるのは、本来、殺されそうになっている数百人の聖者を救うという特殊な状況においてのみである以上、日本の在来の大乗仏教団体が戦争迎合のスローガンとして「一殺多生」という表現を用いていたのは拡大解釈である。このような拡大解釈は『瑜伽師地論』の本意ではない。

さらに注意されるべきなのは、他者を救うために敢えて殺人をやってのけるのはあくまで方便善巧を有する菩薩のみであるという点である。方便善巧を有する菩薩は方便として敢えて殺人をやってのけ、それによって福徳を積むのであるが、方便善巧を有しない未熟な者は、たとえ方便として敢えて殺人をやってのけるにせよ、それによって罪悪を積むのである。むしろ、方便善巧を有しないわれわれは、罪悪を積まないために、はじめから殺人という方便を放棄すべきである。

註釈者サーガラメーガはそのことをはっきり説いている。彼の自著『瑜伽師地論中菩薩地釈』に次のようにある。

方便善巧をもっぱらとし、波羅蜜多（〝完成〟）に達している菩薩たちの行ないは思議を超えている。それについては、善根《ぜんこん》が少ない者、慧《え》（〝叡智〟）が鈍い者、おのれの分に執着する者、ことばどおりに意味を受け取る者たちの慧は踏み込めない。それについては、仏のみが実見するのである。彼ら（菩薩たち）の〔性〕罪の行ないは他ならぬ彼ら（菩薩たち）によって〔〝この方便によって福徳を受ける〟と〕承知されるにすぎない。そうである以上、ほかの者たちによっては、多くの福徳ならざるもの（罪悪）を受けるような方便は初めから放棄されるべきである。(22)

これに関連して想起されるのは、二十世紀末に仏教の名のもとに弟子たちに敢えて殺人をやってのけさせた、オウム真理教の教祖、麻原彰晃《しょうこう》（一九五五―二〇一八）が、仏教の名のもとに殺人が許容される根拠として、ある大乗経を挙げていたことである。オウム真理教の『基礎教学システム教本』第三課三級Ｂ（一九八八年九月一二日、富士山総本部道場）に次のようにある。

例えば、ね、大乗の仏典にはこう書かれているよね。釈迦牟尼がまだ菩薩だったころ、ね、貿易商のリーダーをなしていたと。そして、そこには五百人の貿易商が乗っていて、その中の一部に悪党がいたと。で、その悪党がすべてを殺し、すべての貿易商を殺して、ね、利益を独占しようとしたとき、仏陀釈迦牟尼はそれを殺したと。そして、そのカルマによって、地獄に行くんではなくて、仏陀として、ね、登場する時間を短縮すると。

（平野直子［2011：207］の引用による）

ここで言われている「大乗の仏典」は明らかに『方便善巧経』である（そのことは東京在住の「老教授」なる匿名の仏教学者によってすでに指摘されている。宮内勝典［2000］第二十章「海上の悪党」）。『瑜伽師地論』本地分中菩薩地戒品とそれに対するツォンカパの註釈との英訳（Mark Tatz [1986]）の出版、次いで『方便善巧経』の英訳（Mark Tatz [1994]）の出版によって、『方便善巧経』は一般読書家にとって近づきやすくなったが（Mark Tatz [1986: 297, note 404] においては、『瑜伽師地論』本地分中菩薩地戒品における殺人許容が『方便善巧経』にもとづくことが指摘されている）、麻原は少なくとも『方便善巧経』の英訳が公刊される以前に『方便善巧経』を知っていた。これは驚くべき情報感度の高さであると言わなければならない。

ただし、ここで改めて注意されるべきなのは、『方便善巧経』『瑜伽師地論』においては、方便として敢えて殺人をやってのけ、それによって福徳を積むのは、あくまで、方便善巧を有する菩薩のみであるという点である。方便善巧を有しない者は、たとえ方便として敢えて殺人をやってのけるにせよ、それによって罪悪を積むのである。麻原が方便善巧を有しない者たちに方便として敢えて殺人をやってのけさせたことは根本的に間違っていた。

そもそも、『瑜伽師地論』においては、グルのために殺人することは痴から起こった殺生であると説かれている。同論に次のようにある。

もし〝グルたちのために殺害すること、そのことは法とよく符合する〟というそのような心によって殺害し、もし〝諸ヴェーダやブラフマンやプラジャーパティ（〝造物主〟）を誹謗する者や、婆羅門たちを罵る者を殺害すること、そのことは法とよく符合する〟というそのような心によって殺害しても、痴から起こった殺生であると述べられるべきである(23)。

グル麻原のために敢えて殺人をやってのけた者たちは、福徳を積むどころか、痴から起こった殺生によって罪悪を積んだのである。

ここにおいて、筆者は大乗仏教徒が大乗論にもとづいて大乗経を読むことの重要性を痛感せざるを得ない。『瑜伽師地論』やサーガラメーガの註釈のような大乗論にもとづかずに『方便善巧経』のような大乗経を生半可《なまはんか》に読むことは間違いのもとである。

（2）不与取

具体的には、菩薩は、もし力があるならば、有情たちに対しいたわりのない、ひたすら他者を抑圧することに向かっている、きわめて暴虐な王たちあるいは王の大臣たちなるもの、彼らを、彼らがとどまっておりそれをきっかけとして多くの福徳ならざるものを生じている、その王権から、憐憫の心を持ちつつ、利益と安楽との心を持ちつつ、失脚させる。

さらに、他者の物を奪い取る者であり、サンガに属したり仏塔に属したりしている多くの物を取って、わがものとしてのち、享受しようと望んでいる、泥棒・盗賊なるもの、彼らのもとから、菩薩はその物を切り取る。〝その、物を享受することが、彼らにとって、長夜にわたり、実利なきことや、利益なきことのためになりませんように〟と。他ならぬ、そういうことを機縁とした上で、取り戻してのち、サンガに属するものはサンガへ、仏塔に属するものは仏塔へとお戻しする。

さらに、サンガに属したり仏塔に属したりしている多くの物を不法に消費し、自分で個人的なものとして享受している、管理人あるいは園林の番人なるもの、彼らを、菩薩は〝その業〔〝ふるまい〟〕と、その邪まに享受することとが、彼らにとって、長夜にわたり、実利なきことや、利益なきことのためになりませんように〟と思案したのち、その権限から失脚させる。

かくて、この門によって、菩薩は、与えられないものを取るにせよ、違犯なき者になるし、かつ、多くの福徳を生ずるのである(24)。

(3) 非梵行

具体的には、〔菩薩との〕非梵行〔〝性行為〟〕への欲求に苦しめられており、それに心が縛られており、他者の保護下に置かれていない、女性に対し、在家者である菩薩が〝〔彼女が菩薩への〕怨恨の心を持つようになって、多くの福徳ならざるもの〔罪悪〕を生じてはいけない。うきうきしながら善根に取り組むことにおいても、不善根を捨てることにおいても、〔彼女は〕従順になるはずだ〟と、他ならぬ憐愍の心を起こして、〔彼女と〕非梵行である性交の法を享受するにせよ、違犯なき者となるし、かつ、多くの福徳を生ずるのである。

しかるに、声聞に対する教えを壊さないことを守っている、出家者である菩薩には、非梵行を享受することはいかなる場合にも割り当てられない。(25)

註釈者サーガラメーガは指摘していないが、これの典拠も『方便善巧経』である。同経に次のようにある。


良家の息子よ、わたしは思い出す。過去の、無量の劫の彼方のさらに彼方、ジョーティスというマーナヴァカ（〝婆羅門青年〟）がいた。彼が森の中で四万二千年にわたって梵行《ぼんぎょう》（〝性的純潔行為〟）を行なってのち、彼が四万二千年を過ごしてサムリッディという王宮に行ってのち、彼がそこの大城に来ると、水汲み女がその素晴らしいマーナヴァカを見てのち欲貪（〝欲の貪り〟）によって心が占められ、そのマーナヴァカの前に身を投げて礼拝した。するとと、良家の息子よ、マーナヴァカであるジョーティスはその女に次のように言った。

「妹よ、あなたは何が欲しいのか。」

女は彼に次のように言った。

「マーナヴァカよ、わたしはあなた様が欲しいのです。」

彼は彼女に次のように言った。

「妹よ、わたしは欲を目的としていない。」

女は彼に次のように言った。

「もしわたしがあなた様と結ばれないなら、わたしは死んでしまいます。」

すると、マーナヴァカであるジョーティスは次のように思った。〝わたしが四万二千年のあいだ梵行を行なってのち誓戒を破ることは、わたしにとって分《ぶ》が悪い〞。そう思ってのち、実行によって出立《しゅったつ》し、その女を捨ててのち、七歩あゆむと、彼は第七歩にとどまりつつ悲《ひ》（〝同情〞）を生じた。〝わたしは、たとえこの誓戒を破ってのちナーラカ（〝地獄の住民〞）に堕ちることになろうとも、その、ナーラカの苦を味わうことを耐え忍び、この女は死から立ち戻って幸せになれ〞。

良家の息子よ、かの、マーナヴァカであるジョーティスはふたたび顔を向け、その女を右手で捉えてのち、次のように言った。

「妹よ、あなたが欲しいようにしなさい。」

そのあと、マーナヴァカであるジョーティスは十二年のあいだ在家者となってのち、ふたたび出家し、〔慈、悲、喜、捨という〕四梵住を起こしてのち、死ぬと梵世間（〝ブラフマー神たちの世間〞）に生まれた。

良家の息子よ、おまえは、その時、その世にて、かの、ジョーティスというマーナヴァカが余人であったと、そういうふうに見てはならない。それはなぜかというならば、その時、その世にて、わたし（釈迦牟尼）こそがマーナヴァカであるジョーティスだったのだ。ヤショーダラー（釈迦牟尼のかつての妻）こそが水汲み女だったのだ。良家の息子よ、わたしは卑俗な欲（すなわち〝愛欲〞）に伴われた大悲《だいひ》（〝偉大な同情〞）の心を起こすことによって、一万劫のあいだ輪廻に背を向け、離れたのである。[26]

（4）虚誑語

具体的には、菩薩は、多くの有情たちの生命を解放してやるために、かつ、拘束をほどいてやるために、かつ、手・足・鼻・耳を切り落とされることや、目を潰されることから救ってやるために、菩薩が自分の生命のためにすら承知の上で語らない虚誑語なるもの、それを、彼ら有情たちのために、思案の上で語るのである。

以上、まとめれば、いかなることによってであれ、菩薩は有情たちにとって実利に他ならないものを見、かつ、実利なきものを見ず、みずから無欲な心となるし、純粋に有情たちの利益を望むことをきっかけとして、想いを傍らに置いてのち、承知の上でまったく別の語を語るのである。〔菩薩は〕語っているにせよ、違犯なき者となるし、かつ、多くの福徳を生ずるのである(27)。

(5) 離間語

具体的には、菩薩は、〝彼ら有情たちにとって、悪友との交際が、長夜にわたり、実利なきことや、利益なきことのためになりませんように〟という、他ならぬ憐愍の心にもとづいてのち、悪友の保護下にある有情たちなるもの、彼らを、それら悪友から、できるかぎり、力のかぎり、離間させる語を語る。さらに、そのことによって喜びつつ、離間を楽しむ。この門によって、菩薩は、友だちの間を裂いたりするにせよ、違犯なき者となるし、かつ、多くの福徳を生ずるのである(28)。

(6) 麁悪語

具体的には、菩薩は、道ならぬことを行なっており、かつ、道理を外れたことを行なっている有情たちを、まさしく、しまいには、その方便によって、悪しき場所から抜け出させてのち、善き場所に安住させてやるために、激しい麁悪語によってやりこめる。このように、菩薩は麁悪でありつつ、違犯なき者となるし、かつ、多くの福徳を生ずるのである。(29)

(7) 綺語

具体的には、菩薩は、踊りや歌や器楽に心惹かれている有情たち、そして、王や泥棒や飲みものや食べものや性風俗店や道端のおしゃべりなどに心惹かれている有情たちを、踊りや歌や器楽によって、かつ、さまざまな、綺語と結びついたおしゃべりによって、憐愍の意向によって楽しませ、引き寄せ、従順さと扱いやすさとに導いて、悪しき場所から抜け出させてのち、善き場所に安住させてやる。このように、菩薩は綺語する者でありつつも、違犯なき者となるし、かつ、多くの福徳を生ずるのである。(30)

以上、第九の違犯は、註釈者サーガラメーガによれば、内容上、在家者である菩薩のみに該当する。『瑜伽師地論中菩薩地釈』に次のようにある。

性罪へは在家者である菩薩たちのみが踏み入るのであると理解されるべきである。『経』(『方便善巧経』)においては、〔性罪に踏み入ることは〕彼らのみにあると見受けられるからである。(31)

第十の違犯

【汚れある違犯】菩薩が、〔自己のうちに〕生じている、①矯妄《きょうもう》（〝取り繕い〟）、②詭詐《きさ》（〝はったり〟）、③現相《げんそう》（〝ほのめかし〟）、④激磨《げきま》（〝〔「あなたの父母はこうであったが、あなたはこうではない」などという〕引き合い〟）、⑤以利求利《いりぐり》（〝〔「ほかの家ではこれをくれた」などという〕利得によっての利得ねだり〟）という、邪命《じゃみょう》（〝よこしまな生活〟）の法を許容し、それらによって自責せず、取り除かないのは、違犯を伴うもの、逸脱を伴うものとなり、汚れある違犯に陥る。

【無違犯】それを取り除くために願いを生じており、努力を始めている者〔である菩薩〕に、煩悩のあまりの多さによって、心を圧倒して〔煩悩が〕現行（〝顕在化〟）してくるせいならば、違犯はない。[32]

これは、内容上、出家者である菩薩のみに該当する。これら五つは法蔵部の『長阿含経』梵動経（巻十四。T1, 89b）、上座部の『ディーガ・ニカーヤ』（『長部』）梵網経《ぼんもうきょう》（DN vol. I, 8）において説かれているが、これら五つを「邪命」と呼ぶことは『長阿含経』において現われるにすぎず、『ディーガ・ニカーヤ』においては現われない。

第十一の違犯

【汚れある違犯】菩薩が、掉挙《じょうご》（〝たかぶり〟）に捉われた心によって、静謐でおらず、不静謐を楽しみ、高い声でいっしょに笑い、いっしょに戯れ、いっしょに騒ぎ、たかぶった奔放ぶりを示し、他者を笑わせようと望み、楽しませようと望むのは、他ならぬ、そういうことを機縁とした上で、違犯を伴うもの、逸脱を伴うものとなり、汚れある違犯に陥る。

【汚れなき違犯】失念のせいならば、汚れなき違犯に陥る。

【無違犯】①それを取り除くために願いを生じている者〔である菩薩〕については、違犯はない。先（第十の違犯）のとおりである。

②〔菩薩が〕他者たちのうちに生じている怨恨をその方便によって取り除いてやりたいと望むならば、違犯はない。

③〔菩薩が〕他者たちのうちに生じている愁いをその方便によって捨て去らせてやりたいと望むならば、違犯はない。

④それを本性としそれを楽しんでいる他者たちを保護するため、あるいは友好関係を守るため、あるいはそれに随順するためであるならば、違犯はない。

⑤〝菩薩に対し悪意がある〟という推測が生じており、〝怨恨がある。嫌な顔をすることがある〟という推測が生じている他者たちに、こころよい顔をすることによって内心の清らかさを示すためであるならば、違犯はない。(33)

第十二の違犯

【汚れある違犯】さらに、何らかの菩薩が、〝菩薩は涅槃《ねはん》を愛して住すべきではなく、涅槃に顔を背《そむ》けて住すべきである。煩悩や随煩悩（〝副次的煩悩〟）を怖れるべきではなく、それらから一向に心を引き離すべきではない。というのも、菩薩は三阿僧祇劫をかけて輪廻のうちを輪廻しつつ悟りを導き出すべきなのである〟という、このような見解の持ち主、このような発言の持ち主であるならば、違犯を伴うもの、逸脱を伴うものとなり、汚れある違犯に陥る。

それはなぜかというならば、声聞が涅槃を愛することを楽しむべきであるし、煩悩や随煩悩から心を引き離すべきであるような、そのことよりも十兆倍、菩薩は涅槃を愛することを楽しむべきであるし、煩悩や随煩悩から心を引き離すことを修習すべきなのである。というのも、声聞は自分自身の利益のために取り組んでいるが、菩薩はあらゆる有情の利益のために取り組んでいるのである。そういうわけで、〝彼は阿羅漢でないにせよ、それ（阿羅漢）にまさる無雑染（〝汚れなきもの〟）に伴われつつ、有漏（〝煩悩を伴うもの〟）なる事物のうちを行くがよい〟というふうに、そういうふうに、心を無雑染とする練習が導き出されるべきである(34)。

第十三の違犯

【汚れある違犯】菩薩が、自分にとって受け容れられないことばをもたらす、本当のことである、悪口や不名誉や悪評を防がないし、取り払わないのは、違犯を伴うもの、逸脱を伴うものとなり、汚れある違犯に陥る。

【汚れなき違犯】〔菩薩が〕本当でないことを取り払わないのは、違犯を伴うもの、逸脱を伴うものとなり、汚れなき違犯に陥る。

【無違犯】①　相手が異教徒であるならば、あるいは、さらに、誰であれ他の者がしつこくなっているならば、違犯はない。

②　〔菩薩が〕出家したことと、行乞していることと、善い行ないとをきっかけとして、悪口が流れているな

らば、違犯はない。

③　忿（〝いきどおり〟）に打ち負かされている、顚倒した心の持ち主が言いふらしているならば、違犯はない[35]。

第十四の違犯

【汚れある違犯】菩薩が、何らかの辛辣な取り扱いや手厳しい取り扱いが有情たちのためになることを見いだしており、その取り扱いを、〔自己の〕憂（〝気がめいること〟）を防ごうとするせいで、実行しないのは、違犯を伴うもの、逸脱を伴うものとなり、汚れある違犯に陥る。

【無違犯】〔菩薩が〕現世における少しのためになることと、それをきっかけとする多くの〔自己の〕憂とを見いだしているならば、違犯はない[36]。

第十五の違犯

【汚れある違犯】菩薩が、他者たちから罵られて罵り返し、怒られて怒り返し、打たれて打ち返し、嘲られて嘲り返すのは、違犯を伴うもの、逸脱を伴うものとなり、汚れある違犯に陥る[37]。

これの典拠は『大般若波羅蜜多経』安忍波羅蜜多分である。同経に次のようにある。

さらに、シャーリプトラよ、無上正等菩提（〝この上ない正しくまったき悟り〟）を証得したいと願っている菩薩摩訶薩たちは、有情たちに対し、忍辱を修習すべきである。打たれても打ち返さず、罵られても罵り返さず、謗られても謗り返さず、怒られても怒り返さず、怒鳴られても怒鳴り返さず、憤られても憤り返さず、脅かされても脅し返さず、傷つけられても傷つけ返さず、もろもろの悪事に対し、いずれも忍受することができる。(38)

第十六の違犯

【汚れある違犯】菩薩が、他者たちに対し行き過ぎたことをしてしまって、あるいは、行き過ぎたことをしてしまったと推測されつつ、怨恨の心を持ち、慢に捉われ、適切な謝罪を提供せず、放置するのは、違犯を伴うもの、逸脱を伴うものとなり、汚れある違犯に陥る。

【汚れなき違犯】〔菩薩が〕嬾惰や懈怠のせいで、あるいは、放逸のせいで、謝罪を提供しないのは、違犯を伴うもの、逸脱を伴うものとなり、汚れなき違犯に陥る。

【無違犯】①〔菩薩が〕その方便によって〔相手を〕調伏したいと望み、教化したいと望み、悪しき場所から抜け出させてのち、善き場所に安住させてやりたいと望むならば、違犯はない。

②〔相手が〕異教徒であるならば、違犯はない。

③〔相手が〕いわれなき、罪の実行を口実として、謝罪をもらうことを求めているならば、違犯はない。

④もし〔相手が〕本性として喧嘩を起こしがちな者であり、もめごとに関わっており、謝罪されながらも、一層、怒り、つけあがるならば、違犯はない。

⑤　相手が、忍耐という気質を持つ者、怨恨しないという気質を持つ者であり、相手〔菩薩〕から行き過ぎたことをされたのについて、謝罪を得たことによって、〔謝罪の〕もらいすぎを自責するようになるのを、〔菩薩が〕推測しているならば、違犯はない。(39)

第十七の違犯

【汚れある違犯】何らかのもめごとにおいて、出過ぎてしまった相手たちが法〔〝道理〟〕によって平等に謝罪を提供しているのに、菩薩が怨恨の心を持ち、相手を傷つける意図を持ち、謝罪を受け取らないのは、違犯を伴うもの、逸脱を伴うものとなり、汚れある違犯に陥る。

【汚れなき違犯】もし〔菩薩が〕怨恨の心を持っていないにせよ、忍耐のなさという気質を持っているせいで受け取らないのは、汚れなき違犯に陥る。

【無違犯】①〔菩薩が〕その方便によって相手を調伏したいと望むならば、違犯はない。すべて、先〔第十六の違犯①〕のとおり理解されるべきである。

②〔相手が〕非法〔〝不道理〟〕によって不平等に謝罪を提供しているならば、違犯はない。(40)

第十八の違犯

【汚れある違犯】菩薩が、他者たちに対し、忿〔〝いきどおり〟〕の意向を続け、たもち、〔自己のうちに〕生じている〔忿の意向〕を許容するのは、違犯を伴うもの、逸脱を伴うものとなり、汚れある違犯に陥る。

【無違犯】それを取り除くために願いを生じている者〔である菩薩〕については、違犯はない。先（第十の違犯）のとおりである。[41]

第十九の違犯

【汚れある違犯】菩薩が、付き添ってもらうことや、奉仕してもらうことへの貪りを強くして、欲ある心によって集団を率いるのは、違犯を伴うもの、逸脱を伴うものとなり、汚れある違犯に陥る。

【無違犯】無欲な心の持ち主〔である菩薩〕が付き添ってもらうことや、奉仕してもらうことをわがものとしているのについては、違犯はない。[42]

第二十の違犯

【汚れある違犯】菩薩が、〔自己のうちに〕生じている、嬾惰や懈怠、眠ることの楽、横になることの楽、脇によりかかることの楽を、不当な時に、際限なく、わがものにするのは、違犯を伴うもの、逸脱を伴うものとなり、汚れある違犯に陥る。

【無違犯】①〔菩薩が〕病であって無力であるならば、違犯はない。
②道中において疲れてしまっている者〔である菩薩〕については、違犯はない。

③　それを取り除くために願いを生じている者〔である菩薩〕については、違犯はない。先（第十の違犯）のとおり理解されるべきである。(43)

第二十一の違犯

【汚れある違犯】菩薩が、集団でのおしゃべりによって染められた心を持ち、時間をつぶすのは、違犯を伴うもの、逸脱を伴うものとなり、汚れある違犯に陥る。

【汚れなき違犯】失念のせいで時間をつぶすのは、汚れなき違犯に陥る。

【無違犯】①　相手が話しかけ、そして、彼（菩薩）が相手に合わせるかたちで、わずかな間、念（〝こころがけ〟）にとどまったまま聴くであろうのは、違犯はない。
②　〔菩薩が〕興味が湧いていることを問いかけるにすぎない場合、かつ、問われたことを答え返すにすぎない場合、違犯はない。(44)

第二十二の違犯

【汚れある違犯】菩薩が、心の安定をめぐって、心を入定《にゅうじょう》（〝集中状態へと参入〟）させようと望みつつ、怨恨の心を持ち、慢に捉われて、進んで教授（〝助言〟）を求めないのは、違犯を伴うもの、逸脱を伴うものとなり、汚れある違犯に陥る。

【汚れなき違犯】懶惰や懈怠のせいならば、汚れなき違犯に陥る。
【無違犯】①〔菩薩が〕病であって無力であるならば、違犯はない。
②〔菩薩が〕教授をまるで的外れだと推測しているならば、違犯はない。
③〔菩薩が〕自ら多聞の者であって心を入定させる力を持っており、かつ、そのせいで、教授によってなされるべきことがすでになされてしまっていたならば、違犯はない。(45)

第二十三の違犯

【汚れある違犯】菩薩が、〔自己のうちに〕生じている、①欲貪《よくとん》（〝〔色、声、香、味、触という〕五欲に対するむさぼり〟）という蓋《がい》を許容し、取り除かないのは、違犯を伴うもの、逸脱を伴うものとなり、汚れある違犯に陥る。

【無違犯】それを取り除くために願いを生じており、努力している者に、激しい煩悩があることによって、心を圧倒して〔煩悩が〕現行（〝顕在化〟）してくるせいならば、違犯はない。
①欲貪と同じように、そのように、②瞋恚《しんに》（〝憎しみ〟）、③惛沈睡眠《こんじんずいめん》（〝沈み込みと眠け〟）、④掉挙悪作《じょうこおさ》（〝浮わつきと悔やみ〟）、⑤疑（〝うたがい〟）が理解されるべきである。(46)

ここで挙げられているのは、静慮《じょうりょ》（ディヤーナ。〝瞑想〟）にとってさまたげとなる五蓋である。

第二十四の違犯

【汚れある違犯】菩薩が静慮へと耽溺し、かつ、静慮への耽溺のうちに功徳を見いだす者となるのは、違犯を伴うもの、逸脱を伴うものとなり、汚れある違犯に陥る。

【無違犯】それを取り除くために願いを生じている者については、違犯はない。先（第十の違犯）のとおりである。(47)

第二十五の違犯

【汚れある違犯】さらに、何らかの菩薩が、〝菩薩は声聞乗と関係する法を聴くべきでないし、たもつべきでないし、それについて学習を行なうべきでない。菩薩が声聞と関係する法を聴いたり、たもったりすることが何になろうか。それについての学習が何の役に立とうか〟という、このような見解の持ち主、このような発言の持ち主となるのは、違犯を伴うもの、逸脱を伴うものとなり、汚れある違犯に陥る。

というのも、菩薩は、とりあえず、異教徒の諸論についてすら、取り組みを行なうべきなのである。ましてや、仏説についてはなおさらである。

【無違犯】それ（声聞乗と関係する法）を最高とみなす片寄った者を、意気沮喪させるためであるならば、違犯はない。(48)

これの典拠は『虚空蔵菩薩経』である（同経において説かれている、初心者である菩薩の八つの根本違犯のうち、第四）。同経に次のようにある。

さて次に、良家の息子よ、初心者である菩薩が誰かある者たちに語るとしよう。「良家の息子たちよ、あなたがたは声聞乗の法話を捨てよ。聴くな。音読するな。他の者たちに説明するな。声聞乗の法話を隠せ。あなたがたはそこから大きな結果を得られないであろう。あなたがたはその原因からは煩悩の終わりを成しとげることができない。大乗の法話を信ぜよ。大乗を聴け。大乗を音読せよ。他の者たちに説明せよ。あなたがたはそこからあらゆる悪趣と険とへの道を消すであろう。さらに、すみやかに無上正等菩提《むじょうしょうとうぼだい》（〝この上ない正しくまったき悟り〟）を現等覚《げんとうがく》（〝現にまったく自覚〟）するであろう。」

もし彼らが彼の発言を実践する者となり、このような見かたを受け容れるならば、双方とも根本違犯となる。これは初心者である菩薩にとって第四の根本違犯である。(49)

第二十六の違犯

【汚れある違犯】菩薩が、菩薩蔵（大乗経）がある場合に、菩薩蔵について取り組みを行なわず、まったくすべて菩薩蔵を無視して、声聞蔵について取り組みを行なうのは、違犯を伴うもの、逸脱を伴うものとなり、汚れある違犯に陥る。(50)

第二十七の違犯

【汚れある違犯】菩薩が、仏説がある場合に、仏説に取り組みを行なわず、異教徒の諸論に取り組みを行なうのは、違犯を伴うもの、逸脱を伴うものとなり、汚れある違犯に陥る。

【無違犯】きわめて賢い、すみやかにたもつことができ、長く経っても憶えていることができ、意味を思考し洞察することができ、仏説を道理によって観察することと共《とも》なる不動の覚慧《かくえ》（ブッディ。〝悟性〟）を伴っている者が、それ（異教徒の諸論）の二倍、一日ごとに仏説に取り組みを行なっているのについては、違犯はない。[51]

第二十八の違犯

【汚れある違犯】さらに、菩薩が、たとえそのように規則を逸脱しないにせよ（＝たとえ仏説に取り組みを行なうにせよ）、異教徒の諸論、〔仏説の〕外の諸論に巧みになることに従事しており、喜びの表情でそれ（異教徒の論）に〔巧みになることに〕従事し、それ（異教徒の論）によって楽しみ、あたかも苦い薬を服用するようにではなく従事するのは、違犯を伴うもの、逸脱を伴うものとなり、汚れある違犯に陥る。[52]

第二十九の違犯

【汚れある違犯】菩薩が菩薩蔵（大乗経）において、真実の内容、あるいは仏菩薩の威力をめぐって、深遠な、最も深遠なくだりを聴いてのち、勝解《しょうげ》（〝受け容れ〟）しないままに、〝これらは実利を伴わず、法を伴わず、如来が説いたものでなく、有情たちの利益と安楽とのためにならない〟と誹るのは、違犯を伴うもの、逸脱を伴うものとなり、汚れある違犯に陥る。——自らの不徹底な作意によって、あるいは、他者に従うことによって、誹りつつ。

さて、深遠な、最も深遠なくだりを聴いてのち、菩薩の心に勝解が起こらない、その場合、信ある、へつらいなき菩薩によって、〝闇のうちにあり、見る眼がなく、他ならぬ如来の眼に追従して語っているわたしには、如来が含意しておっしゃったことを非難することは似つかわしくない〟という、そのことが学ばれるべきである。

このように、菩薩は自らをも無知と確定するし、他ならぬ如来をもそれら諸仏法について見えないものはないと看取する。かくて、正しく出立した者となるのである。

【無違犯】勝解しないままでいる者が非難しないのについては、違犯はない(53)。

これの典拠は『大宝積経』迦葉品である。同品に次のようにある。

さらに、〔如来の説法のうち、〕彼〔菩薩〕の覚慧《かくえ》（ブッディ。〝悟性〟）が及ばないところ、それについて、〔彼は〕〝如来だけが実見するおかたである〟として、〔それを〕捨て去らない。〝如来だけがご存知であり、わたしは知らない。仏の菩提（ボーディ。〝悟り〟）は無辺であり、勝解が別々である諸有情の勝解に応ずることによって、説法が起こるのである(54)。〟

第三十の違犯

【汚れある違犯】菩薩が欲ある心を持ち、瞋恚の心を持ち、他者たちのもとで自己を持ち上げ、他者たちをけなすのは、違犯を伴うもの、逸脱を伴うものとなり、汚れある違犯に陥る。

【無違犯】①　異教徒を圧倒したいと望んでおり、聖教（仏教）の持続を望んでいる者〔である菩薩〕については、違犯はない。②　その方便によって他ならぬそのプドガラ（〝個体〟）を調伏したいと望んでいる者〔である菩薩〕については、違犯はない。広くは先（第十六の違犯①）と同じである。③　浄信なき者たちを浄信させるため、かつ、浄信ある者たちをさらに鼓舞するためであるならば、違犯はない。(55)

これの典拠は『大宝積経』迦葉品である。同経に次のようにある。

カーシャパよ、これら四つの諸法は菩薩にとって慧を破滅させるよう働くのである。四つとは何かというならば、すなわち、①法と法師とについて尊重なき者となる。②法について吝嗇であり、法について師拳（〝師匠が握りしめておくこと〟）をなす。③法を求めるプドガラ（〝個体〟）に対し法の断絶をなし、意気阻喪させ、散乱させ、説示せず、隠す。④増上慢の者となり、自己を持ち上げ、他者たちをけなす。カーシャパよ、これら四つの諸法は菩薩にとって慧を破滅させるよう働くのである。(56)

なお、①は第三十二の違犯の典拠、②③は第六の違犯の典拠である（後述、前述）。

第三十一の違犯

【汚れある違犯】菩薩が、慢に捉われ、あるいは、怨恨の心を持ち、あるいは、瞋恚の心を持ち、法の聴聞、あるいは論議の決択に近づかないのは、違犯を伴うもの、逸脱を伴うものとなり、汚れある違犯に陥る。

【汚れなき違犯】〔菩薩が〕嬾惰や懈怠のせいで近づかないのは、汚れなき違犯に陥る。

【無違犯】①〔法の聴聞、あるいは論議の決択に〕気づかずにいる者〔である菩薩〕については、違犯はない。

②〔菩薩が〕病であって無力であるならば、違犯はない。

③〔菩薩が法の〕説示をまるで的外れだと推測しているならば、違犯はない。

④説法者の心に配慮している者については、違犯はない。

⑤何度も聞かれた、記憶された、内容が知られた話であるとわかっている者〔である菩薩〕については、違犯はない。

⑥〔菩薩が〕多聞の者、聞いたことを記憶している者、聞いたことを集積している者であるならば、違犯はない。

⑦絶え間なく、所縁《しょえん》（〝対象〟）に心が安定することから菩薩の定《じょう》（サマーディ。〝集中状態〟）を引き起こすことに取り組んでいる者〔である菩薩〕については、違犯はない。

⑧きわめて弱い慧の持ち主で、法を弱く唱え、弱くたもち、弱く所縁に心を入定させている者〔である菩薩〕については、違犯はない[57]。

第三十二の違犯

【汚れある違犯】菩薩が、法師（〝説法者〟）であるプドガラ（〝個体〟）を、故意にあなどり、尊敬せず、笑いものにし、あざけり、ことばを依りどころとし、〔ことばの〕含意を依りどころとしないのは、違犯を伴うもの、逸脱を伴うものとなり、汚れある違犯に陥る(58)。

これの典拠は『大宝積経』迦葉品である。同経に次のようにある。

カーシャパよ、これら四つの諸法は菩薩にとって慧を破滅させるよう働くのである。四つとは何かというならば、すなわち、①法と法師とについて尊重なき者となる。②法について吝嗇であり、法について師拳（〝師匠が握りしめておくこと〟）をなす。③法を求めるプドガラ（〝個体〟）に対し法の断絶をなし、意気阻喪させ、散乱させ、説示せず、隠す。④増上慢の者となり、自己を持ち上げ、他者たちをけなす。カーシャパよ、これら四つの諸法は菩薩にとって慧を破滅させるよう働くのである(59)。

なお、②③は第六の違犯の典拠、④は第三十の違犯の典拠である（前述）。

第三十三の違犯

【汚れある違犯】律儀のうちに安住している菩薩が、有情がなすべきことに対し——すなわち、彼（有情）がなすべきことを目指すことに対し、あるいは道を行き来することに対し、あるいは正しいことば遣いとふるまいとに取り組むことに対し、あるいは資産を守ってやることに対し、あるいは、決裂した者たちを結びつけてやることに対し、あるいは喜ばしい出来事に対し、あるいは福徳をなすことに対し——怨恨の心を持ち、瞋恚の心を持ち、介添えに行かないのは、違犯を伴うもの、逸脱を伴うものとなり、汚れある違犯に陥る。

【汚れなき違犯】〔菩薩が〕嬾惰や懈怠のせいで介添えに行かないのは、汚れなき違犯に陥る。

【無違犯】①〔菩薩が〕病であって無力であるならば、違犯はない。

②〔相手が〕自分でなすことができる、さらに、求める者（相手）が頼りになる者を持っているならば、違犯はない。

③意義を伴わず、法を伴わないような、なすべきことであるならば、違犯はない。

④〔菩薩が〕その方便によって〔相手を〕調伏したいと望んでいる者であるならば、違犯はない。広くは先（第十六の違犯①）と同じである。

⑤他の者に先約したことがあるならば、違犯はない。

⑥他の有力な者に要請している者〔である菩薩〕については、違犯はない。

⑦〔菩薩が〕絶え間なく善品（〝善のたぐい〟）に正しく取り組んでいる者であるならば、違犯はない。

⑧〔菩薩が〕生まれつき〔慧が〕弱い者で、弱く〔法を〕唱えているならば、違犯はない。先（第三十一の違犯）のとおりである。

⑨他の大多数の者たちの心に配慮することを望んでいる者〔である菩薩〕については、違犯はない。

⑩　サンガの規制に配慮することを望んでいる者〔である菩薩〕については、違犯はない。(60)

第三十四の違犯

【汚れある違犯】病んでいる、患っている有情に出くわしてのち、菩薩が、怨恨の心を持ち、瞋恚の心を持ち、付き添いや奉仕をしないのは、違犯を伴うもの、逸脱を伴うものとなり、汚れある違犯に陥る。

【汚れなき違犯】嬾惰や懈怠のせいでしないのは、汚れなき違犯に陥る。

【無違犯】①　他ならぬ自らが病であって無力であるならば、違犯はない。

②　他のふさわしい有能な者に依頼している者〔である菩薩〕については、違犯はない。

③　病んでいる者が身寄りを持っており、寄る辺《べ》を持っているならば、違犯はない。

④　〔病んでいる者が〕自分で自分に付き添いや奉仕ができるならば、違犯はない。〔④は現行の梵文に欠けているが、漢訳と蔵訳とによってこれを補った。(61)〕

⑤　〔病んでいる者が、〕やり過ごしていけるような、長びいている病にかかっているならば、違犯はない。

⑥　偉大な絶え間ない善品《ぜんぽん》（〝善のたぐい〟）に取り組んでいる者〔である菩薩〕が善品を中断してしまうのを防ぐためであるならば、違犯はない。

⑦　きわめて弱い慧の持ち主で、法を弱く唱え、弱くたもち、弱く所縁に心を入定させている者〔である菩薩〕については、違犯はない。

⑧　他の者に先約したことがあるならば、違犯はない。[62]

第三十五の違犯

病んでいる者に付き添いするのと同じように、そのように、苦しんでいる者に、苦を取り除いてやるために、介添えすべきであると理解されるべきである。[63]

第三十六の違犯

【汚れある違犯】現世と来世とにおける受益のために道理に外れたことに取り組んでいる者たちを見てのち、菩薩が、怨恨の心を持ち、瞋恚の心を持ち、論理、道理を説かないのは、違犯を伴うもの、逸脱を伴うものとなり、汚れある違犯に陥る。

【汚れなき違犯】〔菩薩が〕懶惰や懈怠のせいで説かないのは、汚れなき違犯に陥る。

【無違犯】①〔菩薩が〕自ら無知であって無力であるならば、違犯はない。

②〔菩薩が〕他の有能な者に頼んであるならば、違犯はない。

③他ならぬその相手自身が有能な者であるならば、違犯はない。

④〔相手が〕他の善友によって保護されているならば、違犯はない。

⑤〔菩薩が〕その方便によって〔相手を〕調伏したいと望んでいるならば、違犯はない。広くは先（第十六の

違犯①〕のとおりである。

⑥　論理を助言されるべき者であるその相手が、怨恨の心を持ち、悪態をつき、まるで的外れな把握をし、敬愛や尊重を欠き、粗野な本性の持ち主であるならば、違犯はない。(64)

第三十七の違犯

【汚れある違犯】菩薩が、恩義ある有情たちについて、恩知らずとなり、恩を忘れた者となり、怨恨の心を持ち、ふさわしい恩返しのかたちで迎えないのは、違犯を伴うもの、逸脱を伴うものとなり、汚れある違犯に陥る。

【汚れなき違犯】〔菩薩が〕嬾惰や懈怠のせいで迎えないのは、汚れなき違犯に陥る。

【無違犯】①　努力を伴いつつ、無能、無力である者〔である菩薩〕については、違犯はない。

②　〔菩薩が〕その方便によって〔相手を〕調伏したいと望んでいるならば、違犯はない。先〔第十六の違犯①〕のとおりである。

③　他ならぬその相手が恩返しを求めていないならば、違犯はない。(65)

第三十八の違犯

【汚れある違犯】親族や資産を失うという状況にある有情たちについて、菩薩が怨恨の心を持ち、〔彼らのうちに〕生じている憂いを取り除いてやらないのは、違犯を伴うもの、逸脱を伴うものとなり、汚れある違犯に陥る。

【汚れなき違犯】〔菩薩が〕嬾惰や懈怠のせいで取り除いてやらないのは、汚れなき違犯に陥る。

【無違犯】無違犯は先のとおり理解されるべきである。——具体的には、なすべきことに介添えしないこと（第三十三の違犯）にもとづいて。[66]

第三十九の違犯

【汚れある違犯】菩薩が、食べものや飲みものなどを求める者たちによって正しく乞い求められつつ、怨恨の心を持ち、瞋恚の心を持ち、食べものや飲みものなど、生活必需品を与えないのは、違犯を伴うもの、逸脱を伴うものとなり、汚れある違犯に陥る。

【汚れなき違犯】〔菩薩が〕嬾惰や懈怠のせいで、あるいは放逸のせいで与えないのは、汚れなき違犯に陥る。

【無違犯】①　物資がない場合、現に見られない場合、違犯はない。
②〔菩薩が〕不適切な、害ある品物を乞い求められているのは、違犯はない。
③〔菩薩が〕その方便によって〔相手を〕調伏したいと望んでおり、教化したいと望んでいるならば、違犯はない。先（第十六の違犯①）のとおりである。
④　王の毒殺に配慮している者〔である菩薩〕については、違犯はない。
⑤　サンガの規制に配慮している者〔である菩薩〕については、違犯はない。[67]

第四十の違犯

【汚れある違犯】菩薩が、取り巻きの者たちを付き添わせつつ、怨恨の心を持ち、その時々に正しく教授せず、正しく教誡せず、さらに、彼ら、財物にありつけない者たちのために、浄信ある婆羅門たちや家長たちのもとで、法によって、衣服や、食べものや、寝具や、敷きものや、病気のための薬や、生活用品を求めないのは、違犯を伴うもの、逸脱を伴うものとなり、汚れある違犯に陥る。

【汚れなき違犯】〔菩薩が〕嬾惰や懈怠のせいで、あるいは放逸のせいで教授せず、教誡せず、求めないのは、汚れなき違犯に陥る。

【無違犯】①〔菩薩が〕その方便によって〔相手を〕調伏したいと望んでおり、教化したいと望んでいるならば、違犯はない。先（第十六の違犯①）のとおりである。

② サンガの規制に配慮している者〔である菩薩〕については、違犯はない。

③〔菩薩が〕病であって、取り組みに堪えないならば、違犯はない。

④ 他の有力な者に依頼している者〔である菩薩〕については、違犯はない。

⑤ 取り巻きの者たちがすでに大いなる福徳を持っている、あるいは衣服などを求めることについて自ら有力である、と知られているならば、違犯はない。

さらに、彼ら（相手）に教授・教誡してやる際に、教授・教誡によってなされるべきことがすでになされてしまっていたならば、違犯はない。

⑥ 異教徒を前身とする者が法を盗もうとして入り込んでおり、さらに、彼は〔菩薩が〕調伏するには不向き

であるならば、違犯はない。(68)

第四十一の違犯

【汚れある違犯】菩薩が怨恨の心を持ち、他者たちの心に寄り添わないのは、違犯を伴うもの、逸脱を伴うものとなり、汚れある違犯に陥る。

【汚れなき違犯】嬾惰や懈怠のせいで、あるいは放逸のせいで寄り添わないのは、汚れなき違犯に陥る。

【無違犯】①　他者たちの願っていること、そのことが害あることであるならば、違犯はない。

②〔菩薩が〕病であって、取り組みに堪えないならば、違犯はない。

③　サンガの規制に配慮している者〔である菩薩〕については、違犯はない。

④　その相手にとって、願っていること、益あることであり、他の大多数の者にとって、願っていないこと、害あることであるならば、違犯はない。

⑤〔相手が〕折伏されるべき異教徒であるならば、違犯はない。

⑥〔菩薩が〕その方便によって〔相手を〕調伏したいと望んでおり、教化したいと望んでいるならば、違犯はない。先（第十六の違犯①）のとおりである。(69)

第四十二の違犯

【汚れある違犯】菩薩が怨恨の心を持ち、他者たちの、本物の功徳を顕揚せず、本物の賞讃を語らず、良い発言に同意を与えないのは、違犯を伴うもの、逸脱を伴うものとなり、汚れある違犯に陥る。

【汚れなき違犯】〔菩薩が〕嬾惰のせいで、あるいは懈怠のせいで、あるいは放逸のせいで語らないのは、汚れなき違犯に陥る。

【無違犯】①〔相手の〕生まれつきの少欲さを推測している者〔である菩薩〕が、それに配慮することによっては、違犯はない。

②〔菩薩が〕病であって、無力であるならば、違犯はない。

③〔菩薩が〕その方便によって〔相手を〕調伏したいと望んでおり、教化したいと望んでいるならば、違犯はない。先（第十六の違犯①）のとおりである。

④サンガの規制に配慮している者〔である菩薩〕については、違犯はない。

⑤それをきっかけとして〔相手のうちに〕煩悩、おごり、たかぶり、不利益が起こるのを推測している者〔である菩薩〕が、それを取り払ってやるためであるならば、違犯はない。

⑥功徳が功徳に似たものにすぎず、本物でないし、良い発言が良い発言に似たものにすぎず、本物でないならば、違犯はない。

⑦〔相手が〕折伏されるべき異教徒であるならば、違犯はない。

⑧〔相手の〕話の終わる時を待っている者〔である菩薩〕については、違犯はない。(70)

第四十三の違犯

【汚れある違犯】菩薩が、やりこめられるにふさわしい有情たち、罰せられるにふさわしい有情たち、追い出されるにふさわしい有情たちを、汚れた心を持ち、やりこめなかったり、あるいはやりこめるにせよ、罰することによって誡めなかったりするのは、違犯を伴うもの、逸脱を伴うものとなり、汚れある違犯に陥る。

【汚れなき違犯】〔菩薩が〕嬾惰のせいで、あるいは懈怠のせいで、あるいは放逸のせいでやりこめず、しまいには、追い出さないのは、汚れなき違犯に陥る。

【無違犯】①話を受けつけない、ことばづかいが悪い、怨恨が多い、直しがたい性格の持ち主を、ほうっておく者〔である菩薩〕については、違犯はない。

②時期を待っている者〔である菩薩〕については、違犯はない。

③それをきっかけとして喧嘩や嘲りや争いや言い争いになるのを予感している者〔である菩薩〕については、違犯はない。

④サンガの騒動や分裂になるのを予感している者〔である菩薩〕については、違犯はない。

⑤彼ら有情たちがへつらいなき者たちであり、猛烈な慚愧を伴っており、軽々と改めるであろうならば、違犯はない(71)。

第四十四の違犯

【汚れなき違犯】さまざまな神通と変現と威力とを具えている菩薩が、恐れさせるにふさわしい有情たちを恐れさせるために、かつ、惹きつけるにふさわしい有情たちを惹きつけるために、かつ、信施（〝信仰によるほどこし〟）をやめさせるために、神通によって怖れさせないし、惹きつけないのは、違犯を伴うもの、逸脱を伴うものとなり、汚れなき違犯に陥る。

【無違犯】有情たちが、それについて多くはしつこくなったり、異教徒であったり、聖者を誹謗していたり、邪見を具えていたりするならば、違犯はない。(72)

これの出典は『ガンダ・ヴューハ』（『大方広仏華厳経』入法界品）第十七章である。そこにおいては、在家者の菩薩であるアナラ王が、十善業道の逆である十不善業道を実践する悪しき有情たちを導くために、神通によって怖れさせることが説かれている。同経に次のようにある。

良家の息子よ、そういうわけで、わたし（アナラ王）は、これら有情たちを躾けてやるために、成熟させてやるために、利益に結びつけてやるために、大悲（〝大いなる同情〟）を先とした上で、化作《けさ》された刑吏に、化作された罪人を処刑させる。化作された執行人に、化作された〔十〕不善業道違犯者への、さまざまな執行を実践させる。さらに、手、足、耳、鼻、四肢、末端、頭を断ちきることを主とする、激烈な苦受（〝苦の感受〟）を体験している者たちを現出させる。

するとそれを見てのち、これら、わが領地に住む有情たちは狼狽を得、畏れを生じ、おののきを生ずる。これらの者たちには気ぜわしさがあるようになる――すなわち、罪業に陥ることを避けるために。[73]

無違犯についての補足

さらに、ひどく心を乱しているせいか、苦受（〝苦の感受〟）によって引き裂かれている者、いまだ律儀を受けていない者については、〔四十四の違犯の〕すべてにわたって、違犯がないと知られるべきである。[74]

以上で、四十四の違犯は終わる。

結語

以上、これら、既出の事柄である、菩薩たちの学処は、あちこちの経典において、世尊によって、律儀《りつぎ》戒《かい》と摂《しょう》善法戒《ぜんぼうかい》と饒益有情戒《にょうやくうじょうかい》とをめぐって、分散されたかたちで説かれている。この、菩薩蔵（大乗経）のマートリカー（〝論母〟。アビダルマ）においては、それらが収集されたかたちで説かれているのである。敬意を生じた菩薩たちによって、最高の尊重を起こした上で、それらに学びが行なわれるべきである。[75]

以上、菩薩において道徳律が何を内容としているかについて確認した。

第一章において確認したとおり、菩薩戒は、律儀戒（〝律儀という戒〟）、摂善法戒（〝善法を集めることという戒〟）、饒益有情戒（〝有情を利益することという戒〟）という三つから構成されている。

チャンドラゴーミン（七世紀）は『菩薩律儀二十』において四の他勝処法と四十四の違犯とを二十の詩にまとめ、ボーディバドラ（十―十一世紀）はそれに対する註釈『菩薩律儀二十難語釈』において四の他勝処法と四十四の違犯とを律儀戒、摂善法戒、饒益有情戒に対応させている（藤田光寛［2013：82–85］）。表示するならば、表2のとおりである。

第一章において確認したとおり、律儀戒は七衆《しちしゅ》の別解脱律儀《べつげだつりつぎ》である。そして、第三章において確認したとおり、七衆の別解脱律儀はいずれも身業（〝からだによるふるまい〟）と語業（〝ことばによるふるまい〟）とに対するつつしみである。

それに対し、摂善法戒は身業と語業と意業（〝こころによるふるまい〟）とに対するつつしみである。『瑜伽師地論』に次のようにある（文中の「身と語と意と」は蔵訳『瑜伽師地論』とサーガラメーガの註釈とにおいて「身と語と」とあるが、現存の梵文とあらゆる漢訳とにおいて「身と語と意と」とある。次に確認する『摂大乗論《しょうだいじょうろん》』によるかぎり、「身と語と意と」が正しいようである）。

その場合、摂善法戒とは、菩薩が戒律儀を受けたのち大菩提のために身と語と意とによって善を集めること、まとめれば、そのすべてが摂善法戒と呼ばれるのである。(76)

すなわち、七衆の別解脱律儀において意業がつつしまれていないのに対し、菩薩律儀においては特に摂善法戒において意業がつつしまれている。たとえ内心においてであっても、学処に違犯するような、つつしみのない意業は違犯となりうる。唯識派の『摂大乗論』に次のようにある。

菩薩たちの戒は、身と語と意とに対してある。声聞たちの〔戒〕は、身と語とに対してのみある。他ならぬそれゆえに、菩薩たちにとっては心に違犯もありうるにせよ、声聞たちにとっては違うのである。(77)

第二章において確認したとおり、北伝仏教――少なくとも部派仏教の経量部と大乗仏教と――においては、仏教的な道徳性――戒、妙行、業、律儀――は有情を悩まさないことを原則としている。意業は内心にとどめておくかぎり有情を悩まさないから、七衆の別解脱律儀においては意業がつつしまれていないのである。それに対し、菩薩律儀においては、たとえ律儀戒――七衆の別解脱律儀――と饒益有情戒とにおいて意業がつつしまれていないにせよ、摂善法戒において意業がつつしまれているのである。

表2　菩薩戒と他勝処法、違犯との対応

	四の他勝処法、四十四の違犯※
律儀戒	【四の他勝処法】第一 【四十四の違犯】第二、第三（饒益有情戒と重複）、第七、第十、第十一、第十二、第十五（摂善法戒と重複）、第二十一、第二十二、第二十三
摂善法戒	【四の他勝処法】第二（饒益有情戒と重複）、第三（饒益有情戒と重複）、第四 【四十四の違犯】第一、第六（饒益有情戒と重複）、第八（饒益有情戒と重複）、第十三、第十五（律儀戒と重複）、第十六、第二十、第二十四―第二十七、第二十九―第三十二
饒益有情戒	【四の他勝処法】第二（摂善法戒と重複）、第三（摂善法戒と重複） 【四十四の違犯】第三（律儀戒と重複）、第四、第五、第六（摂善法戒と重複）、第八（摂善法戒と重複）、第十四、第十九、第三十三―第四十四

〔※　第九、第十七、第十八、第二十八の違犯については言及がない。おそらく、第九の違犯は第八の違犯の補足、第十七、第十八の違犯は第十六の違犯の補足、第二十八の違犯は第二十七の違犯の補足であるからと考えられる。〕

菩薩律儀について印象的なのは、苦行の要素がないことである。たとえば、いくつかの大乗経においては菩薩が他者のために捨身《しゃしん》（〝身を捨てること〟）を行なったことが説かれているにせよ、菩薩律儀においては捨身が含まれていない。「無違犯」というかたちで多くの例外が設けられていることからわかるとおり、菩薩律儀はあくまで普通の人がたもてる範囲において設定されている。たもてないような道徳性は道徳性たり得ないからである。

むしろ、たとえば臓器移植の問題について、「いくつかの大乗経においては菩薩が他者のために捨身を行なったことが説かれている以上、大乗仏教徒は他者のために臓器を提供すべきである」というふうに、捨身を道徳性として要求することは行き過ぎであるので控えることが望ましい。

四　おわりに

本章において述べてきたことがらは以下のとおりである。

1　われわれ欲界に属する者は仏教的な道徳律――学処――に従うことによってようやく仏教的な道徳性――戒、妙行、業、律儀――をたもつことができる。

2　菩薩は四の他勝処法と四十四の違犯とである学処に従うことによってようやく菩薩律儀をたもつことができる。

3　菩薩律儀は身業と語業と意業とに対するつつしみである。

第五章　仏教において戒は何を本質としているか

一　はじめに

第一章において確認したとおり、仏教においては、われわれ欲界《よくかい》（〝欲望界〟）に属する者たちの仏教的な道徳性（morality）と仏教的な道徳律（moral code）とを意味する語として、表1のような語がある。

表1

仏教的な道徳性	仏教的な道徳律
戒（〝自戒〟） 妙行《みょうぎょう》（〝善行〟） 業（〝ふるまい〟） 律儀《りつぎ》（〝つつしみ〟） 〔以上、すべて同義語。〕	学処《がくしょ》（〝学びの基礎〟）

部派仏教の論においては、われわれ欲界に属する者たちの仏教的な道徳性として、おもに①十善業道と②七衆《しちしゅ》の別《べつ》解《げ》脱律儀《だつりつぎ》とが説かれている（①は三界に属する者たちの共有）。大乗仏教の論においては、それらに加え、さらに③菩薩律儀が説かれている。

本章においては、仏教的な道徳性が何を本質としているかについて確認したい。

二　道徳性の本質

現代人にとって、道徳性は〝モノ〟ではなく〝コト〟と考えられている。しかし、仏教においては、道徳性は〝モノ〟である。

そもそも、仏教においては、有情《うじょう》（〝生きもの〟）は五蘊《ごうん》（〝五つのグループ〟）から成り立っていると見なされる。五蘊とは、色《しき》（〝物質〟）、受《じゅ》（〝感受〟）、想《そう》（〝対象化〟）、行《ぎょう》（〝諸形成素〟）、識《しき》（〝認識〟）という五つである。

そして、仏教的な道徳性——戒、妙行、業、律儀——は思《し》（〝思い〟）あるいは思の派生物なのであり、それらは五蘊のうちのどれかに含まれている〝モノ〟なのである。

仏教的な道徳性の本質——中国仏教においては戒体《かいたい》（〝戒の本質〟）と呼ばれる——は部派仏教と大乗仏教とにおいてさまざまに定義されている。表示するならば、表2のとおりである。

以下、順に説明する。

上座部は仏教的な道徳性を、行蘊のうち、思であると考える。思は心と相応（〝結合〟）する心所《しんじょ》（〝心的要素〟。心所有《しんじょう》法《ほう》）のひとつである。

説一切有部は仏教的な道徳性を、色蘊のうち、無表色《むひょうしき》（〝あらわならざるものである物質〟）であると考える。このことについて、業に関する説一切有部の説を図示するならば、一六八頁の図のとおりである。

説一切有部において、業は思業《しごう》（〝思いというふるまい〟）と思已業《しいごう》（〝思ってからのふるまい〟）とに二分される。思業は意業《いごう》（〝こころによるふるまい〟）であり、思である。思已業は身業《しんごう》（〝からだによるふるまい〟）と語業《ごごう》（〝ことばによるふるまい〟）とであり、いずれも表業《ひょうごう》（〝あらわなものであるふるまい〟）と無表業《むひょうごう》（〝あらわならざるものであるふるまい〟）とに二分される。身表業（〝からだによるあらわなものであるふるまい〟）は形色《けいじき》（〝かたち〟）であり、語表業（〝ことばによるあらわなものであるふるまい〟）は声である。身無表業（〝からだによるあらわならざるものであるふるまい〟）と語無表業（〝ことばによるあらわならざるものであるふるまい〟）とはいずれも四《し》大種所造色《だいしゅしょぞうしき》（〝〔地、水、火、風という〕四元素からできている物質〟）である。

表2　戒体

	戒体
部派仏教・上座部 『ウパーサカ・ジャナ・アランカーラ』（『荘厳優婆塞生類論』。浪花宣明〔1987：356〕）	行蘊のうち、思
部派仏教・説一切有部 『阿毘達磨大毘婆沙論』大種蘊（巻百三十二。T27, 684c） 『雑阿毘曇心論』業品（巻三。T28, 889a） 『阿毘達磨倶舎論』業品（舟橋一哉〔1987：119〕） 『阿毘達磨順正理論』辯業品（巻三十六。T29, 548a）	色蘊のうち、無表色
部派仏教・大衆部《だいしゅぶ》 〔上座部の『カターヴァットゥ・アッタカター』（『論事註』。佐藤密雄〔訳〕〔1991：573〕）による〕	行蘊のうち、心不相応行
部派仏教・経量部 『成実論』無作品（巻七。T32, 290b）	行蘊のうち、心不相応行
大乗仏教・唯識派 『成業論』（山口益〔1951：234〕）	行蘊のうち、思の習気

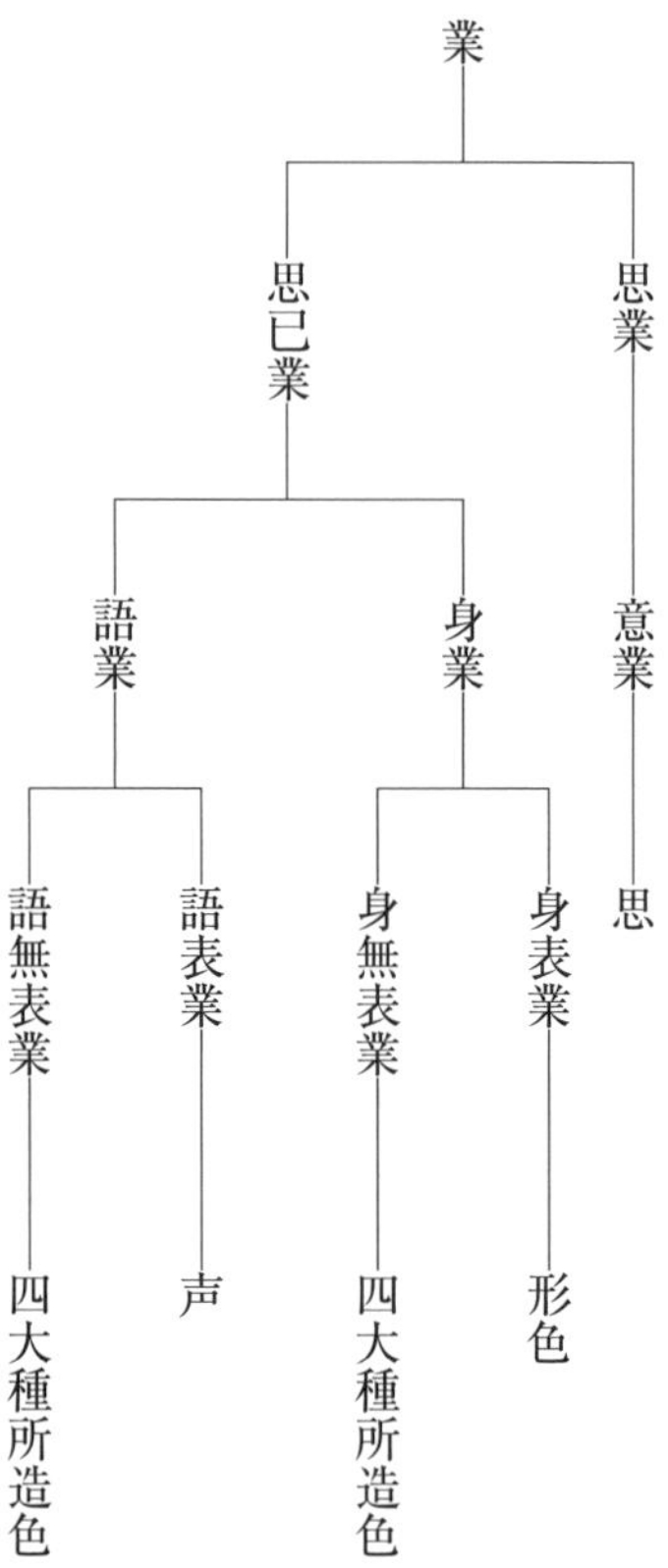

すなわち、ふたつの無表業（〝あらわならざるものであるふるまい〟）は、微細な色（〝物質〟）なのであり、無表色と呼ばれる。

身業と語業とは、どちらも、表業と無表業とである。表業は一過性のものにすぎないが、無表業は有情の内部に最長で一生涯のあいだ継続し、有情のその後の業に影響を与える。無表業は、律儀（〝〔悪しき身業と語業とへの〕つつしみ〟）、不律儀（〝〔悪しき身業と語業とへの〕つつしみのなさ〟）、非律儀非不律儀（〝律儀でもなく不律儀でもないもの〟。律儀に安住する者が煩悩のせいで行なった不律儀や、不律儀に安住する者が浄信のせいで行なった律儀）という三種類に分類される。説一切有部は仏教的な道徳性を、このうち、律儀としての無表業と考える。

大衆部と経量部とは仏教的な道徳性を、行蘊のうち、心不《しんふ》相応行《そうおうぎょう》（〝心と結合していない形成素〟）であると考える。

唯識派は仏教的な道徳性を、行蘊のうち、思の習気《じっけ》（〝残り香〟）であると考える。無表色、心不相応行、習気はいずれも思の派生物を指している。

以上、仏教的な道徳性は思あるいは思の派生物を本質としている。したがって、仏教的な道徳性は、あくまで、それをたもちたい者が自発的な思によってたもたないかぎり、たもたれない。

もし仏教的な道徳性をたもちたくない者が、今世における見栄や来世における生天《しょうてん》（〝天界に生まれること〟）を求めて、心ならずも仏教的な道徳性をたもったとしても、彼は、自発的な思を持っていない以上、決して仏教的な道徳性をたもてていない。あるいは、もし仏教的な道徳性をたもちたくない者に無理やり仏教的な道徳律をたもたせたとしても、彼は、自発的な思を持っていない以上、決して仏教的な道徳性をたもてていない。

カルト宗教においては、しばしば、頑是《がんぜ》ない子どもに大人が無理やり宗教的な道徳律をたもたせて問題となっているが、仏教においては、そのように無理やり仏教的な道徳律をたもたせることは無意味であるので控えることが望ましい。仏教においては、あくまで自発的な思が重要なのである。

三　道徳性の獲得

先に確認したとおり、仏教的な道徳性――戒、妙行、業、律儀――は〝モノ〟である。〝モノ〟である以上、仏教的な道徳性は何かによって得ることが可能である。そのことについて、大きく分けて、二説がある。

Ⅰ　律儀は他者の教えなどによって得られるという説
Ⅱ　律儀は自己の心あるいは自己の意楽《いぎょう》（〝こころざし〟）によって得られるという説

Ⅰは部派仏教の説一切有部の説、Ⅱは部派仏教の経量部と大乗仏教の唯識派との説である。表示するならば、表3のとおりである。

Ⅰ　律儀は他者の教えなどによって得られるという説

この説においては、律儀は他者からじきじきに学処を教えてもらうことによって得られる。具体的に言えば、七衆の別解脱律儀のうち、比丘律儀、比丘尼律儀、式叉摩那律儀は比丘のサンガからじきじきに学処を教えてもらうことによって得られ、沙弥律儀、沙弥尼律儀、優婆塞律儀／優婆夷律儀は比丘のサンガの一人からじきじきに学処を教えてもらうことによって得られ、近住律儀は七衆の別解脱律儀のうちのいずれかをたもっている一人からじきじきに学処を教えてもらうことによって得られる。

ただし、例外として、仏と独覚との比丘律儀は他者からじきじきに学処を教えてもらわなくとも自然に得られているし、すでに四諦を見た者である聖者の比丘律儀は他者からじきじきに学処を教えてもらわなくとも正性離生《しょうしょうりしょう》（〝正しさへと確定すること〟。〝正しさ〟とは涅槃《ねはん》を指す）によって得られている。「他者の教えなど」と言われる場合の「など」はこの例外を指している。

仏と独覚と聖者との比丘律儀を例外として、律儀は他者からじきじきに学処を教えてもらうことによって得られる。具体的には、ある者が、他者からじきじきに学処を教えてもらって、他者に対し、「学処を受けます」というふうに、身表業と語表業とによって表明する時、その者の内部において、身無表業と語無表業とである無表色が得られる。その無表色が律儀である。

さて、もし、他者に対し、「学処を受けます」というふうに表明する時、その者の内部において律儀が得られるの

表3　律儀の獲得の原因

	律儀の獲得の原因
部派仏教・説一切有部 『阿毘達磨大毘婆沙論』業蘊（巻百二十四。T27, 647b） 『雑阿毘曇心論』業品（巻三。T28, 890c） 『阿毘達磨倶舎論』業品（舟橋一哉［1987：155］） 『阿毘達磨順正理論』辯業品（巻三十七。T29, 551ab）	他者の教えなど
部派仏教・経量部 『成実論』七善律儀品（巻八。T32, 303a）	自己の心※
大乗仏教・唯識派 『瑜伽師地論』（後掲）	自己の意楽

〔※　なお、『成実論』の訳者である鳩摩羅什の講義録の色彩が強い『大智度論』（巻十三。T25, 154c）においては、「心によって生ぜられるのであれ、口によって言われるのであれ、他者から受けるのであれ、身と口との悪をつつしませることが戒の特徴である」と説かれ、心によって戒を得ることが認められている。〕

であるならば、他者からじきじきに学処を教えてもらわなくとも、みずから学処が書かれた文書を読んだのち、自分ひとりで、「学処を受けます」というふうに表明する時、その者の内部において律儀は得られるのではあるまいか。

そのような疑問はありうるにせよ、この説において、律儀は、他者からじきじきに学処を教えてもらって受けないかぎり、得られない。それはなぜかと言うならば、もし比丘律儀、比丘尼律儀、式叉摩那律儀が、たとえ他者からじきじきに学処を教えてもらって受けなくても、自分ひとりで受けるだけで得られるのならば、サンガが許可しない人々までが無許可のまま比丘、比丘尼、式叉摩那となってサンガに入ってくるからである。

II　律儀は自己の心あるいは自己の意楽によって得られるという説

この説においては、律儀は自己の心あるいは自己の意楽によって得られる（心と意楽とはほぼ同義）。すなわち、律儀は、かならずしも他者からじきじきに学処を教えてもらって受けなくても、自分ひとりで受けるだけで得られる。他者からじきじきに学処を教えてもらって受けても、自分ひとりで受けても、受けられた律儀ふたつに優劣差はない。

唯識派の『瑜伽師地論』摂決択分《しょうけっちゃくぶん》に次のようにある。

〝自分ひとりで受けたり、他者から受けたりする律儀なるもの。それを誰かが他者から受けるならば、あるいは自分ひとりで受けるならば、それら受けられた律儀ふたつにおいて、具体的に、福徳（A）と福徳（B）との優劣差はあるのか〟というならば、もし同じような意楽によって受け、それと同様に、たもちもするならば、優劣差は何もないと知られるべきである。(1)

ただし、例外として、七衆の別解脱律儀のうち、比丘律儀、比丘尼律儀、式叉摩那律儀は、サンガからじきじきに学処を教えてもらって受けないかぎり、得られない。

それはなぜかと言うならば、前述のとおり、もし比丘律儀、比丘尼律儀、式叉摩那律儀が、たとえ他者からじきじきに学処を教えてもらって受けなくても、自分ひとりで受けるだけで得られるのならば、サンガが許可しない人々までが無許可のまま比丘、比丘尼、式叉摩那となってサンガに入ってくるからである。

このことについて、『瑜伽師地論』摂決択分に次のようにある（なお、文中の「比丘律儀」は比丘律儀、比丘尼律儀、式叉摩那律儀の総称である。第一章の表3において付記したとおり、比丘律儀、比丘尼律儀、式叉摩那律儀は、まとめれば、比丘律儀となる）。

その場合、区別は次のようにある。律儀を受けるにふさわしい者が律儀をたもつ場合、その場合、彼らのうち、ある者たちは他者からあるいは自分ひとりでたもつのである。彼らのうち、ある者たちは絶対に自分ひとりでたもつのであるが、比丘律儀は例外である。それはなぜかというならば、具体的には、比丘律儀はあらゆる者によって受けられるにはふさわしくないからである。

その場合、もし比丘律儀がかならずしも他者から受けられるのではないとするならば、その場合、出家するにふさわしい者たちと、出家するにふさわしくない者たちとが、自分勝手に出家することによって出家することになる。彼らすべてによって説かれることは堅固なものにならないし、さらに、他ならぬ、善く説かれた法と律とがなくなるので、それゆえに、比丘律儀は絶対に自分勝手にはありえないのである。(2)

表4　在家者が在家者の律儀を自分ひとりで受けることの可否

	優婆塞律儀と優婆夷律儀とを自分ひとりで受けることの可否	近住律儀を自分ひとりで受けることの可否
部派仏教・説一切有部 『阿毘達磨大毘婆沙論』業蘊（巻百二十四。T27, 647b） 『雑阿毘曇心論』業品（巻三。T28, 890c） 『阿毘達磨倶舎論』業品（舟橋一哉［1987：164-165］） 『阿毘達磨順正理論』辯業品（巻三十七。T29, 551ab）	×	×
部派仏教・上座部 『ウパーサカ・ジャナ・アランカーラ』（『荘厳優婆塞生類論』。浪花宣明［1987：237；247］）	○	○
部派仏教・経量部 『成実論』七善律儀品（巻八。T32, 303a）、八戒斎品（巻八。T32, 303c）	○※	○
大乗仏教・唯識派 『瑜伽師地論』（前掲）	○	○

〔※　厳密に言えば、『成実論』においては、優婆塞律儀と優婆夷律儀とを自分ひとりで受けることははっきりとは認められていない。ただし、『成実論』においては、律儀は自己の心によって得られるという説が主張されている以上、優婆塞律儀と優婆夷律儀とを自分ひとりで受けることも認められているはずである。なお、『成実論』の訳者である鳩摩羅什の講義録の色彩が強い『大智度論』（巻十三。T25, 154c）においては、優婆塞律儀と優婆夷律儀とを自分ひとりで受けることが認められている。〕

この例外はあるにせよ、この説において、沙弥律儀、沙弥尼律儀、優婆塞律儀／優婆夷律儀、近住律儀は、かならずしも他者からじきじきに学処を教えてもらって受けなくても、自分ひとりで受けるだけで得られる。

このほか、部派仏教の上座部においても、優婆塞律儀／優婆夷律儀、近住律儀は、かならずしも他者からじきじきに学処を教えてもらって受けなくても、自分ひとりで受けるだけで得られる。

表示するならば、表４のとおりである。

さらに、唯識派の『瑜伽師地論』によれば、大乗仏教の出家者と在家者とに共通の菩薩律儀――菩薩戒――も、かならずしも他者からじきじきに学処を教えてもらって受けなくても、自分ひとりで受けるだけで得られる。

ただし、第一章において確認したとおり、菩薩律儀である菩薩戒を構成している、律儀戒《りつぎかい》、摂善法戒《しょうぜんぼうかい》、饒益有情戒《にょうやくうじょうかい》という三つのうち、律儀戒――七衆の別解脱律儀――は、菩薩律儀を受ける前にすでに受けられていなければならない。そして、七衆の別解脱律儀のうち、比丘律儀、比丘尼律儀、式叉摩那律儀は、サンガからじきじきに学処を教えてもらって受けないかぎり、得られない。

したがって、たとえ菩薩律儀は自分ひとりで受けるだけで得られるにせよ、そのうち、律儀戒だけはかならずしも自分ひとりでは得られないのである。

四　道徳性の捨棄

先に確認したとおり、仏教的な道徳性――戒、妙行、業、律儀――は〝モノ〟である。〝モノ〟である以上、仏教的な道徳性は何かによって捨てることが可能である。

以下、七衆の別解脱律儀（比丘律儀、比丘尼律儀、式叉摩那律儀、沙弥律儀、沙弥尼律儀、優婆塞律儀／優婆夷律儀、近住律儀）、菩薩律儀という順に説明する。

七衆の別解脱律儀

七衆の別解脱律儀を捨てることについては、複数の説がある。表示するならば、表5のとおりである。

注目されるべきなのは、説一切有部に較べ、唯識派においては、在家者の優婆塞律儀と近住律儀とを捨てることについて、原因として、①「〔律儀を受けた心に〕反する心が生ずること」が言われていることである。

説一切有部においては、もし律儀を捨てたくなったならば、出家者も在家者も誰か理解能力ある人の前で「学処を捨てます」と表明しなければならない。先に確認したとおり、説一切有部においては、律儀は他者からじきじきに学処を教えてもらうことによってはじめて得られるのである以上、他者の前で「学処を捨てます」と表明することによってはじめて捨てられるのである。

説一切有部においては、出家者の律儀の捨てかたは、律のうち、四波羅夷《はらい》（〝教団追放罪〟）の第一に対する註釈において詳しく説かれている（このことは説一切有部のみならずほかの諸部派の律においても同様。平川彰［1993：183-190］）。在家者の律儀の捨てかたは、たとえば、ヴィマラークシャ（卑摩羅叉《ひまらしゃ》。三三八―四一四頃。説一切有部の『十誦律《じゅうじゅりつ》』の訳者のひとり）によって詳しく説かれている。彼の講義録『五百問事』を原型とする『仏説目連問戒律中五百軽重事』に次のようにある。

質問。もし五戒をたもつことができなくなったならば、途中でやめ得るか。

表5　七衆の別解脱律儀の棄捨の原因

	七衆の別解脱律儀の棄捨の原因
部派仏教・説一切有部 『阿毘達磨大毘婆沙論』業蘊（巻百十七。T27, 608c） 『雑阿毘曇心論』業品（巻三。T28, 892ab） 『阿毘達磨倶舎論』業品（舟橋一哉［1987：221］） 『阿毘達磨順正理論』辯業品（巻三十九。T29, 564ab）	**七衆の別解脱律儀** ①　理解能力ある人のもとで、意欲を起こして学処を捨てること ②　〔人としての〕衆同分《しゅどうぶん》（〝同質性〟）を捨てること（すなわち死） ③　〔男女〕ふたつの性器が生ずること ④　善根を断ちきること※ **近住律儀** 夜が終わること
大乗仏教・唯識派 『瑜伽師地論』（後掲）	**比丘律儀** ①　学処を捨てること ②　〔四〕根本罪（性交、窃盗、殺人、大妄語）を犯すこと ③　〔男女〕ふたつの性器が生ずること ④　善根を断ちきること ⑤　〔人としての〕衆同分（〝同質性〟）を棄てること（すなわち死） **優婆塞律儀** ①　〔律儀を受けた心に〕反する心が生ずること ②　善根を断ちきること ③　〔人としての〕衆同分を捨てること（すなわち死） **近住律儀** ①　日の出 ②　〔律儀を受けた心に〕反する心が生ずること ③　〔日の出より〕先に〔人としての〕衆同分を捨てて死ぬこと

〔※「善根を断ちきること」とは、『阿毘達磨識身足論』雑蘊（巻十一。T26, 586a）によれば、いわゆる五無間業（母を殺すこと、父を殺すこと、阿羅漢を殺すこと、サンガを分裂させること、悪心によって仏に血を流させること）の結果である。〕

回答。やめ得る。もし五戒をすべてやめたいならば、合計三回、みずからやめるべく、「今日から仏はわが尊ではなく、わたしは仏の弟子ではない」と言うのである。このようにして三回に至る。法と僧とについてもそうである。〔それぞれ三回ずつ、「今日から法はわが尊ではなく、わたしは法の弟子ではない」「今日から僧はわが尊ではなく、わたしは僧の弟子ではない」と言うのである。〕

もし一〔戒〕、あるいは二〔戒〕、あるいは三〔戒〕、あるいは四〔戒〕をやめるのならば、ただ「わたしは今日からもはや○○戒をたもつことができない」と言うのである。このようにして三回に至る。もし三回に満たないならば、戒はなおも得られている。(3)

しかし、唯識派においては、もし律儀を捨てたくなったならば、たとえ出家者は誰か理解能力ある人の前で「学処を捨てます」と言わなければならないにせよ、在家者は「学処を捨てます」という心を生ずるだけでかまわない。先に確認したとおり、唯識派においては、律儀は自己の意楽によって得られるのである以上、「学処を捨てます」という心（意楽）を生ずるだけで捨てられるのである。『瑜伽師地論』に次のようにある。

その場合、〝どれだけの理由によって、比丘律儀は受けられたとしても捨てられるようになるのか〟というならば、まとめれば、五つの理由〔のうちどれか〕によってである。

① 学処を捨てること、

② 〔四の〕根本罪（性交、窃盗、殺人、大妄語）を犯すこと、

③ 〔男〕性器が隠れ、〔男女〕ふたつの性器が生ずること、

④　善根を断ちきること、
⑤　〔人としての〕衆同分《しゅどうぶん》（〝同質性〟）を捨てること（すなわち死）――
によって、すでに受けられた比丘律儀は捨てられるようになる。

正法（仏教）が滅びて正法が隠れたならば、いまだ受けられていない比丘律儀は受けられないし、かつて受けられた〔比丘律儀〕は捨てられないと理解されるべきである。というのも、具体的には、その時には悪世が起こっており、その時には意楽が損なわれているせいで具足戒に至るいかなる有情もいない以上、ましてや沙門果を得る者については言うまでもないからである。

　優婆塞律儀は、
①　〔律儀を受けた心に〕反する心が生ずること、
②　善根を断ちきること、
③　〔人としての〕衆同分を捨てること（すなわち死）――
によって、捨てられると理解されるべきである。正法が隠れることによっては、比丘の律儀と同じように、そのように、優婆塞律儀と近住律儀とも理解されるべきである。

近住律儀を捨てることは、
①　日の出、
②　〔律儀を受けた心に〕反する心が生ずること、
③　〔日の出より〕先に〔人としての〕衆同分を捨てて死ぬこと――
によって、洞察されるべきである。(4)

菩薩律儀

菩薩律儀は、①捨てると決心した場合、②捨てると表明した場合、③四の他勝処法《たしょうしょほう》の全部あるいは一部の過失を惹き起こした場合、④四の他勝処法の全部あるいは一部に向けて大なる纏《てん》（〝〔煩悩の〕占拠〟）によって過失を惹き起こした場合に捨てられる。四の他勝処法については、第四章において確認したとおりである。『瑜伽師地論』に次のようにある。

その〔菩薩〕律儀は、〔今生において〕捨てられないならば、来生においても〔菩薩に〕随行すると理解されるべきである。もし〔今生において〕捨てられたならば、否《いな》である。

まとめれば、四つの理由〔のうちどれか〕によって、それを捨てることになる。

① 〔菩薩律儀を〕受けた心と同じでないかたちで、〔菩薩律儀を捨てる〕決心を生ずる。

② 理解能力ある人の前で、〔菩薩律儀を〕捨てることに関与する文章を述べる。

③ それら四の他勝処法のうち全部あるいは一部の過失を惹き起こす。

④ 四の他勝処法の全部あるいは一部に向けて、大なる纏によって過失を惹き起こす——ならば、菩薩律儀を捨てると述べられるべきである。

もしふたたび〔律儀を〕受ける清浄心を得るようになったならば、やはりふたたび受けてもよいのである。(5)

五　おわりに

本章において述べてきたことがらは以下のとおりである。

1　仏教的な道徳性――戒、妙行、業、律儀――は〝モノ〟である。

2　〝モノ〟である以上、仏教的な道徳性は何かによって得たり捨てたりすることが可能である。

第六章　いかにして自分ひとりで戒を受持するか

一　はじめに

第一章において確認したとおり、仏教においては、われわれ欲界《よくかい》（〝欲望界〟）に属する者たちの仏教的な道徳性（morality）と仏教的な道徳律（moral code）とを意味する語として、表1のような語がある。

表1

仏教的な道徳性	仏教的な道徳律
戒（〝自戒〟） 妙行《みょうぎょう》（〝善行〟） 業（〝ふるまい〟） 律儀《りつぎ》（〝つつしみ〟） 〔以上、すべて同義語。〕	学処《がくしょ》（〝学びの基礎〟）

部派仏教の論においては、欲界に属する者たちの仏教的な道徳性として、おもに①十善業道と②七衆《しちしゅ》の別解脱律儀《べつげだつりつぎ》とが説かれている（①は三界に属する者たちの共有）。大乗仏教の論においては、それらに加え、さらに③菩薩律儀が説かれている。

①十善業道は仏教的な道徳性であるが、かならずしも仏教的な道徳律に従うことによらない。②七衆の別解脱律儀

表2　自分ひとりで受けることが認められている律儀

	律儀
部派仏教・上座部 『ウパーサカ・ジャナ・アランカーラ』（『荘厳優婆塞生類論』。浪花宣明［1987：237：247］）	優婆塞律儀／優婆夷律儀、近住律儀
部派仏教・経量部 『成実論』七善律儀品（巻八。T32, 303a）、八戒斎品（巻八。T32, 303c）	優婆塞律儀／優婆夷律儀、近住律儀※
大乗仏教・唯識派 『瑜伽師地論』（前掲）	沙弥律儀、沙弥尼律儀、優婆塞律儀／優婆夷律儀、近住律儀、菩薩律儀

〔※　優婆塞律儀／優婆夷律儀については、近住律儀からの類推による。〕

と③菩薩律儀とは仏教的な道徳性であり、仏教的な道徳律に従うことによる。われわれ欲界に属する者は仏教的な道徳律に従うことによってようやく仏教的な道徳性をたもつことができる。したがって、現実においては、①十善業道を含んでいる、②七衆の別解脱律儀と③菩薩律儀とが好んでたもたれる傾向にある。

部派仏教の在家者は、②七衆の別解脱律儀のうち、優婆塞律儀／優婆夷律儀、近住律儀をたもち、大乗仏教の在家者は、それらに加え、③菩薩律儀をたもつ。

第五章において確認したとおり、部派仏教の上座部と経量部と、大乗仏教の唯識派とにおいては、律儀のいくつかを自分ひとりで受けることが認められている。表示するならば、表2のとおりである。

したがって、上座部と経量部とにおいては、在家者は優婆塞律儀／優婆夷律儀、近住律儀を自分ひとりで受けることが可能であるし、唯識派においては、それらに加え、菩薩律儀を自分ひとりで受けることも可能である。

このことは、現代の日本において正統的な仏教徒として生活したいと望む在家者にとって朗報である。

本来、優婆塞律儀／優婆夷律儀、近住律儀は、比丘のサンガがないよほどの辺境の地でないかぎり、比丘のサンガの一員から学処を教えてもらって受けるのが望ましい。しかし、現代の日本は、上座部仏教あるいはチベット仏教のサンガが進出してきている都市部を例外として、ほかは比丘のサンガの一員すら見あたらないまったくの辺境の地である。この辺境の地において正統的な仏教徒として生活したいと望む在家者が優婆塞律儀／優婆夷律儀、近住律儀をたもつには、それらを自分ひとりで受けるしかない。

さらに、菩薩律儀は、唯識派がないよほどの辺境の地でないかぎり、菩薩律儀をたもっている唯識派の一員から授けてもらうのが望ましい。しかし、現代の日本は、チベット仏教のサンガが進出してきている都市部を例外として、ほかは菩薩律儀をたもっている唯識派の一員すら見あたらないまったくの辺境の地である。この辺境の地において正統的な仏教徒として生活したいと望む在家者が菩薩律儀をたもつには、それを自分ひとりで受けるしかない。

そういうわけで、本章においては、この辺境の地において正統的な仏教徒として生活したいと望む在家者が優婆塞律儀／優婆夷律儀、近住律儀、菩薩律儀を自分ひとりで受け、たもつための手引きを、上座部、経量部、唯識派にもとづいて提供したい。

そのように望む在家者である読者諸兄諸姉は、第三章、第四章、そして本章を熟読の上、上座部、経量部、唯識派のうち、自分に合ったいずれかの学派にしたがって優婆塞律儀／優婆夷律儀、近住律儀を自分ひとりで受け、たもち、あるいは、唯識派にしたがって菩薩律儀を自分ひとりで受け、たもっていただければ幸いである。

なお、部派仏教の説一切有部においては、自分ひとりで優婆塞律儀／優婆夷律儀、近住律儀を受けることは認められないが、本章においては、上座部、経量部、唯識派との比較のために、説一切有部についても言及する。

二　在家の道徳性

1　準備

優婆塞律儀／優婆夷律儀、近住律儀を受けるためには、前もって、三帰依——仏宝、法宝、僧宝という三宝に対する帰依——を済ませておく必要がある。三宝の内容は学派ごとに異なっている。表示するならば、表3のとおりである。

上座部において、僧宝が「八種の聖者の集団」と言われているのは、預流向、預流果、一来向、一来果、不還向、不還果、阿羅漢向、阿羅漢果という四向四果の出家者である。

唯識派において、僧宝が「聖者の僧」と言われているのは、部派仏教における、四向四果の出家者と、大乗仏教における、十地の初地以上の出家者とである。

いずれにせよ、僧宝という場合の「僧」とは、比丘律儀あるいは比丘尼律儀をたもっている、比丘のサンガあるいは比丘尼のサンガを意味する。

上座部においては、三帰依する場合、帰依者は次のように唱えるよう教えられている。

表3　三宝の内容

	仏宝	法宝	僧宝
上座部 『ウパーサカ・ジャナ・アランカーラ』（『荘厳優婆塞生類論』。浪花宣明［1987：182–185］）	波羅蜜（最高なるもの）を完全に修し、独存者の智により煩悩を習気ともども残りなく離れ粉砕した、大悲や一切知性智などの無量の徳の集まりの受容器である、蘊の相続	四つの聖道、四つの沙門果、涅槃《ねはん》、聖典の教え	八種の聖者の集団、凡夫の僧
説一切有部 『阿毘達磨大毘婆沙論』雑蘊（巻三十四。T27, 177a） 『雑阿毘曇心論』択品（巻十。T28, 953a） 『阿毘達磨倶舎論』業品（舟橋一哉［1987：180–181］） 『阿毘達磨順正理論』辯業品（巻三十八。T29, 555c- 556a）	無学法	涅槃	有学法・無学法
経量部 『成実論』具足品（巻一。T32, 239b）	自然人（スヴァヤンブー。〝〔他者にたよらず〕みずから成った者〟）※	教化所説（〝教化によって説かれたもの〟）	行此法者（〝その法を行ずる者〟）
唯識派 『阿毘達磨集論』帰敬偈（阿毘達磨集論研究会［2016］）	①自利と②利他と③その両方との所依である仏 〔『阿毘達磨雑集論』によれば、①自利の所依は受用身、②利他の所依は変化身、③その両方の所依は自性身。〕	法	聖者の僧※※

〔※　『成実論』における「自然人」が「スヴァヤンブー」の漢訳であることは、『成実論』と同じ鳩摩羅什訳である『摩訶般若波羅蜜経』（巻十四。T8, 327a）における「自然人」が梵文（PVSPP IV 74, 16）における「スヴァヤンブー」の漢訳であることからわかる。
※※　唯識派のヴァスバンドゥ『妙法蓮華経憂波提舎』帰敬偈（T26, 1a）においては、「無為の僧」への帰依が説かれている。「無為の僧」はもともと『勝思惟梵天所問経』（P no. 827, Phu 37a5–6）、『堅固深心品』（RGV 2, 5）などの大乗経に出る語である。聖者の僧は無為なる真如によって特徴づけられるゆえに、聖者の僧が「無為の僧」と呼ばれていると考えられる。〕

仏に帰依いたします。buddhaṃ saraṇaṃ gacchāmi.
法に帰依いたします。dhammaṃ saraṇaṃ gacchāmi.
僧に帰依いたします。saṅghaṃ saraṇaṃ gacchāmi.
ふたたび仏に帰依いたします。dutiyam ’pi buddhaṃ saraṇaṃ gacchāmi.
ふたたび法に帰依いたします。dutiyam ’pi dhammaṃ saraṇaṃ gacchāmi.
ふたたび僧に帰依いたします。dutiyam ’pi saṅghaṃ saraṇaṃ gacchāmi.
みたび仏に帰依いたします。tatiyam ’pi buddhaṃ saraṇaṃ gacchāmi.
みたび法に帰依いたします。tatiyam ’pi dhammaṃ saraṇaṃ gacchāmi.
みたび僧に帰依いたします。tatiyam ’pi saṅghaṃ saraṇaṃ gacchāmi.

説一切有部においては、自分の名前をも言うよう教えられている。『十誦律《じゅうじゅりつ》』に次のようにある。

わたくし〇〇は仏に帰依いたします。
法に帰依いたします。
僧に帰依いたします。
ふたたびわたくし〇〇は仏に帰依いたします。
法に帰依いたします。
僧に帰依いたします。

みたびわたくし○○は仏に帰依いたします。
法に帰依いたします。
僧に帰依いたします。(1)

なお、『十誦律』の訳者の一人、鳩摩羅什の講義録の色彩が強い『大智度論』（巻十三。T25, 159c）も『十誦律』を踏襲している。

三帰依する場合に自分の名前を言うことは北伝の諸部派の律に共通している。したがって、文献証拠はないにせよ、経量部や唯識派においても、三帰依する場合に自分の名前を言うはずであると推測される。

ただし、このあたりのことばの違いについては、あまり気にしなくてよい。

第五章において確認したとおり、経量部や唯識派においては、律儀は自己の心あるいは自己の意楽《いぎょう》によって得られる。世の中には、障害があって口がきけない人もいる。少なくとも、経量部や唯識派においては、ことばでなくとも、心で言えばいいのである。

2　資格

説一切有部、経量部、唯識派においては、扇搋《せんだ》・半択迦《はんちゃくか》（シャンダ・パンダカ。〝去勢男〟〝同性愛者〟）と二形者《にぎょうしゃ》（〝ふたなり〟）とが優婆塞律儀／優婆夷律儀、近住律儀を得られるという説と、得られないという説とがある。表示するならば、次頁の表4のとおりである。

このことは、もともと、扇搋・半択迦や二形者が解脱を得られないという説があったことに由来する。

表4　扇搋・半択迦と二形者とが在家者の律儀を得ることの可否

	扇搋・半択迦と二形者とが優婆塞律儀／優婆夷律儀、近住律儀を得ることの可否
部派仏教・説一切有部 『阿毘達磨大毘婆沙論』業蘊（巻百二十四。T27, 648a） 『雑阿毘曇心論』択品（巻十。T28, 951a） 『阿毘達磨倶舎論』業品（舟橋一哉［1987: 242］） 『阿毘達磨順正理論』辯業品（巻三十九。T29, 567c）	×
部派仏教・経量部 『成実論』七善律儀品（後掲）	○
大乗仏教・唯識派 『瑜伽師地論』摂決択分《しょうけっちゃくぶん》（後掲） 『阿毘達磨集論』（後掲）	○

たとえば、上座部においては、聖者となるための現観（〝〔四諦の〕直観〟）は半択迦にないと説かれている（『ミリンダパンハー』。中村元、早島鏡正〔訳〕［1964：86］）。説一切有部においては、現観に先行する、忍の位に至った者は扇搋・半択迦や二形者として生まれなくなると説かれている（『阿毘達磨倶舎論』賢聖品。櫻部建、小谷信千代（訳）［1999：149］）。

説一切有部において、扇搋・半択迦や二形者が優婆塞律儀／優婆夷律儀、近住律儀を得られないのは、第一章において確認したとおり、それら律儀が七衆の別解脱律儀に含まれているからである。説一切有部においては、七衆の別解脱律儀は解脱を得るためにある。扇搋・半択迦や二形者は、解脱を得られない以上、優婆塞律儀／優婆夷律儀、近住律儀という、別解脱律儀をも得られないのである。

具体的に言えば、説一切有部においては、扇搋・半択迦や二形者は、次のような三つの理由ゆえに、優婆塞律儀／優婆夷律儀、近住律儀という、別解脱律儀を得られないと説かれている。

① 男性器と女性器とが二つともある者の煩悩は強いから。
② 〔強い煩悩を〕簡択《けんちゃく》（〝決着〟）するに堪えないから。
③ 鋭利な慚愧がないから。

説一切有部においては、扇搋・半択迦や二形者は、たとえ近住律儀を授けられたとしても、たもつのは近住律儀ではなく妙行であるにすぎないと説かれている。『阿毘達磨大毘婆沙論』に次のようにある。

> しかるに、彼（扇搋・半択迦や二形者）に近住律儀を授けるべきである。〔彼に〕妙行を生じさせ、〔来世に妙行の〕素晴らしいむくい（生天《しょうてん》〔〝天界に生まれること〟〕など）を受けさせるべきである。あるいは、扇搋などは、国王が〔宦官として〕委任して〔国の〕要務をつかさどらせ、多くの人を苦しめいたぶっている。もし律儀を受けたならば、〔彼の〕害意はしばらく息《や》み、多くの人を饒益《にょうやく》するゆえに、やはり〔彼に近住律儀を〕授けるべきである。しかるに、実のところ、〔彼は〕近住律儀を得られない[2]。

説一切有部において、扇搋・半択迦や二形者は、結局のところ、三帰依を受けうるにすぎない。『薩婆多毘尼毘婆《さつばたびにびば》沙《しゃ》』に次のようにある。

天（〝神々〟）、ナーガ、鬼神、ウッタラクル（〝北方のクル大陸〟。安楽すぎて仏教のさまたげになる）の人、扇搋・半択迦、二形者、さまざまな罪（すなわち、五無間業）を犯した人はいずれも三帰依を受けうる。(3)

しかし、第五章において確認したとおり、経量部と唯識派とにおいては、律儀は自己の心あるいは意楽《いぎょう》（〝こころざし〟）によって得られるのである以上、たとえ扇搋・半択迦や二形者であっても、「優婆塞律儀／優婆夷律儀、近住律儀をたもちます」という心（意楽）を生ずるだけで優婆塞律儀／優婆夷律儀、近住律儀を得られる。具体的には、経量部の『成実論』に次のようにある。

質問。ある人（説一切有部）は「扇搋・半択迦などは別解脱律儀を有しない」と言っている。そのことはどうか。
回答。この別解脱律儀は心によって生ずる。扇搋・半択迦なども善心を有している。どうして〔別解脱律儀を〕得なかったりしようか。(4)

さらに、唯識派の『瑜伽師地論』に次のようにある。

〝どれだけの理由によって、優婆塞律儀はたもたれることにならないのか〟というならば、まとめれば、二つの理由〔のうちどれか〕によってである。
① 意楽が損なわれていること、
② 男たることが損なわれていること――

によってである。

その場合、①意楽が損なわれていることによっては、まったくすべて、決して〔優婆塞律儀は〕たもたれることにならないと洞察されるべきである。

②男たることが損なわれていることによっては、たとえ〔優婆塞律儀を〕たもつことがあるにせよ、先に説かれた理由（〝男でない者は比丘の近くに坐せない〟という理由）によって、彼は優婆塞（〝〔比丘の〕近くに坐する者〟）と呼ばれるべきではない。

近住律儀は、①意楽が損なわれていることによってのみ、たもたれることにならないと理解されるべきである。他者に従ってか、あるいは利得と恭敬とのために、「近住律儀をたもちます」と宣言する者ら、彼らも、その場合、〔近住律儀を〕受ける意楽がない。そういうわけで、彼はそれに対する意楽が損なわれているのであると理解されるべきである。

それら、すでに説かれたとおりの、〔優婆塞律儀、近住律儀が〕たもたれることにならない〔二つの〕理由がないことによって、それら、すでに説かれたとおりの律儀（優婆塞律儀、近住律儀）はたもたれるのであると洞察されるべきである。(5)

さらに、唯識派の『阿毘達磨集論』に次のようにある。

〔質問。〕扇搋・半択迦においては、優婆塞律儀は制止されているか。

〔回答。〕優婆塞律儀は制止されていないが、優婆塞たることが制止されている。〔扇搋・半択迦は〕比丘と比丘尼との二グループの近くに坐することに適しないからである(6)。扇搋・半択迦は、たとえ優婆塞/優婆夷と呼ばれなくても、優婆塞律儀/優婆夷律儀、近住律儀を得ることができるのである。

3　範囲

第一章において確認したとおり、仏教的な道徳性――戒、妙行、業、律儀――は仏教的な道徳律――学処――に従うことによって得られる。在家者の場合、優婆塞律儀/優婆夷律儀は五学処に従うことによって得られ、近住律儀は八支近住学処に従うことによって得られる。

優婆塞律儀/優婆夷律儀、近住律儀については、学処（五学処、八支近住学処）の一部に従って律儀を不完全に受けることを認める説と、認めない説とがある。認めない説においては、かならず、学処の全部に従って律儀を完全に受けなければならないが、ただし、受けたのちに学処の一部に従って律儀を不完全にたもつことは認められている。表示するならば、一九八―一九九頁の表5のとおりである。

重要なのは、律儀を不完全に受けることを認める説であれ、認めない説であれ、いずれにおいても、受けたのちに律儀を不完全にたもつことは認められているという点である。

この点について、少なくとも説一切有部と大衆部《だいしゅぶ》とにおいては、優婆塞律儀をたもつ優婆塞が順に四種類と五種類とに分類されている。表示するならば、一九九頁の表6のとおりである。

説一切有部の『雑阿含経《ぞうあごんきょう》』においては、四種類がひとつひとつ説明されている。

①「能学一分」とは、五学処のうち、離害生命（〝生命を害することから離れること〟）のみに従う者である。

②「能学少分」とは、五学処のうち、離害生命、離不与取（〝与えられないものを取ることから離れること〟）のみに従う者である。

③「能学多分」とは、五学処のうち、離害生命、離不与取、離欲邪行（〝性行為を邪まに行なうことから離れること〟）のみに従う者である。

④「能学満分」とは、五学処すべてに従う者である。

この説明は説一切有部の『阿毘達磨法蘊足論』学処品（巻一。T26, 454a）においても踏襲されている。なお、のちの説一切有部の諸論においては、若干、説明に違いも生じている。表示するならば、二〇〇頁の表7のとおりである（Giulio Agostini [2008] TABLE 3 の指摘による）。

大衆部の『摩訶僧祇律』（前掲）においては、五種類がひとつひとつ説明されていない。ただし、①「一分行」②「少分行」③「多分行」④「満分行」が順に説一切有部の『雑阿含経』における①「能学一分」②「能学少分」③「能学多分」④「能学満分」に対応していることは間違いない。

⑤「随順行」はわからない。『大智度論』（巻十三。T25, 158c）においては、説一切有部の『雑阿含経』における四種類に⑤「断婬」が加えられている。⑤「断婬」とは、五学処を受ける場合、師の前で「わたしは自分の妻ともはや性交しません」と誓う者である。あるいは、⑤「随順行」は、⑤「断婬」と同様、性交を完全に断つ者（すなわち、在家者でありながら出家者に随順して行ずる者）を指すのかもしれない。ただし、そのことを裏づける証拠はない。

説一切有部においては、律儀を完全にたもつ者には別解脱律儀があるが、不完全にたもつ者には妙行があるにすぎ

表5　在家者が在家者の律儀を不完全に受けることの可否

	在家者が優婆塞律儀／優婆夷律儀を不完全に受けることの可否	在家者が近住律儀を不完全に受けることの可否
部派仏教・上座部 『パティサンビダー・マッガ・アッタカター』（『無礙道論註』。PMA vol. I, 203–204）※	○	○
部派仏教・上座部 『ウパーサカ・ジャナ・アランカーラ』（『荘厳優婆塞生類論』。浪花宣明［1987：237］）	×〔不完全に受けることは前提されていない。〕	×〔不完全に受けることは前提されていない。〕
部派仏教・説一切有部 『阿毘達磨大毘婆沙論』業蘊（巻百二十四。T27, 646b） 『雑阿毘曇心論』択品（巻十。T28, 951c） 『阿毘達磨倶舎論』業品（舟橋一哉［1987：217］） 『阿毘達磨順正理論』辯業品（巻三十七。T29, 553ab）	×	×
部派仏教・説一切有部 ガンダーラの諸論師の説（『阿毘達磨大毘婆沙論』巻百二十四。T27, 645c–646a） サンガヴァス（僧伽筏蘇）の説（『阿毘達磨大毘婆沙論』巻百二十四。T27, 646b） ヴィマラークシャ（卑摩羅叉）の説（彼の講義録『五百問事』を原型とする『仏説目連問戒律中五百軽重事』問五戒事品。T24, 982a）	○	×〔不完全に受けることは前提されていない。〕
部派仏教・経量部 『成実論』五戒品、八戒斎品（巻八。T32, 300b; 303c）	○※※	○

大乗仏教・唯識派 『阿毘達磨集論』（後掲）	×	×
大乗仏教 『大般涅槃経《だいはつねはんきょう》』（巻三十四。T12, 568b）	×	○

〔※　Giulio Agostini [2008] の指摘による。在家者が優婆塞律儀／優婆夷律儀、近住律儀を不完全に受けることは、こんにちの上座部においては認められていない。
※※　『成実論』の訳者、鳩摩羅什の講義録の色彩が強い『大智度論』（巻十三。T25, 158c）においても、在家者が優婆塞律儀／優婆夷律儀を不完全に受けることが認められている。〕

表6　優婆塞律儀をたもつ優婆塞の種類①

	優婆塞の分類				
説一切有部 『雑阿含経』（『阿毘達磨倶舎論註ウパーイカー』業品〔本庄良文［2014：548–550］〕）	①能学一分	②能学少分	③能学多分	④能学満分	——
大衆部 『摩訶僧祇律』（巻九。T22, 306a）	①一分行	②少分行	③多分行	④満分行	⑤随順行

表7　優婆塞律儀をたもつ優婆塞の種類②

	①能学一分	②能学少分	③能学多分	④能学満分
『阿毘達磨大毘婆沙論』業蘊（巻百二十四。T27, 646b）『阿毘達磨倶舎論註スプタールター』業品（舟橋一哉［1987：176］）	一学処（離害生命）のみに従う者	二学処（離害生命、離不与取）のみに従う者	三学処（離害生命、離不与取、離欲邪行）あるいは四学処（離害生命、離不与取、離欲邪行、離虚誑語）のみに従う者	五学処すべてに従う者
梵文断片『阿毘達磨法蘊足論』（Siglinde Dietz [1984: 74–75]）	右に同	右に同	③能学多分：三学処のみに従う者 ④能学未満分：四学処のみに従う者	⑤能学満分：五学処すべてに従う者
参考：『大智度論』（巻十三。T25, 158c）	一学処（離害生命）のみに従う者	二学処（離害生命、離不与取）あるいは三学処（離害生命、離不与取、離欲邪行）のみに従う者	四学処（離害生命、離不与取、離欲邪行、離虚誑語）のみに従う者	五学処すべてに従う者

ないと説かれている（『阿毘達磨倶舎論』業品〔舟橋一哉［1987：207–208］〕。『阿毘達磨順正理論』辯業品〔巻三十七。T29, 562b〕）。

唯識派においては、律儀を完全にたもつ者にも不完全にたもつ者にも別解脱律儀があると説かれている。具体的には、唯識派の『阿毘達磨集論』に次のようにある。

〔質問。〕優婆塞は、もし学処の一部だけを学ぶならば、「優婆塞律儀を具えている」と言われるべきか、「具えていない」と言われるべきか。

〔回答。〕「具えている」とも言われるべきであるが、「犯戒者」とも言われるべきである。(7)

なお、学処のいくつかに従って律儀を不完全にたもつことが認められるのみならず、時間に限定をつけて律儀を不完全にたもつことも認められる。たとえば、説一切有部の『十誦律』（巻二十五。T23, 179bc）や『根本説一切有部毘奈耶皮革事』（巻上。T23, 1050b）、あるいはそこから抽出された『ディヴィヤ・アヴァダーナ』第一章「シュローナ・コーティカルナ・アヴァダーナ」においては、昼に殺生している屠羊者が夜に優婆塞律儀をたもち、夜に邪婬している姦夫が昼に優婆塞律儀をたもつことが推奨されている。説一切有部の『阿毘達磨大毘婆沙論』業蘊（巻百二十四。T27, 647c–648a）、『阿毘達磨倶舎論』業品（舟橋一哉［1987：165］。ただし不適訳。本庄良文［1988：101–102］［2014：543–547］）、『阿毘達磨順正理論』辯業品（巻三十七。T29, 552b）においては、時間に限定をつけて律儀を不完全にたもつ者には別解脱律儀がなく妙行があるにすぎないと説かれている。

日本においては、戒は完全にたもたなければならないものであるかのように考えられがちである。それゆえに、初めから「自分にはとても無理だ」と萎縮されがちである。しかし、本来、戒は、たとえ完全にたもてなくても、不完全にたもてばよいものなのである。さまざまな理由によって、律儀を不完全にしかたもてない在家者もいるであろう。そういう在家者は律儀を不完全にたもちつつ、いずれ、将来的に、完全にたもつことを目ざせばよいのである。

表8　在家者が優婆塞律儀／優婆夷律儀を期限つきで受けることの可否

	在家者が優婆塞律儀／優婆夷律儀を期限つきで受けることの可否
部派仏教・上座部 『ウパーサカ・ジャナ・アランカーラ』（『荘厳優婆塞生類論』。浪花宣明［1987：237］）	○
部派仏教・説一切有部 サンガヴァス（僧伽筏蘇）の説（『阿毘達磨大毘婆沙論』巻百二十四。T27, 646b）	
ヴィマラークシャ（卑摩羅叉）の説（彼の講義録『五百問事』を原型とする『仏説目連問戒律中五百軽重事』五戒事品。T24, 982a）	○
部派仏教・説一切有部 『雑阿毘曇心論』業品（巻三。T28, 890c） 『阿毘達磨倶舎論』業品（舟橋一哉［1987：159］） 『阿毘達磨順正理論』辯業品（巻三十七。T29, 562b）	×
部派仏教・経量部 『成実論』七善律儀品（巻八。T32, 303b）	×
大乗仏教・唯識派 『阿毘達磨雑集論』（ASBh 68, 17–19）	×

4　期限

出家者については、律儀を期限つきで受けることは決して認められない。たとえのちに律儀を捨てるかもしれなくても、律儀を受ける時においては「いのちあるかぎりたもちます」と決意して律儀を受けなければならない。

在家者については、優婆塞律儀／優婆夷律儀を期限つきで受けることを認める説と、認めない説とがある。認めない説によれば、たとえのちに律儀を捨てるかもしれなくても、律儀を受ける時においては「いのちあるかぎりたもちます」と決意して律儀を受けなければならない。

表示するならば、表8のとおりである。

なお、説一切有部においては、優婆塞律儀／優婆夷律儀をいのちあるかぎりたもつ者には別解脱律儀があるが、期限つきでたもつ者には妙行があるにすぎないと説かれている（『阿毘達磨倶舎論』業品、舟橋一哉［1987：207–208］。『阿毘達磨順正理論』辯業品〔巻三十七。T29, 562b〕）。

さらに、在家者については、近住律儀を一日一夜という期限つきで受けることが、原始仏教以来、あらゆる学派において決まっている。

5　開始

以上を納得した上で、上座部、経量部、唯識派のいずれかに従って、人がもし自分ひとりで優婆塞律儀／優婆夷律儀、近住律儀をたもちたいと願うならば、自分ひとりで優婆塞律儀／優婆夷律儀、近住律儀を受けるべきである。

まず、自分ひとりで優婆塞律儀／優婆夷律儀を受ける方法について、上座部の『ウパーサカ・ジャナ・アランカーラ』（『荘厳優婆塞生類論』）に次のようにある（浪花宣明訳。誤植が若干あるので、右側に丸括弧で訂正する）。

〔三三〕受持しようとしている人達も、戒の相を知っている比丘あるいは比丘《(比丘尼)》あるいて《(は)》在家男信者《ウパーサカ》あるいは在家女信者《ウパーシカ》の面前で師に対して尊敬を表わし、浄信と喜びの眼とをもって、「今日」、あるいは「今日より後、この半月間、一と月間、一季節の間、一年間」と、このように時間を限り、あるいは能力がある場合には「臨終まで」と寿命を際限として、戒を与える人によって言われた規定に従って、「私は五学処を受持ます《(します)》」と〔五学処を〕一まとめにして受持し、〔次に〕再び一つづつ《ママ》、「私は殺生からの離を学処として受持ます《(します)》。……乃至……私はスラー・メーラヤ酒という放逸の原因からの離を学処として受持します」と聖典のとおりに言って〔受持する。〕あるいは聖典のやり方を知らない人は各自の言い方で言葉を変更して受けてもよい。他の人が得られないときにはすでに述べたような規定に従って自分で受持するべきである。（浪花宣明［1987：237］）

上座部に従って自分ひとりで優婆塞律儀／優婆夷律儀を受ける場合、このように、「今日より後、この半月間、一と月間、一季節の間、一年間」と期限をつけてもよい。しかし、経量部あるいは唯識派に従って自分ひとりで優婆塞律儀／優婆夷律儀を受ける場合、かならず「いのちあるかぎり」と決意しなければならない。

さらに、上座部に従って自分ひとりで優婆塞律儀／優婆夷律儀を受ける場合、このように、口に出して言わなければならない。しかし、経量部あるいは唯識派に従って自分ひとりで優婆塞律儀／優婆夷律儀を受ける場合、口に出して言わずとも、心のなかで決意するだけでよい。

次に、自分ひとりで近住律儀を受ける方法について、上座部の『ウパーサカ・ジャナ・アランカーラ』（『荘厳優婆塞生類論』）に次のようにある（浪花宣明訳。誤植が一つあるので、右側に丸括弧で訂正する）。

〔五一〕それ故、布薩の日には早朝に上に述べた仕方で比丘あるいは比丘尼あるいは在家男信者《ウパーサカ》あるいは在家女信者《ウパーシカ》の面前で、「この夜とこの日」などと時間を限って、「布薩の支として私は八学処を受持ます《(します)》」と、〔八学処を〕一まとめにして受持し、次に個々に、

〔五二〕「殺生からの離を学処として私は受持します。

不与取からの離を学処として私は受持します。

非梵行からの離を学処として私は受持します。

妄語からの離を学処として私は受持します。

スラー・メーラヤ酒という放逸の原因からの離を学処として私は受持します。

非時食からの離を学処として私は受持します。

踊り・歌・器楽・観覧と華鬘・芳香・塗油の装着・撤飾・塗飾という放逸の原因からの離を学処として私は受持します。

高床・大床からの離を学処として私は受持します。」と、聖典のとおりに〔言って〕受持すべきである。

〔五三〕聖典を知らない人は自分の言い方で各自が「仏が知らせてくれた布薩を私は決意します」と、一まとめに決意して受持すべきである。他の人が得られない人は自分から決意すべきである。在家信者《ウパーサカ》の戒は、自分で受持しようとしても受持されたものとなる。他人の面前で受持しようとしても〔受持されたものとなる〕。一まとめに受持されたものも受持されたものとなる。個々に受持されたものも〔受持されたものとなる〕。一まとめに受持しようとしている人にはただ一つの遠離の思しかないのであるが、しかしそ〔の一つの思〕はすべての遠離の思のはたらきをするから、それによってすべての学処が受持されたものとなる。また個々に受持しようとし

ている人には、様々な思が各自に作用して生じる。またどの〔学処〕を受持するときにも、言葉を変更して〔受持して〕もよい。（浪花宣明［1987：246–247］）

上座部に従って自分ひとりで近住律儀を受ける場合、このように、口に出して言わなければならない。しかし、経量部あるいは唯識派に従って自分ひとりで近住律儀を受ける場合、口に出して言わずとも、心のなかで決意するだけでよい。

6　再開

もし五学処のどれか、八支近住学処のどれかに違犯してしまった場合、懺悔してのち、優婆塞律儀／優婆夷律儀、近住律儀をたもつことを再開できる。

上座部の『ウパーサカ・ジャナ・アランカーラ』（『荘厳優婆塞生類論』）においては、特に例外が設けられないまま、優婆塞律儀／優婆夷律儀、近住律儀をたもつことを再開できると説かれている。同論に次のようにある（浪花宣明訳。文中の「常戒」は優婆塞律儀／優婆夷律儀に該当し、「布薩戒」は近住律儀に該当している。いずれも上座部の語）。

在家者の戒としての常〔戒〕と布薩戒とはこのようであるが、それらのうちのどれかを犯すとき、それのみが破壊し、残りのものは破壊しない。なぜならそれらを受持し〔直す〕ことによって再び五支をそなえた者、あるいは八支をそなえた者となるからである。（浪花宣明［1987：291］）

説一切有部のヴィマラークシャ（卑摩羅叉《ひまらしゃ》。三三八―四一四頃。説一切有部の『十誦律《じゅうじゅりつ》』の訳者のひとり）は、例外として、いくつかの重い違犯については懺悔することが不可能であり、優婆塞律儀／優婆夷律儀、近住律儀をたもつことを再開できないと説いている。彼の講義録『五百問事』を原型とする『仏説目連問戒律中五百軽重事』に次のようにある。

質問。五戒は〔犯した場合〕いずれも懺悔することが可能か、否か。
回答。もし人を殺したり、尊ぶべき者や比丘尼を犯したり、〔仏、法、僧という〕三尊の財を盗んだりしたならば、いずれも懺悔することが不可能である。ほかは懺悔することが可能である。[8]

経量部の『成実論』においては、たとえ違犯しても優婆塞律儀／優婆夷律儀、近住律儀は失われないと説かれている。同論に次のようにある。

質問。もし善なる律儀を得、また破ってしまったならば、律儀を失うか、否か。
回答。失わない。ただ不善なる法によって、この律儀を汚してしまうのみである。[9]

先にも述べたが、日本においては、戒は完全にたもち通さなければならないものであるかのように考えられがちである。それゆえに、初めから「自分にはとても無理だ」と萎縮されがちである。しかし、本来、戒は、たとえ違犯しても、何度でもたもち直せばよいものなのである。そのために懺悔があるのである。何度でもたもち直しているうちに、だんだん、たもてるようになってくる。そのことを目ざせばよいのである。

なお、優婆塞律儀／優婆夷律儀、近住律儀を完全に捨てることについては、第五章において確認したとおりである。

三　菩薩の道徳性

1　準備

菩薩律儀は菩薩戒とも呼ばれる。

第一章において確認したとおり、菩薩戒は、律儀戒（〝律儀という戒〟）、摂善法戒《しょうぜんぼうかい》（〝善法を集めることという戒〟）、饒益有情戒《にょうやくうじょうかい》（〝有情を利益することという戒〟）という三つによって構成されている。

このうち、律儀戒とは、②七衆の別解脱律儀に他ならない。すなわち、大乗仏教の出家者と在家者とは、菩薩戒の一部として、かならず、七衆の別解脱律儀のうちのいずれかをたもつ。在家者の場合、前もって優婆塞律儀／優婆夷律儀、近住律儀を受け、そののち、菩薩律儀を受ける。

なお、第五章において確認したとおり、唯識派において、菩薩律儀を自分ひとりで受けることが認められているのは、唯識派において、律儀は自己の意楽によって得られると考えられているからである。

逆に言えば、たとえ菩薩律儀を自分ひとりで受けるにせよ、もし意楽がしっかりしていないならば、菩薩律儀は決して得られない。菩薩律儀はいいかげんな意楽によっては得られないのである。

たとえば、『瑜伽師地論』本地分中菩薩地の最初の漢訳である『菩薩地持経』（晋の安帝の時代〔三九六—四一八〕に訳出）の訳者、曇無讖《どんむしん》（ダルマクシェーマ。三八五—四三三）から菩薩戒を受けようとした中国人出家者、道進（？—四四四）は、結局、三年にわたって懺悔し坐禅したのち、ようやく曇無讖から菩薩戒を感得していると証明された。慧皎《えこう》『高僧伝』に次のようにある。

初め、曇無讖が〔北涼の都〕姑臧《こぞう》（現在の甘粛省武威市）にいたころ、張掖《ちょうえき》（現在の甘粛省張掖市）の沙門《しゃもん》（〝出家修行者〟）、道進が曇無讖から菩薩戒を受けたいと願った。曇無讖は言った。「とりあえず懺悔せよ。」そこで、誠意を尽して七日七夜にわたって懺悔し、第八日に曇無讖のもとに詣で、受けたいと願ったところ、曇無讖は大いに怒った。道進はあらためて思った。「わが業障《ごっしょう》がいまだ尽きていないせいだ。」そこで、三年にわたって〔仲間と〕力を合わせて坐禅もし懺悔もしたところ、道進は定《じょう》（〝集中状態〟）において釈迦牟尼仏が菩薩たちとともに自分に戒を授けてくれるのを見た。その夜いっしょにいた十人あまりはみな道進が見たとおりの夢を見た。道進は曇無讖のもとに詣でてそれを話そうと願った。いまだ着かないうちに、あと数十歩というところに至って、曇無讖は驚いて立ち上がって言った。「よい、よいぞ、すでに戒を感得している。わたしがおまえのために証人となってやろう。」

順次に、仏像の前で戒のありさまを説いてやった。当時、沙門道朗は名声を関西（涼州）に振るっていたが、道進が戒を感得した夜、道朗もまたその夢を見たので、そこでみずから〔道進のより長い〕戒臘《かいろう》（出家者の正式な戒である『波羅提木叉』を受けてからの年数）を卑しめ、求めて法弟子となった。それ以降、道進から〔菩薩戒を〕受けた者は千人あまりである。この法を伝授して今に至っているのは、いずれも曇無讖の遺した法なのである。(10)

さらに、求那跋摩《ぐなばつま》（グナヴァルマン。三六七―四三一）によって訳された、『瑜伽師地論』本地分中菩薩地の第二の漢訳――正確に言えば、『瑜伽師地論』本地分中菩薩地に『優波離所問経』を加えたものの漢訳――である『菩薩善戒経』（宋の文帝の時代〔四二四—四五三〕に訳出）においては、菩薩戒を受ける前に、六ヶ月にわたって懺悔しなければならないことが説かれている。同経に次のようにある。

　シャーリプトラよ、もし菩薩戒を受けてたもちたいのならば、先に、貪（〝むさぼり〟）と瞋（〝いかり〟）と痴（〝おろかさ〟）との畏れから離れ、六ヶ月の昼夜にわたって、ひとりで静かな場所に処し、諸罪を懺悔すべきである。[11]

　さらに、『瑜伽師地論』の完全な漢訳をなしとげた玄奘（六〇二—六六四）が、師であるナーランダー寺のシーラバドラ（戒賢《かいげん》。通称：正法蔵《しょうぼうぞう》）の説を伝えたものであるらしい、『大唐三蔵法師伝西域正法蔵受菩薩戒法』においては、菩薩戒を受ける前に、最短七日、最長一年にわたって殷浄心《いんじょうしん》（アーダラ。〝敬意〟）を増大させなければならないことが説かれている。同文献に次のようにある。

　菩薩戒を受けようとするにあたっては、先に、殷浄心を発することを教えてやる。あるいは一年、あるいは最短で七日にわたって、持斎し、礼拝し、諸悪業を捨て、諸善事を習い、殷浄心を増大させ、しかるのちに受けることができる。[12]

　以上、菩薩律儀はいいかげんな意楽によっては得られないのである。

　なお、菩薩律儀は、上記のような、曇無讖、求那跋摩、玄奘という三人の訳者によって中国に伝えられたほか、少なくとも、定《じょう》（〝集中状態〟）において兜率天にいる弥勒《みろく》（マイトレーヤ。『瑜伽師地論』の著者）から直接に菩薩律儀を授けられた達摩《だつま》（ダルマ）によって罽賓《けいひん》において中国の慧覧《えらん》に授けられ（慧皎《えこう》『高僧伝』巻十一、慧覧伝。T50, 399a）、また、来中したインドの真諦《しんたい》（パラマールタ。四九九―五六九）によって南朝において中国の曹毘《そうひ》に授けられた（道宣『続高僧伝』巻一、真諦伝。T50, 431b）。ただし、慧覧や曹毘がいかなる心得のもとに菩薩律儀を授けられたかは記録されていない。

ともあれ、菩薩の道徳性――菩薩律儀――を自分ひとりで受ける場合においても、充分に準備期間を取って、懺悔や定によって意楽を確立することが必要である。

2　資格

扇搋《せんだ》・半択迦《はんちゃくか》（シャンダ・パンダカ。〝去勢男〟〝同性愛者〟）と二形者《にぎょうしゃ》（〝ふたなり〟）とについては、菩薩律儀を得られないという説はない。『瑜伽師地論』においては、彼らが菩薩戒を受けることは禁止されていない（参考：基『大乗法苑義林章』巻三、表無表色章。T45, 312a）。

3　範囲

第一章において確認したとおり、仏教的な道徳性――戒、妙行、業、律儀――は仏教的な道徳律――学処――に従うことによって得られる。菩薩の場合、菩薩律儀は四の他勝処法と四十四の違犯とである学処に従うことによって得られる。

菩薩律儀については、律儀を、学処の一部に従って部分的に受けたり、部分的にたもったりすることは決して認められない。かならず、学処の全部に従って全体的に受け、全体的にたもたなければならない。

4　期限

菩薩については、律儀を期限つきで受けることは決して認められない。菩薩律儀は、捨てられないかぎり、来世においても継続する。菩薩は、たとえ来世において前世の記憶を失い、ふたたび菩薩律儀を受けるにせよ、新しく菩薩律儀をたもつことにならず、前世から菩薩律儀をたもっているのである。さらに、菩薩は、たとえ現世において菩薩律儀を捨てたとしても、現世においてふたたび受けることができる。『瑜伽師地論』に次のようにある。

　さらに、菩薩は菩薩戒律儀をたもつことを、これら四によって他勝処法を現行するというかたちで、弱い、あるいは中くらいな〔煩悩の〕占拠によっては捨てない。強い〔煩悩の〕占拠によって捨てる。〔なぜなら、〕菩薩が、これら四の他勝処法をしばしば現行してのち、なしてからも慚愧を生ぜず、それによって喜び、それによって楽しみ、他ならぬそれに功徳があると見る者となるからである。このことが〔煩悩の〕占拠の強さと知られるべきである。

　菩薩は、四の他勝処法を一度だけ現行することによっては、菩薩戒律儀をたもつことを捨てない。――あたかも比丘が波羅夷法によって波羅提木叉の律儀を〔たもつことを捨てる〕というふうには。

〔菩薩戒律儀を〕たもつことを捨てた菩薩すら、現法（〝この生涯〟）において、菩薩戒律儀をたもつことをふたたび受けるにふさわしくなる。決してふさわしくないわけではない。――あたかも波羅提木叉の律儀に立脚する比丘が波羅夷に陥ったようには。

　さらに、まとめれば、他ならぬ二つのきっかけによって、菩薩戒律儀をたもつことを捨てることになる。①無《む》上正等菩提《じょうしょうとうぼだい》（〝この上ない正しくまったき悟り〟）への願を捨てることによってであるし、②他勝処法を強い〔煩悩の〕占拠によって現行することによってである。

さらに、〔菩薩戒律儀をたもっている〕菩薩は、転生したのちですら、菩薩戒律儀をたもつことを捨てない。のちに畜生であるあらゆるところに生まれつつ、菩薩によって〔無上正等菩提への〕願は捨てられるようにならないというわけである。

さらに、〔菩薩戒律儀をたもっている菩薩においては、転生したのちですら、〕他勝処法について、強い〔煩悩の〕占拠は現行されるようにならない。転生した菩薩は記憶を失っており、善友とのめぐり合いに至って、記憶を呼び覚ますために幾度幾度と〔菩薩戒律儀を〕受けることをなすが、決して新しくたもつことを〔なすの〕ではない(13)。

5　開始

以上を納得した上で、在家者がもし自分ひとりで菩薩律儀をたもちたいと願うならば、仏像の前で、自分ひとりで菩薩律儀を受けるべきである。『瑜伽師地論』に次のようにある。

もしこれらの徳を具えているプドガラ（〝個体〟。有徳なる戒師）とめぐり逢わなかったならば、そのあとは、菩薩によって、如来の像の前で、他ならぬ自分ひとりで、菩薩戒律儀を受けることが挙行されるべきである。さて、次に、以下のように挙行されるべきである。――右肩に上衣を掛け、膝を地に着けるかあるいは前で蹲踞し、以下のことが言われるべきである。「わたくしは〇〇という名の者です。全方向にいらっしゃる、あらゆる如来およびすでに偉大な地（菩薩の十地）に踏み入っている菩薩にお知らせします。そのかたがたの前で、あらゆる菩薩学処、あらゆる、律儀戒、摂善法戒、饒益有情戒という菩薩戒――過去のあらゆる菩薩が学んだ、未来のあらゆる菩薩が学ぶであろう、現在の全方向にいらっしゃるあらゆる菩薩が今学んでいるもの――をお受けします。」

二回目も三回目も以上のように言われるべきである。言ってのち、立ち上がるべきである。(14)

ここでは、菩薩戒が「過去のあらゆる菩薩が学んだ、未来のあらゆる菩薩が学ぶであろう、現在の全方向にいらっしゃるあらゆる菩薩が今学んでいるもの」と言われていることが注目される。言い換えれば、菩薩戒を学ばない（たもたない）ような菩薩は菩薩のうちに入らない。『瑜伽師地論』においては、菩薩戒を学ばないような菩薩が「菩薩の偽物」と呼ばれている。このことについては、第八章において確認する。

6　再開

もし四の他勝処法、四十四の違犯に陥ってしまった場合、ほかの、道徳性をたもっている仏教徒（部派仏教徒でも大乗仏教徒でもよい）に向かって懺悔したのち、菩薩律儀をたもつことを再開できる。ただし、現代の日本のように辺境の地であって、周囲に道徳性をたもっている仏教徒がいない場合、みずから、意楽によって、再犯しないことを決意するだけで、菩薩律儀をたもつことを再開できる。『瑜伽師地論』に次のようにある。

これら〔四十四の〕違犯すべては菩薩にとって悪事というかたちで総括されると知られるべきである。その語《ご》表《ひょう》（〝〔懺悔の〕ことばというあらわなもの〟）を理解すること、把握することについて能力を具えているであろう、誰か声聞乗の者あるいは大乗の者のもとで、〔悪事が〕懺悔されるべきである。もし菩薩が強い〔煩悩の〕占拠によって〔四の〕他勝処法〔のいずれか〕に陥るはめになり、彼によって〔菩薩戒〕律儀が捨てられたならば、ふたたびであっても、さらに〔菩薩戒律儀が〕受けられるべきである。もし中くらいの〔煩悩の〕占拠によって〔四十四の違犯のいずれかに〕陥るはめになったならば、彼によって三プドガラ（〝三個体〟）のもとで、あるいはそれ以上のもとで、悪事が懺悔されるべきである。まず、やってしまったことがらを述べてから、のちに、以下のことが語られるべきである。「具寿よ、顧みたまえ。わたしは〇〇という名で、菩薩の律からの逸脱、すなわち、述べたとおりのことがらにおける、悪事である違犯に陥っています。」

残りは、あたかも悪事を懺悔する比丘の場合のように、まさにそのようにあると知られるべきである。弱い〔煩悩の〕占拠によって、〔四の〕他勝処法〔のいずれか〕と、その他の〔四十四の〕違犯〔のいずれか〕があるのについては、他ならぬひとりに対し、面と向かって懺悔すると知られるべきである。

さらに、面と向かって懺悔すべき適切なプドガラ（〝個体〟）がいない場合、菩薩によって、〔みずからの〕意楽によって、ふたたびやってしまわないために、「これからは律儀がなされるべきだ」という心が起こされるべきである。そのようにして、彼はその違犯から脱したと言われるべきである。(15)

再三述べているが、日本においては、戒はたもち通さなければならないものであるかのように考えられがちである。それゆえに、初めから「自分にはとても無理だ」と萎縮されがちである。しかし、本来、戒は、たとえ違犯しても、何度でもたもち直せばよいものなのである。そのために懺悔があるのである。何度でもたもち直しているうちに、だんだん、たもてるようになってくる。そのことを目ざせばよいのである。

なお、菩薩律儀を完全に捨てることについては、第五章において確認したとおりである。

四　おわりに

本章において述べてきたことがらは以下のとおりである。

1　上座部、経量部、唯識派において、在家者は在家者の道徳性——優婆塞律儀/優婆夷律儀、近住律儀——を自分ひとりで受けることが可能である。

2　唯識派において、在家者は菩薩の道徳性——菩薩律儀——を自分ひとりで受けることも可能である。

第七章　中国偽経の戒はいかなる問題を有するか

一　はじめに

第一章において確認したとおり、仏教においては、われわれ欲界《よくかい》（〝欲望界〟）に属する者たちの仏教的な道徳性（morality）と仏教的な道徳律（moral code）とを意味する語として、表1のような語がある。

表1

仏教的な道徳性	仏教的な道徳律
戒（〝自戒〟） 妙行《みょうぎょう》（〝善行〟） 業（〝ふるまい〟） 律儀《りつぎ》（〝つつしみ〟） 〔以上、すべて同義語。〕	学処《がくしょ》（〝学びの基礎〟）

部派仏教の論においては、欲界に属する者たちの仏教的な道徳性として、おもに①十善業道と②七衆《しちしゅ》の別解《べつげ》脱律儀《だつりつぎ》とが説かれている（①は三界に属する者たちの共有）。大乗仏教の論においては、それらに加え、さらに③菩薩律儀が説かれている。

③菩薩律儀は菩薩戒とも呼ばれる。菩薩戒を説く『瑜伽師地論』本地分中菩薩地は、中国の南北朝時代の北朝（北

涼）において、曇無讖《どんむしん》（ダルマクシェーマ。三八五―四三三）によって『菩薩地持経』という名のもとに訳出された。そして、それに触発されて、北朝（北魏）において、菩薩戒を説く偽経『梵網経《ぼんもうきょう》』が撰述された。

『瑜伽師地論』において、菩薩は四の他勝処法と四十四の違犯という学処に従うことによってようやく菩薩戒をたもつことができる。それに対し、『梵網経』において、菩薩は十重戒と四十八軽戒という学処に従うことによってようやく菩薩戒をたもつことができる。

さらに、『梵網経』の十重戒をそのまま継承する偽経として、南朝において『菩薩瓔珞本業経《ぼさつようらくほんごうきょう》』が成立し、南北朝を統一した隋において『占察善悪業報経《せんさつぜんあくごうほうきょう》』が成立した。それによって、『菩薩瓔珞本業経』『占察善悪業報経』は『梵網経』の戒を解釈する際に広く用いられるようになった。

中国においては、七衆の別解脱律儀と、『梵網経』の菩薩戒とがともに受けられ、たもたれてきた。日本においても、奈良時代に鑑真（六八八―七六三）によって伝来されて以来、七衆の別解脱律儀と、『梵網経』の菩薩戒とがともに受けられ、たもたれてきた。しかし、平安時代に日本天台宗の祖、最澄（七六七―八二二）が七衆の別解脱律儀を破棄して以来、日本天台宗や、そこから派生した浄土宗、日本曹洞宗などにおいては、『梵網経』の菩薩戒だけが受けられ、たもたれている。

それら諸宗において、中国偽経の戒が受けられ、たもたれていることは、伝統保存の観点から尊重されるべきである。ただし、客観的に言って、中国偽経の戒には問題も多い。少なくとも、こんにち、仏教の正統的な在家者として生活したいと望む自由な個人が、中国偽経の戒を受け、たもつための理由は特にない。

本章においては、中国偽経の戒がいかなる問題を有するかについて確認したい。

二　原則の無視

第二章において確認したとおり、北伝仏教――少なくとも部派仏教の経量部と大乗仏教と――においては、道徳性――戒、妙行、業、律儀――は有情を悩まさないことを原則としている。しかるに、北伝仏教に準拠するはずの『梵網経』の菩薩戒は明らかにその原則を無視している。たとえば、同経の第一軽戒と第二十六軽戒とに次のようにある。

第一軽戒

もし仏の子が、国王の位を受けようとする時や、転輪聖王《てんりんじょうおう》（皇帝）の位を受けようとする時や、さまざまな役人の位を受けようとする時には、先に菩薩戒を受けるべきである。あらゆる鬼神は王の身やさまざまな役人の身を救護してくれるし、諸仏は歓喜してくださる。

戒を得た以上、孝行心や恭敬心を生ぜよ。上座（〝目上の出家者〟）や、和上（〝直接の師である出家者〟）や、阿闍梨《あじゃり》（〝師である出家者〟）や、偉大な同学（〝学び仲間〟）を見ては、立って礼拝せず、いちいちきまりどおりにせず、供養するにあたって、みずからわが身や国や城や男や女を売って、七種類の宝石類やさまざまな品々を彼に供給するというふうに、もしそういうふうにしないならば、軽垢罪を犯すことになる(1)。

第二十六軽戒

もし仏の子が、先に僧房のうちに住んでおり、のちに来客である菩薩比丘が僧房や家や都市や集落や国王の館に、しまいには、夏安居や大集会に入ってくるのを見たならば、先に住んでいた僧侶は出迎えし、見送りし、飲みものや食べものによって供養し、僧坊や宿舎や寝具や縄床をことごとく供給しなければならない。もし物がないならば、わが身や男や女のからだの肉を売って必需品を供給し、いずれも彼に与えるべきである。

もし檀家が来て僧侶たちを招いたならば、来客である僧侶にも利得の権利がある以上、僧房のリーダーは順番どおりに来客である僧侶を向かわせ、招きを受けさせるべきである。しかるに、先に住んでいた僧侶がひとりで招きを受け、来客である僧侶を向かわせないならば、僧房のリーダーは量りしれない罪を得、畜生と異ならないし、沙門でないし、釈迦の種族でないし、軽垢罪を犯すことになる(2)。


ここでは、出家者を供養するために、わが身や男や女を売るべきであると説かれている。仏教的な道徳性は有情を悩まさないことを原則としているのに、『梵網経』の菩薩戒は売られてゆく男や女を悩ませるのである。来中した西域の出家者、利渉《りしょう》（七―八世紀）は、『梵網経』に対する註釈（逸文）において、さすがにそのことに気づいている。凝然『梵網戒本疏日珠鈔』に次のようにある。


利渉は言っている。――

質問。わが身を売って〔僧侶を〕供養することは、敬いかたとして、宜《よろ》しいことである。国や城や男や女は、どうして売ってよいものだろうか。有情（男や女）を苦しめる者は菩薩ではないからである。

回答。〔男や女は、売られた先で〕師に仕え、法を学んで、すみやかに菩提《ぼだい》（〝悟り〟）を得る。菩提を得たのち、永劫にわたって多くの安楽がある。男や女を売ることは、〔男や女を〕一生のあいだ苦しめるが、この異熟《いじゅく》

（〝〔前世の業の〕むくい〟。現世の生）を出たのちは、〔男や女に〕あらためて多くの安楽がある。
弥勒（マイトレーヤ）はこのことについて良い教えをお持ちである。「もし妻、息子、女奴隷、男奴隷を施したり売ったりしたいならば、説法してやって心を歓喜させてのち、すばらしいところへ施し、楽しいところへ売る。もし悪いところならば、施したり売ったりすべきではない。[3]」

ここでは、弥勒の教えによって、『梵網経』がつじつま合わせをされている。弥勒の教えとは、『瑜伽師地論』本地分中菩薩地施品に他ならない。同論に次のようにある。

菩薩は、正しく言い聞かされていない、欲していない、気がすすんでいない、みずからの息子や妻、女奴隷、男奴隷、召使い、雇い人、家人を、希望者たる他者たちに与えない。たとえ正しく言い聞かされており、気がすすんでおり、欲しているにせよ、敵対者たちにも、夜叉、羅刹たちにも、粗暴なふるまいの者たちにも与えない。息子や妻、高貴な少年、良家の人を奴隷の身分に堕とさない。[4]

ここでは、むしろ、安易な人身売買がいましめられている。男や女を売ることに対し消極的な『瑜伽師地論』に較べ、供養のためとは言え、男や女を売ることに対し積極的な『梵網経』は、明らかに奇矯である。
筆者はインド仏教と中国仏教との両方を専攻しているからしばしば感じるのであるが、中国の偽経には、インドの大乗仏教に較べ、奇矯な主張をするものが多い。『梵網経』はその一例である。筆者はこのことを「偽経は奇矯」と呼んでいる。

わが身や男や女を売ってまで僧侶を供養せよというような奇矯な菩薩戒は、「たもて」と言うほうが無理である。たもてないような道徳性は道徳性たり得ない。その点において、『梵網経』の菩薩戒は始めから問題を有しているのである。

三　失戒不能説

『梵網経』においては、たとえ十重戒を犯して十重戒を失ったとしても、もし懺悔することによって好相（〝好ましい兆し〟）という神秘体験に出会ったならば、今生においてふたたび十重戒を得ることができると説かれている。同経の第四十一軽戒に次のようにある。

もしある者が〔十重戒を受けたのちに〕十重戒を犯したならば、〝懺悔して、仏像や菩薩像の前で、昼夜六回、十重四十八軽戒を誦えよ〟と教えよ。努力して三世のそれぞれ千仏を礼拝するに至ったならば、好相を見る。一週間か、二週間、三週間、ないし一年でかならず好相を見なければならない。相とは、仏がおいでになって頭頂部を撫でたり、光や花を見たりするような、さまざまな奇特な相なのであり、〔十重戒を犯した〕罪をただちに滅し得る。もし好相がないならば、いくら懺悔しても無益であって、その人は今生においてもはや戒を得られないが、〔来生にふたたび戒を受けるために、かつて今生において〕戒を受けたことを増大させ得る。

もしある者が〔四十八軽戒を受けたのちに〕四十八軽戒を犯したならば、上長に向かって懺悔することによって罪は滅する。(5)

ところが、『梵網経』を継承する『菩薩瓔珞本業経』においては、たとえ『梵網経』の十重戒を犯したとしても、十重戒を失うことはなく、懺悔の必要はないと説かれている。『菩薩瓔珞本業経』に次のようにある。

　仏の子よ、十無尽戒（十重戒）を受けたのちは、その受けた者は〔五蘊魔、煩悩魔、死魔、天子魔という〕四魔を超えるし、〔欲界、色界《しきかい》、無色界《むしきかい》という〕三界の苦を超えるし、今生から来生に至ってもこの戒を失わず、〔この戒は〕つねに人に随行し、しまいには仏となるまでに至る。

　仏の子よ、もし過去、未来、現在におけるあらゆる衆生がこの菩薩戒を受けないならば、情識（〝こころ〟）ある者と呼ばれないし、畜生と異ならないし、人と呼ばれないし、〔仏、法、僧という〕海のような三宝からつねにかけ離れるし、菩薩ではないし、男ではないし、女ではないし、鬼ではないし、人ではないし、畜生と呼ばれるし、邪見の者と呼ばれるし、異教徒と呼ばれるし、人の情（〝こころ〟）に近くない。

　ゆえに、菩薩戒においては、受けることという法があるにせよ、捨てることという法はないし、犯すことがあるにせよ、失うことはないのであって、未来の果てを尽くすとわかる。(6)

〔戒を〕有して〔戒を〕犯す者は、〔戒を〕有しないで〔戒を〕犯さない者よりましである。〔戒を有して戒を〕犯す者は菩薩と呼ばれ、〔戒を有しないで戒を〕犯さない者は異教徒と呼ばれる。それゆえに、〔十重戒を十等分するうち、〕一分だけ戒を受ける者は一分菩薩と呼ばれ、しまいには、二分、三分、四分と来て、十分が完全に戒を受けることと呼ばれる。それゆえに、菩薩の十重八万威儀戒となる。

　十重戒においては、〔戒を〕犯すことはあっても、懺悔〔の必要〕がない。〔犯した者に〕重ねて戒を受けさせることができる[7]。

第五章において確認したとおり、『瑜伽師地論』の菩薩戒は、今生において捨てられないかぎり、来生においても菩薩に随行する。ところが、『菩薩瓔珞本業経』の菩薩戒は、今生において受けたら二度と捨てられず、来生においても菩薩に随行する。

さらに、第六章において確認したとおり、『瑜伽師地論』の菩薩戒は、もし違犯してしまったならば、懺悔を必要とする。ところが、『菩薩瓔珞本業経』の菩薩戒は、もし違犯してしまったとしても、懺悔を必要としない。

『梵網経』の十重戒を受けたならば捨てることができず、十重戒を犯したとしても懺悔を必要としないという『菩薩瓔珞本業経』の解釈は、伝統的に、「一得永不失《いっとくようふしつ》」（〝ひとたび得たなら永遠に失われない〟）と呼ばれ、『梵網経』の菩薩戒に対する有力な解釈として盛んに用いられてきた。

受けたならば捨てることができず、犯したとしても懺悔を必要としないような道徳性は、たもってもたもたなくても変わりがなく、道徳性たり得ない。その点において、『菩薩瓔珞本業経』の菩薩戒は始めから問題を有しているのである。

四　自誓受戒説

『梵網経』『菩薩瓔珞本業経』『占察善悪業報経』においては、「自誓受戒《じせいじゅかい》」（〝みずから誓って戒を受けること〟）なるものが説かれている。

そもそも、「自誓受戒」という漢語は、もともと、部派仏教の説一切有部の『十誦律《じゅうじゅりつ》』に対する註釈である、後秦（三八四―四一七）の失訳『薩婆多毘尼毘婆沙《さつばたびにびばしゃ》』において、七種類の受戒のうちのひとつとして現われたものである。同論に次のようにある。

次に、大迦葉《だいかしょう》（マハーカーシャパ）は仏のもとに来詣して「仏はわが師であり、われは弟子である。世尊、善逝はわが師であり、われは弟子である」と言った。これが自誓受戒と呼ばれる。(8)

自誓〔受戒〕はただ大迦葉一人によって得られる。〔大迦葉のほかに〕あらためて〔自誓受戒を〕得る者はいない。(9)

この「自誓受戒」は、説一切有部の『阿毘達磨倶舎論』業品（舟橋一哉［1987：155］）において、十種類の進具《しんぐ》（ウパサンパド。〝〔比丘律儀を〕具えること〟。具足戒）のうちのひとつとして説かれている、「大迦葉が大師を信受することによる〔進具〕」に該当する。「自誓」は「信受すること」（アビウパガマ）の訳である。したがって、「自誓受戒」という語は、もともと、大迦葉が仏を信受することによって比丘律儀を具えたことを意味している。のちには、比丘は二百五十学処によって比丘律儀を具えるようになったが、大迦葉が比丘律儀を具えた時点においては、二百五十学処はいまだ制定されていなかった。

それに対し、『梵網経』『菩薩瓔珞本業経』『占察善悪業報経』においては、「自誓受戒」という語はかなり原意から離れて用いられている。以下、順に確認したい。

まず、『梵網経』『菩薩瓔珞本業経』において、「自誓受戒」という語は仏像の前で『梵網経』の菩薩戒を受けることを意味している（『菩薩瓔珞本業経』においては、『梵網経』の十重戒が菩薩戒として継承されている）。両経に次のようにある。

『梵網経』

もし仏の子が、仏が涅槃《ねはん》したまうてのちに、好ましい心によって菩薩戒を受けたいと望む時、仏像や菩薩像の前で自誓受戒するには、七日のあいだ、仏像の前で懺悔せよ。好相を見ることを得たならば、戒を得たことになる。

もし好相を得ないならば、二度目の七日、三度目の七日、しまいには一年で、かならず好相を得なければならない。好相を得たならば、仏像や菩薩像の前で戒を受けることを許される。もし好相を得ないならば、たとえ仏像の前で戒を受けたとしても、戒を得たことにならない。

もし先に菩薩戒を受けた法師の前で面と向かって戒を受ける時ならば、かならずしも好相を見なくてもよい。その法師は法師から法師へと面と向かって〔戒を〕授けられてきているのだから、好相を必要としないのである。そういうわけで、法師の前で戒を受けたならば、ただちに戒を得たことになる。重んずる心を生じたことによって、ただちに戒を得たことになるのである。

もし千里のうちに戒を授けることができる法師がいないならば、仏像や菩薩像の前で受けて戒を得ることが許されるが、かならず好相を見なければならない。(10)

『菩薩瓔珞本業経』

仏の子よ、戒を受けるには三種類の受けかたがある。

第一に、諸仏菩薩が現にいらっしゃる前で受けるならば、真実なる、上等な戒を得る。

第二に、諸仏菩薩が涅槃なさってのちに、千里のうちに先に戒を受けた菩薩がいるならば、法師となって自分に戒を教授してくださるよう要請し、自分から先に〔その菩薩の〕足を頂礼し、次のように「大尊者に、師となってわたしのために戒を授けてくださいますよう要請いたします」と語るべきであり、その弟子が正法戒を得るのは、中等な戒である。

第三に、仏が涅槃なさってのちに、千里のうちに法師がいない時、仏像や菩薩像の前で、ひざまずいて合掌し、自誓受戒し、次のように「わたくし誰それは全方向にいらっしゃる諸仏およびすでに偉大な地（菩薩の十地）に踏み入っている菩薩などに申し上げます。わたしはあらゆる菩薩戒を学びます」と言うべきであるのは、下等な戒である。二回目も三回目も以上のように説かれるべきである(11)。

第六章において確認したとおり、『瑜伽師地論』においては、自分ひとりで、仏像の前で『瑜伽師地論』の菩薩戒を受けることが認められている。『梵網経』『菩薩瓔珞本業経』は明らかにこれを模倣している。ただし、『瑜伽師地論』においては、仏像の前で『瑜伽師地論』の菩薩戒を受ける場合、好相は必要とされていないのに対し、『梵網経』においては、仏像の前で『梵網経』の菩薩戒を受ける場合、好相が必要とされている。『瑜伽師地論』においては、仏像の前で『瑜伽師地論』の菩薩戒を受ける場合、あくまで自分ひとりで受けるのに対し、『梵網経』においては、仏像の前で『梵網経』の菩薩戒を受ける場合、見えざる仏から受ける。それゆえに、見えざる仏から受けたという証拠として、好相が必要とされているのである。

そもそも、『梵網経』において、菩薩戒を受ける場合、好相が必要とされているのは、『瑜伽師地論』本地分中菩薩地戒品の漢訳のひとつである求那跋摩訳『菩薩善戒経・優波離問菩薩受戒法』にもとづいている。同経に次のようにある。


その時、〔菩薩戒を〕受ける者はみずから自分の身を、あたかも智者（菩薩戒を授ける戒師）が観ずるかのように、観ずる。その時、静かな処において、十方の諸仏を頂礼し、東のかた、〔仏〕像の前を向いて、右膝を地に着け、合掌して発言する。「大徳である、十方の諸仏、菩薩サンガよ、聴きたまえ。今、わたくし誰それは、菩薩戒を求めています。わたくしはすでに優婆塞戒を具えており、ないし智者の仕事を具えています。それゆえに、わたくしは十方の諸仏、菩薩サンガから菩薩戒を求めています。今、十方の諸仏、菩薩サンガがわたくしの心を観じ、わたくしにもし不信心（〝不信の心〟）、毀菩提心（〝悟りをそしる心〟）があり、悪心（〝悪の心〟）、虚誑心（〝いつわりの心〟）がありましたら、わたくしに戒を施さないでください。もしないのでしたら、わたくしに、憐れみをもって、戒を施してください。」

二回目も三回目も以上のようにする。

心を込めて黙然とし、専念に安住してのち、次のように発言する。「今、すでにわたくしに菩薩戒が施されたのでしたら、わたくしはすでに菩薩戒を得ています。それはなぜかというならば、十方の諸仏菩薩は他心智（〝心を読む智〟）によってわたくしの心を観じていらっしゃいます。わたくしに真実心があるのでしたら、〝すでにわたくしに戒が施された〟と、憐れみをもって、知らせてください。今、わたくしには師がありませんので、十方の諸仏菩薩を師としています。」

二回目も三回目も以上のようにする。

その時、十方の諸仏菩薩はただちに相を作って示すので、〝戒が得られた〟と知るべきである。十方の諸仏菩薩は諸大衆に告げる。「かの世界にいる誰それは本当に菩薩戒を受けた。われわれは、憐れみをもって、今すでに施した。今、この人には師がないので、われわれを師としている。われわれは、今、『わが法弟である』と護念する。」

ただちに立ち上がって、十方の諸仏菩薩に頂礼する。以上が自羯磨（〝自分での作法〟）である。(12)

『梵網経』において好相が必要とされているのは、おそらく、このうちの下線部にもとづいているのである。しかし、実のところ、下線部は誤訳であるらしい（山部能宜［2000：227］）。『瑜伽師地論』の梵文においては、この下線部は次のようにある。

さらに、このように戒律儀を受ける羯磨（カルマン。〝作法〟）が完了した直後に、十方における無辺無量の諸世界に住んでいる、居続けている、如来たちと、すでに大地《だいじ》（菩薩の十地）に入っている菩薩たちとのもとに、彼らが次のように「菩薩が菩薩戒律儀を受けることが完了したな」と思うようになるような、そのようなかたちの相（〝イメージ〟）が現われるという、そのことが法性《ほっしょう》（〝きまりごと〟）である。(13)

『瑜伽師地論』の原意においては、諸仏菩薩が好相を現わすのではなく、諸仏菩薩のもとに（〝誰それが菩薩戒を受けた〟という）相が現われるのである。

第五章において確認したとおり、そもそも、『瑜伽師地論』において、菩薩律儀——菩薩戒——は自分ひとりで受けるだけで得られると説かれているのは、『瑜伽師地論』において、律儀は自己の意楽《いぎょう》（〝こころざし〟）によって得られると説かれているからである。自己の意楽のみが必要なのであって、そのほかに好相はまったく必要ない。

大乗経においては、菩薩が罪悪を懺悔する場合、懺悔が認められた証拠として、好相が必要とされることがしばしばある（山部能宣［2000］が多くの例を集めている）。ただし、『瑜伽師地論』においては、菩薩が『瑜伽師地論』の菩薩戒を自分ひとりで受ける場合、好相は必要とされない。必要とされるのは、菩薩が『瑜伽師地論』の菩薩戒を他者から受ける場合と同様、意楽のみである。

それに対し、『梵網経』においては、菩薩が『梵網経』の菩薩戒を自誓受戒によって受ける場合、好相が必要とされ、『菩薩瓔珞本業経』においては、その好相すら必要とされなくなる。『梵網経』の菩薩戒を自誓受戒によって受けることは、意楽が必要とされない、単なる形式的な通過儀礼（イニシエーション）となっていかざるを得なかった。意楽が必要とされないような道徳性は道徳性たり得ない。その点において、『梵網経』『菩薩瓔珞本業経』の菩薩戒は始めから問題を有しているのである。

次に、『占察善悪業報経』において、「自誓受（戒）」という語は、『瑜伽師地論』の菩薩戒（律儀《りつぎ》戒《かい》、摂善法戒《しょうぜんほうかい》、饒益有《にょうやくう》情戒《じょうかい》）を自分ひとりで受け、それによって、律儀戒（七衆の別解脱律儀）のうち、比丘律儀、比丘尼律儀、沙弥律儀、沙弥尼律儀、式叉摩那律儀を具えることを意味している。同経に次のようにある。

さて次に、未来世の有情《うじょう》（〝生きもの〟）たちのうち、出家したいと求める者や、すでに出家した者は、もし、良い戒師や清らかなサンガを得ることができないせいで、「法にかなったかたちで戒を受けられるだろうか」と心の中で疑うようになったならば、ただただ、無上道（〝この上ない悟り〟）に向かう心を起こすことを学ぶことができ、かつ、身《しん》（〝からだ〟）、語《ご》（〝ことば〟）、意《い》（〝こころ〟）を清らかにすることができた上で、もしまだ出家していない者ならば髪を剃って法衣をまとい、上記のとおり願いを立て、菩薩律儀である三種戒聚を自誓受するがよい。〔その者は〕波羅提木叉《はらだいもくしゃ》という出家者の戒を完全に獲得したと呼ばれ、比丘や比丘尼と呼ばれる。ただちに、声聞の律蔵と、菩薩の学習対象であるマートリカー蔵（『菩薩地持経』＝『瑜伽師地論』本地分中菩薩地）とを探し求め、受持し、読誦し、観察し、修行するがよい[14]。

ここでは、比丘、比丘尼について書かれている箇所を引用したが、沙弥、沙弥尼、式叉摩那についても同様に書かれている。

先に確認したとおり、「自誓受戒」という語は、もともと、大迦葉が仏を信受することによって比丘律儀を具えたことを意味している。それに対し、『占察善悪業報経』においては、「自誓受〔戒〕」という語は、大迦葉以外の人々が菩薩戒を自分ひとりで受けるだけで比丘律儀、比丘尼律儀、沙弥律儀、沙弥尼律儀、式叉摩那律儀を具えることを意味している。「自誓受戒」はもともと大迦葉にしか許されないはずなのに、『占察善悪業報経』においては大迦葉以外の人々にも許されているのである。

第五章において確認したとおり、『瑜伽師地論』摂決択分《しょうけっちゃくぶん》においては、たとえ菩薩戒――律儀戒、摂善法戒、饒益有情戒――は自分ひとりで受けるだけで得られるにせよ、律儀戒――七衆の別解脱律儀――のうち、比丘律儀、比丘尼律儀、式叉摩那律儀はサンガからじきじきに学処を教えてもらわなければ得られない。

したがって、『占察善悪業報経』は『瑜伽師地論』に反している。隋の人である『占察善悪業報経』の作者は、『瑜伽師地論』本地分中菩薩地を北涼の曇無讖訳『菩薩地持経』によって読んでいたが、いまだ唐の玄奘訳『瑜伽師地論』摂決択分を読むことができなかった。それゆえに『瑜伽師地論』に反してしまったのである。

日本の大乗仏教においては、奈良時代に鑑真（六八八—七六三）らのサンガが来日するまで、出家者は『占察善悪業報経』を根拠として自誓受戒によって比丘律儀をたもっていた。彼らの一部は『占察善悪業報経』を根拠として鑑真らに反抗したが、鑑真の弟子である日本の普照《ふしょう》から『瑜伽師地論』を根拠として提示されるや、改心してあらためて鑑真らのサンガから受戒した。鑑真の弟子、思託《したく》が著した『延暦僧録』に次のようにある。

ただし、普照、鑑真、思託が〔日本に〕到着した頃をひとくぎりとして、聖朝（〝当代の天皇の治世〟）に至るまで、国全体が〔鑑真らに〕帰伏せず、無戒のままであって、伝戒のいわれを知らなかったし、僧侶の数も足りなかった。〔普照は〕まず維摩堂においてつぶさに〔伝戒のいわれを〕述べおわったが、それより以後は〔国全体が鑑真らに〕帰伏して受戒するようになった。

その中、志忠、霊福《りょうふく》、賢璟《けんけい》（七一四—七九三）は『占察善悪業報経』を引用して自誓受戒を容認していた。〔普照は〕ただちに『瑜伽師地論』摂決択分第五十三巻を用いて詰問した。「もろもろの戒は自誓受を容認されていますが、ただ声聞律儀だけは自誓受を容認されていません。もし自誓受を容認するならば、そのような律儀はまったく軌範なきものとなります。」

志忠、賢璟らは口を閉ざして答えられず、衣と鉢とを用意して受戒した。(15)

かくて、鑑真らのサンガの来日によって、奈良時代に、奈良の東大寺、下野の薬師寺、筑前の観世音寺に戒壇が設けられ、サンガから比丘律儀が授けられるようになった（比丘尼律儀、式叉摩那律儀は授けられなかった）。しかるに、平安時代に日本天台宗において比丘律儀が放棄され、そのほかの宗においても退廃が進んだ結果、比丘律儀をたもっている者、すなわち、それを授けられる者がいなくなり、戒壇は名ばかりとなる。

鎌倉時代に戒の復興を志し、宋に留学した俊芿《しゅんじょう》（一一六六―一二二七）は、帰国後、京都において、『占察善悪業報経』を根拠として出家者に自誓受戒によって比丘律儀をたもたせた。さらに、俊芿の死ののち、尊性《そんしょう》、如願《にょがん》、覚盛《かくじょう》（一一九四―一二四九）、叡尊《えいぞん》（一二〇一―一二九〇）は、奈良において、『占察善悪業報経』を根拠として自誓受戒によって比丘律儀をたもった。彼らは門下の出家者に比丘律儀を授け、特に、叡尊は女性出家者にも比丘尼律儀、式叉摩那律儀を授けた（松尾剛次［1995］第四章「尼への授戒――法華寺尼戒壇の成立」）。かくて、京都と奈良とにおいては、比丘律儀、比丘尼律儀、式叉摩那律儀がたもたれるようになった。元休『徹底章』（十四世紀）に次のようにある。

質問。南都《なんと》（奈良）と北京《ほっきょう》（京都）との律僧が三聚羯磨《さんじゅかつま》（〝〔律儀戒、摂善法戒、饒益有情戒という〕三つを受ける儀式〟）によって菩薩戒を受け、〔それによって〕比丘と号することはいかがでしょうか。

回答。まず、〔北京の〕泉涌寺の門流についていえば、かの寺の開山和尚（俊芿）は日本において律が断絶しているのを歎き、外国から律を伝えようという懇切な心を起こし、はるかに万里の波濤を凌いで、ふたたび両宗の骨目を伝えたのである。すなわち、建久十年（一一九九）〈干支は己未〉、海を渡って宋に滞在すること一紀（十年）、法を伝えること両宗に及び、建暦元年（一二一一）に帰朝した。

しかるに、サンガの構成員がいまだ足りていなかったため、十人の僧侶から〔比丘〕戒（比丘律儀）を受ける儀式はなかった。そのため、『占察善悪業報経』という確かな文を考慮し、智首先生（五六七―六三五）の註釈の内容をみずからの行ないとして、ひそかに自誓受戒の儀式を行なったのである。外的な儀式としては、南都と北京との、戒壇に登るという方法を敢えて保存している。それゆえに、自誓受戒の比丘については、南都は異議申し立てに及ぶこともあったにせよ、北嶺（比叡山。天台宗）はすっぱり文句をつけなかった。それ以来、あるいは自誓〔受戒〕、あるいは従他〔受戒〕を、南都と北京とは今に至るまで断絶していない。南都は通受比丘戒（〃比丘戒（比丘律儀）を〔菩薩戒のうちに〕一括して受けること〃）と呼び、北京は自誓比丘戒（〃比丘戒（比丘律儀）を自誓によって受けること〃）と呼んでいる。これは泉涌寺の受戒が濫觴なのである。

質問。『占察善悪業報経』は偽経である〈うんぬん〉というのはいかがでしょうか。

回答。智首『四分律疏』（散逸）はまさしくこれ（『占察善悪業報経』）を引用し、諸文献における、戒を得る人員の数を列挙している。南山（道宣。五九六―六六七）と霊芝（元照。一〇四八―一一一六）とは多くこれ（『占察善悪業報経』）をたのみとして引用している。また、〔道宣〕『大唐内典録』は〔『占察善悪業報経』を〕録のうちに入れ、「偽経」とは言っていない。〔『占察善悪業報経』を〕たのみとして引用することの利益は多い。〔『占察善悪業報経』を〕そしることは〔死後に〕餓鬼となる業を招きはしまいか。左にこれ（『占察善悪業報経』）を引用しておく。見るがよい。[16]

次に、南都の自誓受戒についていえば、泉涌寺の開山和尚（俊芿）が嘉禄三年（一二二七）〈干支は丁亥〉閏三月八日に遷化《せんげ》（〃死去〃）してのち、十年を過ぎて、嘉禎二年（一二三六）〈干支は丙申〉九月二日に東大寺法華堂において不空院照真〈号は尊性。五十七歳〉、唐招提寺如願〈号は慈禅。五十歳〉がともに自誓受戒した。同四日、唐招提寺覚盛〈号は窮情。四十三歳〉、西大寺叡尊〈号は思円。三十六歳。受戒ののち五十年たって、興正菩薩という号を賜わった〉がともに自誓受戒した〈西大寺叡尊ら四人は同時期に願を起こして自誓受戒したのである。つぶさには『南都自誓章』のとおりである〉。これもまた『占察善悪業報経』と〔守千〕『般若心経幽賛崆峒記』との文に依ったのである。

しかるに、南都においては、中川実範上人（?―一一四四）と菩提院蔵俊僧正（一一〇四―一一八〇）とは『占察善悪業報経』を用いず、通受（〝〔比丘戒を菩薩戒のうちに〕一括して受けること〟）によって比丘になることを許さず、ただ戒壇に登って〔比丘〕戒（比丘律儀）を受けることによってのみ比丘という呼び名を得るはずである〈うんぬん〉とおっしゃった。[17]

奈良において言われている「通受」とは、「別受」の対義語である。「別受」とは、『瑜伽師地論』の菩薩戒とは別個に比丘律儀、比丘尼律儀、式叉摩那律儀を受けることを意味しているし、「通受」とは、『瑜伽師地論』の菩薩戒のうちに一括して比丘律儀、比丘尼律儀、式叉摩那律儀を受けることを意味している。

第五章において確認したとおり、『瑜伽師地論』摂決択分においては、たとえ菩薩戒――律儀戒、摂善法戒、饒益有情戒――は自分ひとりで受けるだけで得られるにせよ、律儀戒――七衆の別解脱律儀――のうち、比丘律儀、比丘尼律儀、式叉摩那律儀はサンガからじきじきに学処を教えてもらわなければ得られない。しかし、奈良においては、『占察善悪業報経』にもとづいて、菩薩戒――律儀戒、摂善法戒、饒益有情戒――が自分ひとりで受けるだけで得られると同時に、律儀戒――七衆の別解脱律儀――のうち、比丘律儀、比丘尼律儀、式叉摩那律儀も得られると解釈されたのである。これが「通受」である。もちろん、「通受」は『瑜伽師地論』に反している。

ともあれ、鎌倉時代に、志ある出家者は『占察善悪業報経』にもとづいて自誓受戒によって戒をたもった。しかし、これもまた戦乱によって断絶する。

そののち、江戸時代に、諸宗において、志ある出家者が『占察善悪業報経』にもとづいて自誓受戒によって比丘律儀をたもった。しかし、それもまた明治五年（一八七二）の太政官布告第百三十三号「自今僧侶肉食妻帯蓄髪等可為勝手事」以降に断絶する。

現在、諸宗においては、自誓受戒によって比丘律儀をたもとうとする、志ある出家者は果たしているであろうか。ただし、自誓受戒によって比丘律儀をたもつことがもともと偽経『占察善悪業報経』にもとづいており、始めから問題を有している以上、たとえいなくても、それはそれで良いのかもしれない。

五　おわりに

本章において述べてきたことがらは以下のとおりである。

1　北伝仏教——少なくとも部派仏教の経量部と大乗仏教と——においては、仏教的な道徳性——戒、妙行、業、律儀——は有情を悩まさないことを原則としているが、北伝仏教に準拠するはずの偽経『梵網経』の菩薩戒はその原則を無視している。

2　『梵網経』を継承する偽経『菩薩瓔珞本業経』においては、菩薩が『梵網経』の十重戒を犯した場合、懺悔することは不要であり、十重戒を失うことはないと考えられている。

3　『梵網経』においては、『瑜伽師地論』本地分中菩薩地の古訳である『菩薩善戒経』の誤訳にもとづいて、菩薩が自誓受戒によって菩薩戒を受ける場合、好相が必要とされている。

4　『梵網経』を継承する偽経『占察善悪業報経』においては、自誓受戒によって比丘律儀、比丘尼律儀、式叉摩那律儀、沙弥律儀、沙弥尼律儀を具えることが大迦葉以外の人々にも許されている。

第八章　無戒の仏教徒はいかなる問題を有するか

一　はじめに

第一章において確認したとおり、仏教においては、われわれ欲界《よくかい》（〝欲望界〟）に属する者たちの仏教的な道徳性（morality）と仏教的な道徳律（moral code）とを意味する語として、表1のような語がある。

表1

仏教的な道徳性	仏教的な道徳律
戒（〝自戒〟） 妙行《みょうぎょう》（〝善行〟） 業（〝ふるまい〟） 律儀《りつぎ》（〝つつしみ〟） 〔以上、すべて同義語。〕	学処《がくしょ》（〝学びの基礎〟）

部派仏教の論においては、欲界に属する者たちの仏教的な道徳性として、おもに①十善業道と②七衆《しちしゅ》の別解脱律儀《べつげだつりつぎ》が説かれている（①は三界に属する者たちの共有）。大乗仏教の論においては、それらに加え、さらに③菩薩律儀が説かれている。

さて、仏教徒が仏教的な道徳性を受けるべきであることは言うまでもない。

しかし、仏教徒はもし仏教的な道徳性を受けないならば仏教徒たり得ないのであろうか。

この問題については、インドから日本に至るまで、さまざまに議論されてきた。日本においては、末法無戒に立脚する浄土真宗が、仏教徒はたとえ仏教的な道徳性を受けなくても仏教徒たり得るという立場に立っている。浄土真宗が末法無戒に立脚することは伝統保存の観点から尊重されるべきである。ただし、客観的に言って、無戒の仏教徒には問題も多い。少なくとも、こんにち、仏教の正統的な在家者として生活したいと望む自由な個人が末法無戒に立脚するための理由は特にない。

本章においては、無戒の仏教徒がいかなる問題を有するかについて確認したい。

二　インド仏教

仏教徒はもし仏教的な道徳性を受けないならば仏教徒たり得ないか。以下、この問題を、便宜上、七衆と菩薩とに分けて検討する。まず、七衆についてである。

Ⅰ　仏教徒はもし七衆の別解脱律儀を受けないならば七衆（比丘、比丘尼、式叉摩那、沙弥、沙弥尼、優婆塞、優婆夷）たり得ないか。

この問題については、インド仏教において、おおむね三つの説がある。

① 出家者はもし律儀を受けないならば比丘、比丘尼、式叉摩那、沙弥、沙弥尼たり得ないが、在家者はたとえ律儀を受けなくても優婆塞、優婆夷たり得るという説。
② 出家者と在家者とはもし律儀を受けないならば七衆たり得ないという説。
③ 出家者と在家者とはたとえ律儀を受けなくても七衆たり得るという説。

便宜上、原始仏教、部派仏教、大乗仏教に分けて検討する。

原始仏教

原始仏教においては、出家者はもし律儀を受けないならば比丘、比丘尼、式叉摩那、沙弥、沙弥尼たり得ないが、在家者はたとえ律儀を受けなくても優婆塞、優婆夷たり得るという説があった。上座部の『アングッタラ・ニカーヤ』（『増支部』）、説一切有部の『雑阿含経《ぞうあごんきょう》』に順に次のようにある。

じつに、マハーナーマよ、優婆塞が仏に帰依し、法に帰依し、僧に帰依することとなる。じつに、マハーナーマよ、それだけで優婆塞となるのである。(1)

さらに、マハーナーマンよ、白衣《びゃくえ》の者であり、居士であり、男根を具えている男が、仏に帰依し、法に帰依し、僧に帰依しており、さらに「わたしを優婆塞として憶持したまえ」と語を発する。それだけで優婆塞となるのである。(2)

これらにおいては、在家者は三帰依だけで優婆塞となると説かれている。したがって、これらに共通の祖形である原始仏教においては、在家者はたとえ律儀を受けなくても優婆塞、優婆夷たり得るという説があったと推測される。

部派仏教

部派仏教においては、上座部と、ガンダーラの説一切有部とにおいて、出家者はもし律儀を受けないならば比丘、比丘尼、式叉摩那、沙弥、沙弥尼たり得ないが、在家者はたとえ律儀を受けなくても優婆塞、優婆夷たり得るという説があった。この説は前掲の経にもとづいている。

上座部においては、前掲の経がそのまま踏襲されている。手っ取り早くは、『ウパーサカ・ジャナ・アランカーラ』（『荘厳優婆塞生類論』。浪花宣明［1987：70］）を見られたい。

ガンダーラの説一切有部においても、前掲の経がそのまま踏襲されている（福田琢［2004］、Giulio Agostini [2008]）。『阿毘達磨大毘婆沙論』業蘊に次のようにある。

ガンダーラの諸論師は言っている。「ただ三帰依を受けるだけで、律儀を欠くままで、すべて優婆塞となる。[3]」

しかし、カシミールの説一切有部においては、出家者と在家者とはもし律儀を受けないならば七衆たり得ないという説があった。『阿毘達磨大毘婆沙論』業蘊に次のようにある。

カシミールの諸論師は言っている。「ただ三帰依を受けるだけで、律儀を欠くままで、優婆塞と呼ばれることはない(4)。」

このことはヴァスバンドゥ（世親）『阿毘達磨倶舎論』業品（舟橋一哉［1987：171］）においても説かれている。ヴァスバンドゥはカシミールの説一切有部の説への不信をほのめかしている。

このほか、法蔵部においても、出家者と在家者とはもし律儀を受けないならば七衆たり得ないという説があった。さまざまな理由から法蔵部に属すると考えられている『毘尼母経《びにもきょう》』（平川彰［1989a：516–532］［1989c：167–170］）に次のようにある。

優婆塞とは、ただ三帰依のみならず、あらためて五戒が加わってのち、ようやく優婆塞と呼ばれうるのである(5)。

それに対し、経量部においては、出家者と在家者とはたとえ律儀を受けなくても七衆たり得るという説があったらしい。説一切有部のサンガバドラ（衆賢）『阿毘達磨順正理論』辯業品、『阿毘達磨蔵顕宗論』辯業品に次のようにある。

かつて〝経量部は戒のない沙弥や比丘がありえたりもすると執着している〟と聞いたことがある。その執着はただちにプーラナ［・カーシャパ］などの諸異教の見解に同ずる。仏教の主張ではない(6)。

プーラナ・カーシャパはいわゆる六師外道のひとりであって、有名な道徳否定論者である。サンガバドラ自身はカシミールの説一切有部の説を採っている。

先に確認したとおり、カシミールの説一切有部と、法蔵部とにおいては、在家者はもし律儀を受けないならば優婆塞たり得ないと説かれていた。ここで注目されるべきなのは、上座部の経と律とにおいては、歴史的ブッダと同時代の在家者たちは三帰依を受けるだけで優婆塞となっているが、それに対応する説一切有部と法蔵部との経と律とにおいては、歴史的ブッダと同時代の在家者たちは三帰依と五戒とを受けて優婆塞となっているという事実である（長井真琴［1922：137–151］）。カシミールの説一切有部と、法蔵部とにおいては、おそらく、このような経と律とにもとづいて、在家者はもし律儀を受けないならば優婆塞たり得ないと説かれていると考えられる。

ちなみに、中国からインドに留学した義浄（六三五—七一三）は、在家者はもし律儀を受けないならば優婆塞たり得ないと説いている。彼の著書『南海寄帰内法伝』に次のようにある。

師が五学処を授けてくれてのち、優婆塞と呼ばれる。(7)

インド留学中、義浄は説一切有部のサンガにおいて学んでいた。それゆえに、義浄は、説一切有部の正統説である、カシミールの説一切有部の説に準拠しているのである。

さらに、日本からチベットに留学した河口慧海《えかい》（一八六六—一九四五）も、在家者はもし律儀を受けないならば優婆塞たり得ないと説いている。彼の著書『在家仏教』に次のようにある。

併《しか》しその後僧《ご》宝も出来《でき》、また出家と在家との行法《ぎやうほふ》、即《すなは》ちそれら資格の戒律も定《さだま》つてからは、出家苾蒭《びつしゆ》は具足戒で、在家優婆塞《ウパーサカ》は三宝帰依は勿論《もちろん》五戒を受持する者と確定した。五戒を持《たも》たずして三宝に帰依する者を仏教信者と云《い》ふのである。（河口慧海［1926：190］。ふりがなを追加）

チベット仏教のサンガにおいては、説一切有部の律が用いられている。それゆえに、慧海は、説一切有部の正統説である、カシミールの説一切有部の説に準拠しているのである。

大乗仏教

大乗仏教においては、出家者はもし律儀を受けないならば比丘、比丘尼、式叉摩那、沙弥、沙弥尼たり得ないが、在家者はたとえ律儀を受けなくても優婆塞、優婆夷たり得るという説があった。『大般涅槃経《だいはつねはんきょう》』に次のようにある（Giulio Agostini [2008]）。

わたし（釈迦牟尼）は説いてやった。「もし良家の息子あるいは良家の娘であって諸根（男根あるいは女根）を具えている者が三帰依を受けるならば、それだけで優婆塞［あるいは優婆夷］と呼ばれるのである。」(8)

『大般涅槃経』の曇無讖訳に四十巻あるうち、巻十一以後は異訳である法顕訳と蔵訳とに対応箇所を有しない。上掲の文は、曇無讖訳のうち、その、法顕訳と蔵訳とに対応箇所を有しない部分にある。

ただし、巻十以前においても、在家者はたとえ律儀を受けなくても優婆塞、優婆夷たり得るという説はある。同経に次のようにある。

良家の息子よ、正法を護る優婆塞によっては、〔離害生命、離不与取、離欲邪行、離虚誑語、離飲諸酒という〕五学処は受けられるべきでない。優婆塞の律も行なわれるべきでない。戒と軌則と徳とを具えた比丘たちを護るために、弓矢と剣と小槍とが手にされるべきである。(9)

良家の息子よ、そういうわけで、比丘たちは武器を手にした優婆塞たちを先に立てて信頼して進むべきである。この大乗においては、優婆塞によって五学処は受けられるべきではなく、正法を護るために武器を手にしつつ、比丘たちが護られるべきである。(10)

なお、この説は優婆塞に武装を勧めるものではあるが、生命を害することを勧めるものではない。同経に次のようにある。

優婆塞たちと、家主、国王、大臣たちとが、持戒の比丘を護るために武器を取ること、そのことも戒であるとわたし（釈迦牟尼）は説くのであるが、されども殺すべきではない。これが最も善巧《ぜんぎょう》（〝巧み〟）な戒である。(11)

すなわち、『大般涅槃経』においては、在家者はたとえ律儀を受けなくても優婆塞たり得るにせよ、在家者が律儀をたもつことは勧められているわけである。結局のところ、『大般涅槃経』の説は、上座部と、ガンダーラの説一切有部との説と同じである。

さらに、『大般涅槃経』と同じく曇無讖によって漢訳された『優婆塞戒経』においても、『大般涅槃経』と同じことが説かれている。同経に次のようにある。

もし優婆塞が三帰依を受けてのち五戒を受けないでいても、優婆塞と呼ばれる[12]。

したがって、『大般涅槃経』『優婆塞戒経』は、少なくとも、カシミールの説一切有部と、法蔵部とに関わりなく成立したことがわかる。

次に、菩薩についてである。

Ⅱ　大乗仏教徒はもし菩薩律儀を受けないならば菩薩たり得ないか。

この問題については、『瑜伽師地論』に次のようにある。

その場合、「〔自分たちは〕菩薩である」という宣言のもとに活動し、かつ、菩薩学〔処〕のうちに正しく踏み入っていない菩薩たちなるもの、彼らは菩薩の偽物と知られるべきである。決して本物ではない。「〔自分たちは〕菩薩である」という宣言のもとに活動し、かつ、菩薩学〔処〕を正しく学んでいる〔菩薩たちなる〕もの、彼らは本物の菩薩と知られるべきである[13]。

ここでは、菩薩学処（第四章において確認した、四の他勝処法と四十四の違犯と）のうちに正しく踏み入っていない菩薩たちは菩薩の偽物であると説かれている。すなわち、大乗仏教徒はもし菩薩律儀を受けないならば菩薩たり得ない。

三　末法無戒説

ここまで、インド仏教について、次のような二つの問題を考えてみた。

Ⅰ　仏教徒はもし七衆の別解脱律儀を受けないならば七衆（比丘、比丘尼、式叉摩那、沙弥、沙弥尼、優婆塞、優婆夷）たり得ないか。

Ⅱ　大乗仏教徒はもし菩薩律儀を受けないならば菩薩たり得ないか。

第七章において確認したとおり、日本の大乗仏教においては、仏教徒はたとえ七衆の別解脱律儀を受けなくても七衆たり得るし、大乗仏教徒はたとえ菩薩律儀を受けなくても菩薩たり得るという説があった。すなわち、日本天台宗や、そこから派生した浄土宗、日本曹洞宗などにおいては、仏教徒／大乗仏教徒は偽経『梵網経《ぼんもうきょう》』の菩薩戒を受けるだけで七衆／菩薩たり得てきたのである。

ただし、厳密に言えば、日本の大乗仏教においては、偽経『梵網経』の菩薩戒すら受けなくても七衆／菩薩たり得るという説があった。いわゆる末法無戒説である。

末法無戒説とは、末法の世においては戒そのものがないという説である。日本においては、永承七年（一〇五二）

が末法の世の始まりと考えられていた。

具体的には、日本天台宗の開祖、最澄（七六七―八二二）に仮託される『末法灯明記《まっぽうとうみょうき》』に次のようにある。

末法の世においては、ただ名ばかりの比丘がいるにすぎず、この名ばかりの者が世におけるまことの宝となる。あらためて〔別個の〕福田《ふくでん》（〝福徳を生やす田んぼ〟。供養した者に福徳をもたらす比丘）はない。たとえ末法の世において戒をたもつ者がいたとしても、もはや奇怪である。あたかも「市に虎がいる」（『戦国策』魏策）というようなものであり、それを誰が信ずることができようか。(14)

さらに、浄土宗の開祖、法然（一一三三―一二一二）の語録『十二問答』に次のようにある。

この畳があることによってこそ、〔畳が〕破れているだの、破れていないだのということがある。まったくない畳については、どうして〔畳が破れているだの、破れていないだのと〕論じられようか。末法の世においては、〔まったく戒がないのだから、〕持戒もなく、破戒もない。「ただ名ばかりの比丘がいる」と、伝教大師（最澄）が『末法灯明記』に書いていらっしゃる以上、どうして持戒だの破戒だのという判別をしてよかろうか。(15)

現実に、初期の浄土宗はまさに末法無戒の実践者であった。たとえば、法然の弟子、安楽と住蓮とが言ったと伝えられることばとして、日本天台宗の慈円（一一五五―一二二五）『愚管抄』（一二二〇以降）に次のようにある。

この〔一向専修の〕行者になった以上、女犯《にょぼん》を好んでも、魚鳥を食らっても、阿弥陀仏は少しもとがめたまわない。一向専修に入って念仏のみを信じた以上、かならず末期《まつご》に〔極楽世界へ〕お迎えくださるぞ。(16)

さらに、法相宗の貞慶（一一五五―一二一三）『興福寺奏状』（一二〇五）に次のようにある。

専修は言っている。――囲碁、双六《すごろく》は専修に背かないし、女犯、肉食は極楽往生を妨げない。末法の世において戒をたもつのは、市に虎がいるようなものであり、恐れるべきこと、憎むべきことである。もし人が罪を怖れ、悪を憚《はばか》るならば、その人は仏を憑《たの》みとしない人である。(17)

しかし、このように無戒のままであっては、社会が不安定となる。それゆえに、浄土宗は危険なカルトとして他宗から訴えられ、為政者から取り締まられ、その結果、末法無戒説を取り下げ、たもてる範囲で戒をたもつようになっていった。具体的には、法然『七箇条起請文』（一二〇四）に次のようにある。

一、「念仏門に戒はない」と言い、もっぱら婬と酒と肉食とを勧め、まれに律儀をたもつ者を見ては「雑行《ぞうぎょう》の人」と呼び、却って「阿弥陀の本願を憑みとする者は悪を造ることを恐れるな」と説くことを停止すること。

右について。戒は仏法にとって大地である。もろもろの修行はまちまちであるが同じくこれに依っている。そういうわけで、善導和尚（六一三―六八一）は目を挙げて女性を見ようとはなさらなかった。その行状はもとの律を超えていらっしゃるほどである。浄土宗の徒は、もしそれに従わないならば、遠くは如来の遺してくださった

教えにそむき、近くは祖師のうるわしい業績にそむくことになる。すべて拠りどころをなくしてしまうというものである。(18)

それに対し、初期の浄土宗の末法無戒説をそのまま実践し続けたのは、浄土宗から分岐した浄土真宗である。浄土真宗の開祖、親鸞（一一七三―一二六三）の語録『歎異抄』に次のようにある。

阿弥陀仏の本願については、老人も若人《わこうど》も、善人も悪人も排除されず、ただ信心のみを必要とすると知るがよい。そのわけは、罪悪が重く、煩悩が盛んな衆生を助けるための本願なのである。そうである以上、本願を信じたならば、〔念仏より〕ほかの善も必要ではない。念仏にまさるはずの善はないのであるから。悪をも恐れてはならない。阿弥陀仏の本願をさまたげるほどの悪はないのであるから。(19)

これは、まさしく、先の法然『七箇条起請文』において停止されていた「阿弥陀の本願を憑みとする者は悪を造ることを恐れるな」という説に他ならない。

なお、浄土宗が末法無戒説を取り下げ、たもてる範囲で戒をたもつようになったのに対し、浄土真宗が末法無戒説をそのまま実践し続けたのは、浄土真宗においては、戒をたもつような自力作善《じりきさぜん》（〝自力で善をなす立場〟）の人は阿弥陀仏の他力本願の対象から漏れる恐れがあると考えられているからである。『歎異抄』に次のようにある。

そのわけは、自力作善の人は、ひとえに〔阿弥陀仏の〕他力にすがろうとする心が欠けているため、阿弥陀仏

の本願の対象ではないのである。(20)

そもそも、親鸞は末法の世においては善悪を判断する能力が人類にないと考えていた。『歎異抄』に次のようにある。

善悪の二つを〔自分は〕まったく存じない。そのわけは、如来のおこころが「善い」とお考えになるくらい〔自分が〕知りぬいたならば、「善い」ことを知ったことになるだろうし、如来が「悪い」とお考えになるくらい〔自分が〕知りぬいたならば、「悪い」ことを知ったことになるだろうが、煩悩具足の凡夫、火宅無常の世界は、よろずのことがみなそらごと、たわごとであって、まことがないのであり、ただ念仏のみがまことなのである。(21)

歴史的ブッダと同時代のインドの思想家である六師外道のうち、プーラナ・カーシャパは善悪を否定する道徳否定論者であった。親鸞は道徳否定論者ではないが、道徳不可知論者である。親鸞にとっては、末法の世においてそもそも善悪を判断する能力が人類にないのであり、それゆえに、人類は善悪を判断することを捨て、ただまことの心で念仏すべきなのである。

まことの心が起こっているならば、たとえ善悪を判断せずとも、自然に悪を行なわなくなる。親鸞の書簡集『末灯鈔』に次のようにある。

また、往生の信心は釈迦・阿弥陀がくださることによって起こると見えます以上、まさか、まことの心を起こしなさったのに、どうして昔のお心のままでいられるでしょうか。[22]

要するに、浄土真宗においては、いまだまことの心が起こっていない人々は、無戒のまま、悪を造るのを恐れないのであるが、すでに阿弥陀仏からいただいたまことの心が起こっている人々は、たとえ無戒であるにせよ、自然にまことの心に由来する道徳性——説一切有部的に言えば、たとえ別解脱律儀ではないにせよ、妙行——をたもつようになるのである。浄土真宗は、たとえ末法無戒に立脚するにせよ、決して不道徳を目標とするわけではない（この点については、新井俊一［2008］が示唆に富む）。

四　原則の無視

第二章において確認したとおり、北伝仏教——少なくとも部派仏教の経量部と大乗仏教と——においては、道徳性——戒、妙行、業、律儀——は有情を悩まさないことを原則としている。その点において問題となるのは、末法無戒説においては、自分によって悩まされる有情が何も考慮されていないことである。

北伝仏教——少なくとも部派仏教の経量部と大乗仏教と——においては、道徳性は有情を悩まさないことを原則としているのに対し、末法無戒説においては、有情を悩まさないことという原則が無視されている。末法無戒説は非情なのである。

伊藤左千夫（一八六四—一九一三）の小説『野菊の墓』（一九〇六）は千葉県松戸市矢切を舞台としており、登場人物たちは浄土真宗の東国門徒と考えられる。その末尾において、主人公政夫少年と二歳年上の従姉民子との仲を引き離し、結果的に民子を死へ追いやった、政夫の母が、政夫に向かって民子を死なせたことを悔やみ、次のように述べている。

「成程《なるほど》何もかもかうなる運命かも知らねど今度といふ今度私はよくよく後悔しました。俗に親馬鹿《おやばか》といふ事《こと》があるが、其《その》親馬鹿が飛《とん》でもない悪いことをした。親がいつまでも物の解《わか》つたつもりで居《ゐ》るが、大へんな間違《まちがひ》であつた。自分は阿弥陀様におすがり申して救ふて頂く外《ほか》に助かる道はない。政夫やお前は体を大事にしてくれ。思へば民子はなが年の間にもついぞ私にさからつたことはなかつたおとなしい児《こ》であつただけ、自分のした事が悔《くひ》られてならない、どうしても可愛想《かあいさう》で溜らない、民子が今はの時の事もお前に話して聞かせたいけれど私には迚《とて》もそれが出来ない。」（伊藤左千夫［1906：105–106］）

「自分は阿弥陀様におすがり申して救ふて頂く外に助かる道はない」という台詞《せりふ》は、良くも悪くも、末法無戒説の本質を示している。末法無戒説の本質は、被害者をなくすことではなく、加害者を救うことである。有情を悩まさないことを原則とする道徳性――戒、妙行、業、律儀――が被害者を未然になくすのに対し、末法無戒説は加害者を死後に救うのである。

末法無戒説は、結局のところ、加害者の気休めであって、被害者の助けにはならない。それが末法無戒説の本質的な不道徳性であり、消しえない問題点ではなかろうか。

先に引用した『末法灯明記』においては、「たとえ末法の世において戒をたもつ者がいたとしても、もはや奇怪である。あたかも『市に虎がいる』というようなものであり、それを誰が信ずることができようか」とあった。しかし、戒は有情を悩まさないことを原則としている以上、むしろ、戒をたもたない者、すなわち、有情を悩ませる者がいるほうが、あたかも市に虎がいるようで恐ろしい。

先ほど確認したとおり、浄土真宗においても、すでに阿弥陀仏からいただいたまことの心が起こっている人々は、たとえ無戒であるにせよ、自然に、まことの心に由来する道徳性——説一切有部的に言えば、たとえ別解脱律儀ではないにせよ、妙行——をたもつようになる。浄土真宗は、たとえ末法無戒に立脚するにせよ、決して不道徳性を目標とするわけではない。浄土真宗に属する人々は、自分によって悩まされる被害者をなくすために、妙行をたもつようになることを求められるであろう。

あるいは、浄土真宗においても、志ある人々は、たとえ自分が極楽世界に他力往生するために戒が不要であるにせよ、自分によって悩まされる被害者をなくすために戒をたもってもよいかもしれない。戒をたもつことが、もし自分が極楽世界に自力往生するためではなく、あくまで、自分によって悩まされる被害者をなくすためであるならば、阿弥陀仏の他力本願に反するとは思えないのである。

五　おわりに

本章において述べてきたことがらは以下のとおりである。

1　上座部と、ガンダーラの説一切有部と、大乗『大般涅槃経』と、『優婆塞戒経』とは、出家者が比丘、比丘尼、式叉摩那、沙弥、沙弥尼であるためには律儀は必要であるが、在家者が優婆塞、優婆夷であるためには律儀は必要でないと説いている。

2　カシミールの説一切有部と、法蔵部とは、出家者が比丘、比丘尼、式叉摩那、沙弥、沙弥尼であるためにも、在家者が優婆塞、優婆夷であるためにも、それぞれ律儀は必要であると説いている。
3　経量部の一部は、出家者が比丘、比丘尼、式叉摩那、沙弥、沙弥尼であるためにも、在家者が優婆塞、優婆夷であるためにも、それぞれ律儀は必要でないと説いている。
4　唯識派は、大乗仏教徒が菩薩であるためには菩薩律儀は必要であると説いている。
5　末法無戒説を奉ずる日本仏教の諸宗は、仏教徒が七衆であるためにも、大乗仏教徒が菩薩であるためにも、それぞれ律儀は必要でないと説いている。
6　有情を悩まさないことを原則とする道徳性――戒、妙行、業、律儀――が被害者を未然になくすのに対し、末法無戒説は加害者を死後に救う。

結論　セルフ授戒はなぜ日本仏教を興隆するか

一　はじめに

本書において述べてきたことがらは以下のとおりである。

序論においては、現代の日本において、仏教の正統的な在家者として生活したいと望む自由な個人は自分ひとりで戒を受け、たもつべきであることを確認した。

第一章においては、仏教において、戒が、出家者と在家者とに共通の戒である①十善業道、出家者と在家者との各々の戒である②七衆《しちしゅ》の別解脱律儀《べつげだつりつぎ》、大乗仏教の出家者と在家者とに共通の菩薩戒である③菩薩律儀へと展開したことを確認した。

第二章においては、北伝仏教――少なくとも部派仏教の経量部と大乗仏教と――において、戒が有情を悩まさないことを原則としていることを確認した。

第三章においては、仏教において、在家者の戒である優婆塞律儀／優婆夷律儀が五学処を学処とし、近住律儀が八支近住学処を学処としていることを確認した。

第四章においては、仏教において、菩薩戒である菩薩律儀が四の他勝処法と四十四の違犯とを学処としていることを確認した。

第五章においては、仏教において、戒は思《し》あるいは思の派生物を本質としており、在家者は上座部と経量部とにおいては心あるいは意楽《いぎょう》によって自分ひとりで優婆塞律儀／優婆夷律儀、近住律儀を受け、たもつことができるし、唯識派においては意楽によって自分ひとりでさらに菩薩律儀をも受け、たもつことができることを確認した。

第六章においては、現代の日本において、仏教の正統的な在家者として生活したいと望む自由な個人は、上座部、経量部、唯識派にしたがって、心あるいは意楽によって、自分ひとりで優婆塞律儀／優婆夷律儀、近住律儀、さらには菩薩律儀を受け、たもつことができることを確認した。

第七章においては、中国偽経の戒がさまざまな問題を有していることを確認した。

第八章においては、無戒の仏教徒がさまざまな問題を有していることを確認した。

本章においては、結論として、これらのまとめを行ないたい。

二　在家仏教

第五章において確認したとおり、仏教において、出家者の戒は、それをたもっている出家者のサンガ（〝出家者教団〟）からじきじきに受けないかぎり、得られない。

第七章において確認したとおり、古代において、日本の出家者は中国の鑑真（六八八―七六三）らのサンガが来日したことによってようやく出家者の戒を得られるようになった。日本においてはそれまでサンガが渡来していなかったため、日本の出家者はたとえ出家したにせよ出家者の戒を受けていなかった。要するに、日本の出家者は仏教の正統的な出家者ではなかったのである。

しかし、その後、百年を経ずして、日本天台宗の開祖、最澄（七六七―八二二）は鑑真がもたらした出家者の戒を捨て、偽経『梵網経』の菩薩戒――出家者と在家者とに共通の菩薩戒――のみをたもった。それにしたがって、日本天台宗においては、出家者は出家者の戒を受けず、偽経『梵網経』の菩薩戒のみを受けるようになった。

中世においては、日本天台宗から派生した、浄土宗、日本曹洞宗などにおいても、出家者は出家者の戒を受けず、偽経『梵網経』の菩薩戒のみを受けるようになった。さらに、浄土宗から派生した浄土真宗においては、出家者は偽経『梵網経』の菩薩戒すら受けなくなった。これによって、日本の出家者はふたたび仏教の正統的な出家者ではなくなったのである。

その半面、中世においては、真言律宗において、出家者が偽経『占察善悪業報経』にもとづいて自誓受戒によって出家者の戒を受け、たもつことも始められ、近世においては、諸宗を縦断するかたちで、少なからざる出家者が自誓受戒によって出家者の戒を受け、たもつようになった。

しかし、近代においては、明治五年（一八七二）の太政官布告第百三十三号「自今僧侶肉食妻帯蓄髪等可為勝手事」以降、諸宗において、多くの出家者が出家者の戒を受けなくなり始めた。

現代においては、ほとんどの出家者が出家者の戒を受けていないし、仮に受けたとしても、たもっていない。日本天台宗や、そこから派生した、浄土宗、日本曹洞宗などにおいては、今も偽経『梵網経』の菩薩戒が授けられ続けているが、すでに形式的な通過儀礼（イニシエーション）として授けられているにすぎず、事実上、ほとんどの出家者によってたもたれていない。

出家者の戒が出家者によって自主的になくされたことは、出家者がみずから決めたことであるから、それ自体として問題がない。むしろ、問題は在家者の戒が宙ぶらりんな状態に置かれたことにある。

通常、インド仏教において、在家者の戒は出家者の戒をたもっているサンガの一員からじきじきに受けることによって得られる。しかし、現代の日本においては、そのようなサンガの一員を見つけることがきわめて難しい。上座部仏教あるいはチベット仏教のサンガが進出してきている都市部においては、それらのサンガの一員から在家者の戒を受けることができるかもしれないが、そのような機会を得ることは多くの人々にとってほとんど不可能である。

結局のところ、現代の日本においては、出家者の戒は出家者によって自主的になくされたにせよ、在家者の戒は出家者によってなくされたわけでもなく、出家者から受けられるわけでもなく、宙ぶらりんな状態に置かれているのである。

したがって、現代の日本においては、仏教の正統的な在家者として生活したいと望む自由な個人は自分ひとりで在家者の戒を受け、たもつしかない。

このことは、すでに百年前に、河口慧海《えかい》（一八六六―一九四五）によって提唱されていた。もともと黄檗宗の出家者であり、チベットに留学した慧海は、帰国後、みずからを含む出家者の現状を反省して還俗し、『在家仏教』（一九二六）を著して、在家者が自分ひとりで在家者の戒をたもつ「在家仏教」を提唱した。

ただし、慧海は、たとえ在家者が自分ひとりで在家者の戒をたもつ「在家仏教」を提唱したにせよ、在家者が自分ひとりで在家者の戒を受け、たもつための手引きを提供しなかった。

それゆえに、本書はそのための手引きを提供したのである。

三　無教会仏教

在家者が自分ひとりで在家者の戒をたもつことは、在家者が日本の出家者の教団と別の道を歩むことを意味している。その点において、筆者は、「在家仏教」は現代の日本において必然的に「無教会仏教」へと向かうと考えている。「無教会仏教」という表現は、もちろん、内村鑑三（一八六一―一九三〇）が処女作『基督《きりすと》信徒の慰《なぐさめ》』（一八九三）において創始した「無教会キリスト教」を踏まえている。ただし、「無教会キリスト教」が教会への批判にもとづくのに対し、「無教会仏教」は決して出家者の教団への批判にもとづくわけではない。「無教会仏教」は単に仏教の正統的な在家者として生活したいと望む自由な個人の志にもとづくのみである。自分ひとりで在家者の戒をたもつ日本の在家者も、出家者の戒を自主的になくした日本の出家者も、ただただ、互いを尊重して、共存すればいいだけであると筆者は考えている。

出家者の戒を自主的になくした日本の出家者のうちには、「無教会仏教」という考えかたを批判する人もいるかもしれない。――〝仏教徒は仏宝、法宝、僧宝という三宝への帰依を必要とする。もしわれわれ日本の出家者に帰依しないならば、「無教会仏教」には三宝のうち僧宝が欠けることになる〟と。

しかし、それは誤解である。無教会仏教徒も三宝に帰依する。ただし、無教会仏教徒が帰依する僧宝は日本の出家者ではない。第六章において確認したとおり、無教会仏教徒が帰依する僧宝は、あくまで、インド仏教の上座部、経量部、唯識派いずれかの文献によって規定されているサンガである。

むしろ、インド仏教によるかぎり、日本の出家者に帰依することは僧宝に帰依することと認められない。なぜなら、インド仏教における僧宝とは、出家者の戒（比丘律儀／比丘尼律儀）をたもっている比丘のサンガあるいは比丘尼のサンガを意味しているからである。その意味においては、出家者の戒を自主的になくした日本の出家者は僧宝ではあり得ない。

「無教会仏教」は、決して、出家者の戒を自主的になくした日本の出家者と対立するものではない。そもそも、無教会仏教は、教会がないのであるから、日本の出家者の教団と競合することもない。むしろ、出家者の戒を自主的になくした日本の出家者であっても、せめて在家者の戒をたもちたい人は、無教会仏教にしたがって、自分ひとりで在家者の戒を受け、たもてばよいのである。すなわち、無教会仏教は、出家者の戒を自主的になくした日本の出家者と対立するどころか、重なり合うことすらできる。無教会仏教は、仏教の正統的な在家者として生活したいと望む自由な個人すべてに開かれている。

四　仏教の興隆

組織は腐敗を免れることができない。特に、宗教教団は、ひとたび作られて専従職員をひとりでも雇ったならば、たとえ宗教心が失われても、その専従職員（とその家族）を養うために、惰性で続けられざるを得なくなる。こんにち、人々はそのことをよく知っており、そのことについて、宗教教団に嫌悪をいだく人すらいる。

その点、無教会仏教は、教団を作らないことによって、組織につきものの腐敗を免れることができる。人を超えて向上していくことを求める者は、たとえ組織に加入しなくても、みずからの心において、各自、無教会仏教に参加すればよいのである。筆者は、たとえ筆者から見えなくとも、本書をきっかけに無教会仏教に参加する人々が一人また一人と現われて、静かな河の流れのように続いてくれることを願っている。

こんにち、日本においては、出家者の教団において仏教の衰退が危惧され、仏教の興隆のためにイベントによる人集めが行なわれているが、本当は、人々がブッダに倣い、人を超えて向上していくことを求め、そのために戒を受け、たもつことこそが、真の意味における仏教の興隆なのである。

本書によって、仏教の正統的な在家者として生活したいと望む自由な個人が自分ひとりで在家者の戒を受け、たもつことができるならば幸いである。

五　おわりに

本章において述べてきたことがらは以下のとおりである。

1　近代の日本においては、在家者が諸宗にたよらず自分ひとりで在家者の戒をたもつ仏教として、河口慧海が提唱した「在家仏教」があった。

2　現代の日本においては、「在家仏教」は必然的に「無教会仏教」となる。

3　人々がブッダに倣い、人を超えて向上していくことを求め、そのために戒を受け、たもつことこそが、真の意味における仏教の興隆である。

略　号

AKBh: *Abhidharmakośabhāṣya*, edited by Pralhad Pradhan, Patna: K. P. Jayaswal Research Institute, 1975.

AN: *Aṅguttaranikāya*, 5 vols., edited by Richard Morris and Edmund Hardy, London: Pali Text Society, 1885–1900.

BoBh: *Bodhisattvabhūmi*, edited by Nalinaksha Dutt, Patna: K. P. Jayaswal Research Institute, 1966.

D: Derge.

DBZ:『大日本仏教全書』仏書刊行会、一九一二―一九二二。

DDZ: 比叡山専修院附属叡山学院（編）『伝教大師全集』比叡山図書刊行所、一九二六―一九二七。

DN: *Dīghanikāya*, 3 vols., edited by Thomas William Rhys Davids and Joseph Estlin Carpenter, London: Pali Text Society, 1890–1911.

DNA: *Dīghanikāya-Aṭṭhakathā*（*Sumaṅgalavilāsinī*）, edited by Thomas William Rhys Davids, Joseph Estlin Carpenter, and William Stede, London: Pali Text Society, 1886–1932.

JA: *Jātaka*, 6 vols., edited by Viggo Fausbøll, London: Pali Text Society, 1877–1896.

KhPA: *Khuddakapāṭha-Aṭṭhakathā*（*Paramatthajotikā*）, edited by Helmer Smith, London: Pali Text Society, 1915.

MNA: *Majjhimanikāya-Aṭṭhakathā*（*Papañcasūdanī*）, 5 vols., edited by James Haughton Woods, Dharmananda Damodar Kosambi, and Isaline Blew Horner, London: Pali Text Society, 1922–1938.

MSABh: *Mahāyānasūtrālaṃkārabhāṣya*, edited by Sylvain Lévi, Paris: Librairie Honoré Champion, 1911.

MSg: *Mahāyānasaṃgraha*, in 長尾雅人［1987］.

NKBT:『日本古典文学大系』岩波書店、一九五七—一九六七。

NS: *Nandikasūtra*, in *A unique collection of twenty Sūtras in a Sanskrit manuscript from the Potala Volume I*, edited by Vinita Tseng, Vienna: Austrian Academy of Sciences Press, 2010.

NST:『日本思想大系』岩波書店、一九七〇—一九八二。

P: Peking.

PMA: *Paṭisambhidāmagga-Aṭṭhakathā*（*Saddhammappakāsinī*）, 3 vols., edited by Cintāmaṇa Vināyaka Joshi, London: Oxford University Press, 1933–1947.

PVSPP IV: *Pañcaviṃśatisāhasrikā Prajñāpāramitā IV*, edited by Takayasu Kimura, Tokyo: Sankibo Busshorin, 1990.

RGV: *Ratnagotravibhāga*, edited by Edward H. Johnston, Patna: Bihar Research Society, 1950.

SN: *Saṃyuttanikāya*, 5 vols., edited by Leon Feer, London: Pali Text Society 1884–1898.

SNA: *Saṃyuttanikāya-Aṭṭhakathā*（*Sāratthappakāsinī*）, 3 vols., edited by Frank Lee Woodward, 1929–1937.

SPS: *Saddharmapuṇḍarīka-sūtra*, edited by Hendrik Kern and Bunyiu Nanjio, St. Pétersbourg: Imprimerie de l'Académie Impériale des Sciences, 1908–1912.

ŚS: *Śikṣāsamuccaya*, edited by Cecil Bendall, St.-Petersbourg: Imprimerie de l'Académie Impériale des Sciences, 1902.

SZ: 石田瑞麿訳『親鸞全集』春秋社、一九八五—一九八六。

SZB: 石田瑞麿訳『親鸞全集別巻』春秋社、一九八七。

T:『大正新脩大蔵経』大正一切経刊行会、一九二四—一九三四。

VA: *Vinaya-Aṭṭhakathā* (*Samantapāsādikā*), 7 vols., edited by Junjirō Takakusu and Makoto Nagai, London: Pali Text Society, 1924–1947.

VP: *Vinayapiṭaka*, 5 vols., edited by Hermann Oldenberg, London: Pali Text Society, 1879–1883.

YBh: *Yogācārabhūmi*, edited by Vidhushekhara Bhattacharya, Calcutta: University of Calcutta, 1957.

ZKND:『増補改訂日本大蔵経』鈴木学術財団、一九七三—一九七八。

阿毘達磨集論研究会［2016］「梵文和訳『阿毘達磨雑集論』——安慧による冒頭偈」、『インド学チベット学研究』二〇、インド哲学研究会。

新井俊一［2008］「親鸞における無戒の論理」、『日本仏教学会年報』七四、日本仏教学会。

石原道博（編訳）［1985］『新訂　魏志倭人伝・後漢書倭伝・宋書倭国伝・隋書倭国伝　中国正史日本伝（1）』岩波書店、岩波文庫。

磯邊友美［2005］「*Śārdūlakarṇāvadāna* に見るチャンダーラの出家」、『龍谷大学大学院文学研究科紀要』二七、龍谷大学大学院文学研究科紀要編集委員会。

伊藤左千夫［1906］『野菊の墓』俳書堂。

岩井昌悟［2015］「不邪婬戒再考——風俗通いは許される？」、『印度学仏教学研究』六四・一、日本印度学仏教学会。

小野田俊蔵［2018］「〈調査報告〉青海チベット地区に於ける八斎戒の授戒儀礼」、『佛教大学宗教文化ミュージアム研究紀要』一四、佛教大学宗教文化ミュージアム。

喜田貞吉［1982］『喜田貞吉著作集10　部落問題と社会史』平凡社。

加藤純章［1989］『経量部の研究』春秋社。

加藤純章［1996］「羅什と『大智度論』」、『印度哲学仏教学』一一、北海道印度哲学仏教学会。

河口慧海［1926］『在家仏教』世界文庫刊行会。

阪本（後藤）純子［2018］「ヴェーダ祭式 Upavasatha と仏教 Uposatha「布薩」」、『印度学仏教学研究』六六・二、日本印度学仏教学会。

櫻部建、小谷信千代（訳）［1999］『倶舎論の原典解明　賢聖品』法藏館。

佐々木教悟［1985］『インド・東南アジア仏教研究Ⅰ　戒律と僧伽』平楽寺書店。

佐藤密雄（訳）［1991］『新訂増補　論事附覚音註』山喜房佛書林。

鯖田豊之［2007］『肉食の思想　ヨーロッパ精神の再発見』中央公論新社、中公文庫。

清水俊史［2017］『阿毘達磨仏教における業論の研究——説一切有部と上座部を中心に』大蔵出版。

生野善応［1975］『ビルマ仏教——その実態と修行』大蔵出版。

杉本卓洲［1999］『五戒の周辺　インド的生のダイナミズム』平楽寺書店。

長井真琴［1922］『根本仏典の研究』天地書房。

長尾雅人［1987］『摂大乗論　和訳と註解　下』講談社、インド古典叢書。

長崎法潤［1981］「仏教とジャイナ教——五戒、八斎戒を中心にして」、『仏教学セミナー』三四、大谷大学仏教学会。

中村元［1995］『中村元選集〔決定版〕第17巻　原始仏教の生活倫理』春秋社。

中村元、早島鏡正（訳）［1964］『ミリンダ王の問い3　インドとギリシアの対決』平凡社、東洋文庫。

浪花宣明［1987］『在家仏教の研究』法藏館。

並川孝儀［2011］『インド仏教教団　正量部の研究』大蔵出版。

平川彰［1989a］『平川彰著作集　第3巻　初期大乗仏教の研究Ⅰ』春秋社。

平川彰［1989b］『平川彰著作集　第4巻　初期大乗仏教の研究Ⅱ』春秋社。

平川彰［1989c］『平川彰著作集　第6巻　初期大乗と法華思想』春秋社。

平川彰［1990］『平川彰著作集　第7巻　浄土思想と大乗戒』春秋社。

平川彰［1993］『平川彰著作集　第14巻　二百五十戒の研究Ⅰ』春秋社。

平川彰［2000］『平川彰著作集　第12巻　原始仏教の教団組織Ⅱ』春秋社。

平野直子［2011］「教本類からうかがえる教学内容」、宗教情報リサーチセンター（編）（井上順孝責任編集）『情報時代のオウム真理教』春秋社。

福田琢［2004］「有部論書における三帰依と五戒」、『日本仏教学会年報』七〇、日本仏教学会。

藤田光寛［2013］『はじめての「密教の戒律」入門』セルバ出版、セルバ仏教ブックス。

藤田宏達［1964］「在家阿羅漢論」、『結城教授頌寿記念仏教思想史論集』大蔵出版。

藤田宏達［1975］「原始仏教の倫理思想」、『講座仏教思想3』理想社。

舟橋一哉［1987］『倶舎論の原典解明　業品』法藏館。

船山徹［1998］「『目連問戒律中五百軽重事』の原型と変遷」、『東方学報　京都』七〇、京都大学人文科学研究所。

船山徹［2017］『東アジア仏教の生活規則『梵網経』——最古の形と発展の歴史』臨川書店。

本庄良文［1988］「舟橋一哉著『倶舎論の原典解明　業品』」、『仏教学セミナー』四八、大谷大学仏教学会。

本庄良文［1989］『梵文和訳・決定義経・註』本庄良文私刊。

本庄良文［2014］『倶舎論註ウパーイカーの研究　訳註篇下』大蔵出版。

松尾剛次［1995］『勧進と破戒の中世史――中世仏教の実相』吉川弘文館。

松濤誠達［1992］「出家修行者とチャンダーラ」、『仏教学』三二、仏教思想学会。

水野弘元［1966］「舎利弗阿毘曇論について」、『金倉博士古稀記念　印度学仏教学論集』平楽寺書店。再録：水野弘元［1996］。

水野弘元［1996］『水野弘元著作選集　第1巻　仏教教理研究』春秋社。

宮内勝典［2000］『善悪の彼岸へ』集英社。

森章司［1997］「原始仏教時代の暦法について」、『「中央学術研究所紀要」モノグラフ篇No.1　原始仏教聖典資料による釈尊伝の研究【1】基礎研究篇Ⅰ』中央学術研究所。

森章司［2001］「在家阿羅漢について」、『東洋学論叢』二六、東洋大学文学部。

森章司、本澤綱夫［2002］「由旬（yojana）の再検討」、『「中央学術研究所紀要」モノグラフ篇No.6　原始仏教聖典資料による釈尊伝の研究【6】基礎研究篇Ⅱ』中央学術研究所。

山口益［1951］『世親の成業論』法藏館。

山崎元一［1986］『古代インド社会の研究　社会の構造と庶民・下層民』刀水書房。

山崎元一［1993］「古代インドの差別――シュードラと不可触民」、西順蔵・小島晋治（編）『増補　アジアの差別問題』明石書店。

山部能宜［2000］「『梵網経』における好相行の研究――特に禅観経典との関連性に着目して」、荒牧典俊（編）『北朝隋唐中国仏教思想史』法藏館。

渡瀬信之（訳註）［2013］『マヌ法典』平凡社、東洋文庫。

ケネス・タナカ［2010］『アメリカ仏教――仏教も変わる、アメリカも変わる』武蔵野大学出版会。

Giulio Agostini [2008], "Partial *Upāsakas*," in *Buddhist Studies* (*Papers of the 12th world Sanskrit conference vol. 8*), edited by Richard Gombrich and Cristina Scherrer-Schaub, Dehli: Motilal Banarsidass.

Siglinde Dietz [1984], *Fragmente des Dharmaskandha: Ein Abhidharma-Text in Sanskrit aus Gilgit*, Göttingen: Vandenhoeck & Ruprecht.

Sylvain Lévi [1929], "Autour d'Aśvaghoṣa," Journal Asiatique, Octobre-Décembre.

Kazunobu Matsuda [1986], *Newly Identified Sanskrit Fragments of the Dharmaskandha in the Gilgit manuscripts: (1) Sanskrit Fragments Transliterated, with an Appendix by Hajime Sakurabe*, Kyoto: Bun'eido.

Mark Tatz [1986], *Asaṅga's Chapter on Ethics with the Commentary of Tsong-kha-pa*, New York: Edwin Mellen Press.

Mark Tatz [1994], *The Skill in Means* (*Upāyakauśalya*) *Sūtra*, Delhi: Motilal Banarsidass.

註

序論

（1）『魏志』烏丸鮮卑東夷伝倭人条。

其行来渡海詣中国、恒使一人不梳頭不去蟣蝨衣服垢汚不食肉不近婦人如喪人、名之為持衰。若行者吉善、共顧其生口財物、若有疾病遭暴害、便欲殺之、謂其持衰不謹。（石原道博（編訳）［1985：110］）

第一章

（1）『瑜伽師地論』摂決択分中菩薩地。

byang chub sems dpa'i tsul khrims rnam pa gsum po gang yin pa de las gang yang rung ba zhig ma tshang na | byang chub sems dpa'i sdom pas bsdams pa yin par brjod par bya'am | bsdams pa ma yin par brjod par bya zhe na | bsdams pa ma yin par brjod par bya'o || tshul khrims rnam pa gsum po de dag las 'di lta ste | sdom pa'i tshul khrims 'di ni sdud par byed pa dang | 'byor par byed pa yin te | de bsdams shing bsrungs na de las gzhan pa dag kyang bsdams shing bsrungs par gyur la | de ma bsdams shing ma bsrungs na de las gzhan pa dag kyang ma bsdams shing ma bsrungs par 'gyur bas | de'i phyir byang chub sems dpa' sdom pa'i tshul khrims nyams na sdom pa thams cad nyams pa yin par brjod par bya'o || gang gzhan la grags par bya ba'i phyir dang | gzhan gyi ngo bya ba'i phyir dang |（D : P om. gzhan gyi ngo bya ba'i phyir dang |）gzhan gyis yang dag par len du bcug pa na | de len par byed par zad kyi | rang gi dad pas bsam pa thag pa nas rjes su brtags（D : rtags P）shing | sems can rnams la snying rje'i sems nye bar gzhag（D : bzhag P）ste | dge ba 'dod pas len par mi byed pa de yang bsdams pa ma yin par brjod par bya ste | de ni des dge ba yongs su rdzogs pa dang sbyor bar yang mi 'gyur la | de'i 'bras bu'i phan yon yang 'thob par mi 'gyur ro || de las bzlog pas ni sdom pas bsdams pa dang | dge ba yongs su rdzogs pa dang sbyor bar 'gyur ba dang | de'i 'bras bu phan yon yang 'thob par 'gyur bar rig par bya'o ||（D no. 4038, Zi 38b1–6; P no. 5539, 'I 41b4–42a2）

（2）『菩薩善戒経』。

比丘、比丘尼、式叉摩那、沙弥、沙弥尼、優婆塞、優婆夷菩薩摩訶薩、若欲受持菩薩戒者、先当浄心受七種戒。（巻四。T30, 982c）

（3）『菩薩善戒経・優波離問菩薩受戒法』。

菩薩摩訶薩成就戒、成就善戒、成就利益衆生戒、先当具足学優婆塞戒沙弥戒比丘戒。若言不具優婆塞戒得沙弥戒者、無有是処。不具沙弥戒得比丘戒者、亦無是処。不具如是三種戒者得菩薩戒、亦無是処。譬如重楼四級次第、不由初級至二級者、無有是処、不由二級至於三級、不由三級至四級者、亦無是処。（T30, 1013c–1014a）

第二章

（1）『摂大乗論』第四章第四節。

sbyin pa'i pha rol tu phyin pas sems can la phan 'dogs pa dang | tshul khrims kyi pha rol tu phyin pas sems can la gnod pa mi byed pa dang | bzod pa'i pha rol tu phyin pas gnod pa la ji mi snyam pa dang | brtson 'grus kyi pha rol tu phyin pas bya ba byed par 'gyur ba'i phyir | phan 'dogs pa'i rgyu 'di dag gis sems can rnams yongs su smin par bya ba'i lass u rung bar 'gyur ro || (MSg IV. 4)

（2）『大乗荘厳経論』第十六章。

sattvārtheṣu samyakprayukto bodhisatvas tiṣṛbhir dānaśīlakṣāntipāramitābhir yathākramaṃ tyāgenānupaghātenāupaghātamarṣaṇena ca sattvārthaṃ kurute.（MSABh 99, 9–10）

（3）『成実論』六業品。

又若人正行白業不悩他、取財而以布施亦不貪著、自持戒行、又不破戒前後眷属、則生欝単越。（巻八。T32, 302b）

（4）『大智度論』。

復次是菩薩生慈悲心、発阿耨多羅三藐三菩提。布施利益衆生、随其所須、皆給与之。持戒不悩衆生、不加諸苦、常施無畏。十善業道為根本。餘者是不悩衆生遠因縁。戒律為今世取涅槃故。婬欲雖不悩衆生、心繋縛故為大罪。以是故戒律中婬欲為初。白衣不殺戒在前。為求福徳故。菩薩不求今世涅槃、於無量世中、往返生死、修諸功徳。十善道為旧戒、餘律儀為客。（巻四十六。T25, 395bc）

（5）『大乗荘厳経論』第十六章。

dānādibhir bodhisatvasya sakalaḥ parārtho bhavati. yathākramaṃ（corr.：yathākrama）pareṣām upakaraṇāvighātaiḥ, aviheṭhaiḥ, viheṭhānāṃ（corr.：viheṭhanā）marṣaṇaiḥ, sāhāyyakriyāsv akhedaiḥ, ṛdhyādiprabhāvāvarjanaiḥ, subhāṣitasulapitaiś ca saṃśayacchedanāt. etasmāt parārthād bodhisatvasyātmārtho bhavati. parakāryasvakāryatvān mahābodhiprāptitaś ca. iti sakalaparārthādhikārāt ṣaṭ pāramitāḥ.（MSABh 99, 16–20）

第三章

（1）こんにち常用されているもの。沙弥の十学処（PV vol. I, 83）の前半のうち、非梵行が欲邪行に改められている。日本人初の上座部比丘、釈興然《しゃくこうねん》（一八四九—一九二四）が十九世紀にスリランカから日本へ持ち帰った五学処もこれである（長井真琴[1922：154]）。

[1] pāṇātipātā veramaṇī sikkhāpadaṃ samādiyāmi. [2] adinnādānā veramaṇī sikkhāpadaṃ samādiyāmi. [3] kāmesu micchācārā veramaṇī sikkhāpadaṃ samādiyāmi. [4] musāvādā veramaṇī sikkhāpadaṃ samādiyāmi. [5] surāmerayamajjapamādaṭṭhānā veramaṇī sikkhāpadaṃ samādiyāmi.

（2）『十誦律』。

尽寿離殺生是優婆塞戒。是中尽寿離殺生、若能持、当言「能」。尽寿離不与取是優婆塞戒。是中尽寿離不与取、若能持、当言「能」。尽寿離邪婬是優婆塞戒。是中尽寿離邪婬、若能持、当言「能」。尽寿離妄語是優婆塞戒。是中尽寿離妄語、若能持、当言「能」。尽寿離飲酒是優婆塞戒。是中尽寿離飲酒穀酒蒲萄酒甘蔗酒能放逸酒、若能持、当言「能」。

（3）『阿毘達磨法蘊足論』。

paṃcopāsakasya śikṣāpadāni. yāvajjīvaṃ prāṇātipātād viratir upāsakasya śikṣāpadam. yāvajjīvam adattādānāt kāmamithyācārān mṛṣāvādāt surāmaireyamadyapramādasthānād vairamaṇir upāsakasya śikṣāpadam.（DhS 80, 14–17）

（4）参考：『阿毘達磨法蘊足論』所引説一切有部阿含経。

prāṇātipātī khalv ihaiko bhavati raudro rudhirapāṇiḥ hataprahatanivisṭaḥ alajjī adayāvān sarvasattvaprāṇibhūteṣv antataḥ kuntapipīlakam api prāṇātipātād aprativirato bhavati.（Siglinde Dietz [1984: 80, 23–25]）

これを、『瑜伽師地論』に合わせ、次のように改訂。

*prāṇātipātikaḥ khalv ihaiko bhavati raudro rudhirapāṇiḥ hataprahatanivisṭo 'lajjātmano 'kṛpāpannaḥ sarvasattveṣu prāṇibhūteṣv antataḥ kuntapipīlakam api prāṇinam upādāya prāṇātipātād aprativirato bhavati.

（5）『瑜伽師地論』本地分中有尋有伺等三地。

prāṇātipātikaḥ khalu bhavatīty uddeśapadam idam. **raudro** vadhahiṃsācittapratyupasthānāt. **rudhirapāṇis** tadvadhasampādanāt kāyavikārāpatteḥ. **hataprahatanivisṭo** jīvitād vyavaropyāṅgaśo vibhajyājīvakalpanāt. **alajjātmano** 'vadyotpādanāt. **akṛpāpannaḥ** pareṣām aniṣṭopasaṃhāram upādāya. santi nirgranthā nāma pravrajitāḥ. ta evam āhuḥ. yojanaśatasyārvāg ye prāṇinas tebhyaḥ saṃvṛtā vā bhavanty asaṃvṛtā veti. tatpratipakṣeṇa **sarvasattveṣv** ity āhuḥ. ta eva punar evam āhur yathā vṛkṣādayo bāhyabhāvāḥ prāṇibhūtā iti. tatpratipakṣeṇa āhuḥ **prāṇibhūteṣv** iti. iti satpuṇyaviratipratipakṣaś ca khyāpito bhavati. asatpuṇyaviratipratipakṣaś ca khyāpito bhavati. ebhir yathānirdiṣṭaiḥ padair abhisaṃskāravadhaḥ paridīpitaḥ. **antataḥ kuntapipīlakam**（corr. : pipīlakam）**api prāṇinam upādāya** tena padenāparihāravadhaḥ paridīpito bhavati. **prāṇātipātād aprativirato bhavatī**ti sati pratyaye vyutthānāvakāśaḥ paridīpito yāvad aviratas tāvat prāṇātipātika iti. samāsārthaḥ punaḥ sarvair ebhiḥ padaiḥ prāṇātipātikaṃ liṅgaṃ prāṇātipātakriyā prāṇātipātanidānaṃ prāṇātipātavastukriyāprabhedaś ca paridīpito bhavati. aparaḥ samāsārthaḥ prāṇātipātaṃ kurvan yathā bhūto bhavati, yathā ca prāṇinaṃ ghātayati, yac ca prāṇinaṃ ghātayataḥ prāṇātipātikatvam asya bhavati tad etat paridīpitam. iti prāṇātipātikapudgalalakṣaṇaṃ caitat paridīpitaṃ na prāṇātipātalakṣaṇam.（YBh 171, 7–172, 13）

（6）『瑜伽師地論』摂決択分中有尋有伺等三地。

de la lag pas srog chags gsod na yang bsad pa yin par brjod par bya'o || bong ba'am dbyig pa'am mtshon cha'am bcing pa'am | go rar gzhug pa'am | zas gcad（D : bcad P）pa'am | gzhu ba'am | gnod par byas pa'am | brdeg pa'am | tha na gsang sngags sam | sman rnams sam | gshed byed dam byad（P : byed D）dam | ro langs dang ro langs byed la sogs pas gsod na yang bsad pa yin par brjod par bya'o || zang zing la sogs pa 'dod pas（D : pa P）gsod na yang bsad pa yin par brjod par bya'o || gnod pa byed du dogs pa'am | sha glan（klan P）par 'dod pa'am | chos 'dod pa'am | tha na dga' ba dang | rtsed mo'i phyir gsod na yang bsad pa yin par brjod par bya'o || rang gis gsod dam | gzhan dag gsod du bcug kyang rung | bsad na srog gcod pa byas pa yin par brjod par bya'o ||（D no. 4038, Zhi 134a2–5; P no. 5539, Zhi 140b1–4）

（7）『薩婆多毘尼毘婆沙』。

一時舎利弗以浄天眼見空中虫、如水辺沙、如器中粟、無辺無量。見已断食。経二三日、仏勅令食。凡制有虫水、斉肉眼所見漉水嚢所得耳。不制天眼見也。（巻八。T23, 552b）

（8）『高僧法顕伝』。

挙国人民悉不殺生、不飲酒、不食葱蒜。唯除旃荼羅。旃荼羅名為悪人、与人別居、若入城市、則撃木以自異。人則識而避之、不相搪揬。国中不養猪鶏、不売生口、市無屠店及沽酒者。貨易則用貝歯。唯旃荼羅漁（〝漁〟、三本宮本無）猟師売肉耳。（T51, 859b）

（9）『法華経』安楽行品。

katamaś ca mañjuśrīr bodhisattvasya mahāsattvasya gocaraḥ. yadā [ca] mañjuśrīr bodhisattvo mahāsattvo na rājānaṃ saṃsevate, na rājaputrān na rājamahāmātrān na rājapuruṣān saṃsevate na bhajate na paryupāste [nopasaṃkrāmati], nānyatīrthyāṃś carakaparivrājakājīvakanirgranthān na kāvyaśāstraprasṛtān sattvān saṃsevate na bhajate na paryupāste, na ca lokāyatamantradhārakān na lokāyatikān sevate na bhajate na paryupāste, na ca taiḥ sārdhaṃ saṃstavaṃ karoti. na cāṇḍalān na mauṣṭikān na saukarikān na kaukkuṭikān na mṛgalubdhakān na māṃsikān na naṭanṛttakān na jhallān na mallān, nānyāni pareṣāṃ ratikrīḍāsthānāni tāni nopasaṃkrāmati, na ca taiḥ sārdhaṃ saṃstavaṃ karoti, anyatropasaṃkrāntānāṃ kālena kālaṃ dharmaṃ bhāṣate, taṃ cāniśrito bhāṣate. śrāvakayānīyāṃś ca bhikṣubhikṣuṇyupāsakopāsikān（corr. : bhikṣubhikṣuṇyupāsakopāsikā）na sevate na bhajate na paryupāste, na ca taiḥ sārdhaṃ saṃstavaṃ karoti, na ca taiḥ saha samavadhānagocaro bhavati caṃkrame vā vihāre vā, anyatropasaṃkrāntānāṃ caiṣāṃ kālena kālaṃ dharmaṃ bhāṣate, taṃ cāniśrito bhāṣate. ayaṃ mañjuśrīr bodhisattvasya mahāsattvasya gocaraḥ.（SPS 275, 11–276, 11）

（10）法衆訳『大方等陀羅尼経』護戒分。

如汝所念、行者応修五事持諸戒性。所謂、不犯陀羅尼義。不謗方等経。不見他過。不讃大乗不毀小乗。不離善友常説衆生妙行。如是五事是行者業、不犯戒性。復次、善男子、不説上界所見。亦不説已（己?）所行好醜之事。亦応日日三時塗地。亦応日誦一遍。日一懺悔。如是五事是行者業、不犯戒性。復次、善男子、復有五事。若有比丘行此法者及与白衣、不得祭祀鬼神。亦復不得軽於鬼神。亦復不得破鬼神廟。仮使有人祭祀鬼神、亦不得軽。亦不得与彼人往来。如是五事是行者業、護戒境界。復次、善男子、復有五事。不得与謗方等経家往来。不得与破戒比丘往来。破五戒優婆塞亦不得往来。不得与獵師家往来。不得与常説比丘過人往来。如是五事是行者業、護戒境界。復次、善男子、復有五事。不得与脳皮家往来。不得与藍染家往来。不得与養蚕家往来。不得与圧油家往来。不得与掘伏蔵家往来。如是五事是行者業、護戒境界。復次、善男子、復有五事。不得与劫賊家往来。不得与偸盗家往来。不得与焼僧坊人往来。不得与偸僧祇物人往来。不得与乃至偸一比丘物人往来。如是五事是行者業、護戒境界。復次、善男子、復有五事。不得与畜猪羊鶏狗家往来。不得与星暦家往来。不得与婬女家往来。不得与寡婦家往来。不得与沽酒家往来。如是五事是行者業、護戒境界。善男子、如是七科五事、行者応深了観根原、然後捨離。其餘諸事亦復如是。（巻四。T21, 657bc）

（11）『成実論』三業品。

汝言〝自殺自罵亦得罪〟者、是事不然。若自苦身而得罪者、則無有人得生好処。所以者何。人於四威儀中常苦其身。然則一切常応得罪、如悩他人。是故無有得生好処。此事不然。当知不従自身有罪福也。（巻七。T32, 295b）

（12）『大智度論』。
罪福従悩他益他生。非自供養身自殺身故有罪有福。（巻十二。T25, 149a）

（13）『大智度論』。
復次殺他得殺罪、非自殺身。（巻十三。T25, 154c）

（14）参考：『阿毘達磨法蘊足論』所引説一切有部阿含経。
adattādāyī khalv ihaiko bhavati. sa grāmagatam araṇyagataṃ vā pareṣām adattaṃ steyasaṃkhyātam ādatte.（Siglinde Dietz [1984: 83, 27–28]）
これを、『瑜伽師地論』に合わせ、次のように改訂。
*adattādayikaḥ khalv ihaiko bhavati. sa grāmagatam araṇyagataṃ vā pareṣām adattaṃ steyasaṃkhyātam ādadāty adattādānād aprativirato bhavati.

（15）『瑜伽師地論』本地分中有尋有伺等三地。
adattādayikaḥ khalu bhavatīty uddeśapadam. **pareṣām**（corr. : apareṣām）iti paraparigṛhītaṃ dhanadhānyādivastu. **grāmagatam** iti（corr. : YBh om. **grāmagatam** iti）tad eva yad grāme sthāpitaṃ sañcāritaṃ vā. **araṇyagataṃ ve**ti yad araṇye jātaṃ vā saṃkṣiptaṃ vā sañcāritaṃ vā tad eva. **steyasaṃkhyātam** iti yad adattam atyaktam amuktam. **ādadātī**ti（corr. : ādadānīti）svīkaroti. adattādāyī kadācid upakaraṇavaikalyena svīkaraṇataḥ. adattarata iti tac cauryakarma samādāya vartanataḥ. adattātyaktāmuktapratikāṅkṣīti parāhṛtasvīkaraṇābhilāṣataḥ. tatra yad dāyakena svāminā na pūrvaṃ dattaṃ dānayogena tad adattam ity ucyate. yat svāminā pratigrāhakaṃ praty aparityaktaṃ tad atyaktam ity ucyate. yat svāminaiva sarvajanatāṃ prati yathākāmopādānaparibhogāyānisṛṣṭaṃ tad amuktam ity ucyate. steyaṃ（corr. : stenañ）cātmānaṃ pariharati, adattādāyitayādattaratatayā ca. lolupaṃ pariharati, adattātyaktā-

muktapratikānkṣaṇatayā. aśuddhaṃ pariharati, adhikaraṇaparājayāśuddhatayā. aśuciṃ pariharati, aparājitasyāpi taddoṣamalinatayā. sāvadyaṃ pariharati, dṛṣṭadharmasāmparāyikāniṣṭaphalahetuparigrahatayā. **adattādānād** (corr. : adattādānāt) **aprativirato** (corr. : prativirato) **bhavatī**ti prāṇātipātavad asyāpi vibhāgo draṣṭavyaḥ, tadanyeṣu ca karmapatheṣu. samāsārthaḥ punar yato 'paharan (corr. : YBh om. 'paharan) adattādāyī bhavati yatrasthaṃ yathābhūtopāyo 'paharan tataś cāpahārād yaṃ doṣam avāpnoty ayaṃ piṇḍārthaḥ. idam apy adattādāyikalakṣaṇaṃ nādattādānalakṣaṇaṃ veditavyam. tathā pariśiṣṭeṣv api. (YBh 172, 15–173, 15)

（16）『瑜伽師地論』摂決択分中有尋有伺等三地。

da la ngo mthon du gzhan gyi nor phrogs na yang ma byin par blangs pa yin par brjod par bya'o || 'jab bus rku'am (P : rku ba'am D) | khyim phug gam | mdud pa bkrol (D : bgrol P) lam | lam bgag ste ril gyis 'phrog gam | bu lon la dor byed dam | gtams pa la dor byed dam | g-yo dang sgyus brid de 'phrog gam | 'jigs pa bstan nam (P : tam D) | gzhan gyi g-yo thabs kyis sam | dbang du byas nas rang gis 'phrog gam | gzhan dag 'phrog tu bcug na yang | ma byin par blangs pa yin par brjod par bya'o || bdag gi don du 'phrog gam | gzhan gyi don du 'phrog gam | 'jigs pas 'phrog gam | gsad pa'i don nam | bcing ba'i don nam | gnod par bya ba'i don nam | longs spyod kyi don nam | bsnyen bkur gyi don nam | phrag dog gi rang bzhin nam | zhe sdang gis 'phrog na yang | thams cad ma byin par blangs pa yin par brjod par bya'o || (D no. 4038, Zhi 134a5–b1; P no. 5539, Zi 140b4–8)

（17）『成実論』十不善道品。

又若自然得物不名劫盗。（巻八。T32, 304c）

（18）参考：『阿毘達磨法蘊足論』所引説一切有部阿含経。

kāmamithyācārī khalv ihaiko bhavati. sa yās tā bhavanti parastriyaḥ parabhāryās tadyathā mātṛrakṣitā vā pitṛrākṣitā vā śvaśrūrakṣitā vā śvaśurarakṣitā vā jñātirakṣitā vā jātirakṣitā vā gotrarakṣitā vā sadaṇḍāḥ sāvaraṇāḥ sadaṇḍāvaraṇā antato mālāguṇaparikṣiptā api tadrūpāsu sahasā balenānupraskandya kāmeṣu cāritram āpadyati. (Siglinde Dietz [1984: 83, 27–28])

これを、『瑜伽師地論』に合わせ、次のように改訂。

*kāmamithyācārikaḥ khalv ihaiko bhavati sa yās tā bhavanti parabhāryāḥ paraparigṛhītās tadyathā mātṛrakṣitā vā pitṛrākṣitā vā bhrātṛrakṣitā vā bhaginīrakṣitā vā śvaśrūrakṣitā vā śvaśurarakṣitā vā jñātirakṣitā vā svayaṃrakṣitā vā sadaṇḍāḥ sāvaraṇāḥ sadaṇḍāvaraṇā antato mālāguṇaparikṣiptā api tadrūpāsu sahasā balenānupraskandya kāmeṣu cāritram āpadyate mithyācāritram āpadyate mithyācārād aprativirato bhavati.

（19）『瑜伽師地論』本地分中有尋有伺等三地。

kāmamithyācārikaḥ khalu bhavatīty uddeśapadam. **yās tā mātāpitrādirakṣitā** iti yathāpi tanmātāpitarau svāṃ duhitaraṃ patipariṇayananimittaṃ tadanyena saha maithunato gopayati rakṣati kālena kālam avalokayati. uparate vā punas tasmin sambandhena **bhrātrā** vā **bhaginyā** vā rakṣitā bhavati. tasmin vāsati **jñātirakṣitā** bhavati. tasminn asati svayam eva kule 'pratirūpam etad iti viditvā **svayam** ātmānaṃ rakṣati. **śvaśrūśvaśurābhyāṃ** vā rakṣitā bhavati svaputranimittam. **sadaṇḍā** rājayuktakuladaṇḍānītirakṣitatvāt. **sāvaraṇā** dvārapālarakṣitatvāt. sā khalv eṣāpariṇītāyās（corr. : eṣā pariṇītāyās）trividhārakṣā paridīpitā bhavati samāsataḥ. gurusnigdhajanāsvayamārakṣā（corr. : gurusnigdhajanāvalokanārakṣā）rājayuktakulārakṣā dvārapālārakṣā ca. **parabhāryā bhavati** saiva pariṇītā. **paraparigṛhītā** saivāpariṇītāpi（corr. : saivāpariṇītāpy）rakṣitā（corr. : arakṣitā）tribhir ārakṣaiḥ（corr. : arakṣai-）. **tadrūpāsu sahase**ti bhrāntiṃ janayitvā. **balene**ti paśyatāṃ sarveṣāṃ mātāpitrādīnāṃ prasahyānicchantīm. **anupraskandye**ti（corr. : anuskandyeti [ākramaṇeneti]）anicchantīm apaśyatāṃ corayanti. **kāmeṣu cāritram āpadyata** iti dvayadvayasamāpattir iha kāmo 'bhipretaḥ. **mithyācāritram āpadyata** ity anaṅgādeśākaleṣu ye svasyām api bhāryāyāṃ sāvadyā bhavanti. samāsārthaḥ punar yāṃ gacchato yathā gacchataḥ kāmamithyācāro bhavati tad etat paridīpitaṃ.（YBh 173, 16-174, 17）

（20）『瑜伽師地論』摂決択分中有尋有伺等三地。

de la 'jug par bya ba ma yin par 'jug na 'dod pa la log par g-yem pa yin par brjod par bya'o || yan lag ma yin par 'jug pa dang | dus ma yin par 'jug pa dang | gnas ma yin par 'jug pa na yang 'dod pa la log par g-yem pa yin par brjod par bya'o || de la ma la sogs pa dang | mas bsrungs pa la sogs pa mdo las ji skad gsungs pa rnams ni 'jug par bya ba ma yin pa zhes bya'o || skyes pa thams cad de rang gi dang | gzhan gyi yang 'jug par bya ba ma yin pa zhes bya'o || de la mngal gyi sgo ma gtogs pa de las gzhan pa'i yan lag rnams ni yan lag ma yin pa zhes bya'o || zla mtshan 'dzag pa dang | zla ba tshang ba dang | nu zho 'dzag pa dang | gso sbyong la gnas pa dang | nad ji lta bus thebs na 'khrig pa spyad du mi rung ba'i nad kyis（D : kyi P）thebs pa dang | de'i tshod las lhag pa ni dus ma yin pa zhes bya'o || de la tshod ni 'di yin te lan lnga'i bar du byed pa ni tshod yin no || de las lhag pa ni（P : 'i D）tshod（P : D ad. ni）ma yin no || de la bla ma lta bu rnams kyi nye 'khor dang | mchod rten gyi gnas rnams dang | skye bo mang po'i mngon sum dang | gang du de la gnod par 'gyur ba'i sa phyogs 'bar 'bur can nam | sra ba'am | de lta bu dang mthun pa'i gnas dag ni gnas ma yin pa zhes bya'o || de la rang 'gro na yang 'dod pa la log par g-yem pa yin par brjod par bya'o || gzhan dag la smyan byed du 'chol na yang 'dod pa la log par g-yem pa yin par brjod par bya'o || ngo mthon du 'gro ba'am | 'jab bur 'gro'am | g-yo dang sgyus（D : sgyu P）brid de 'gro'am | yid brtan te 'gro na yang 'dod pa la log par g-yem pa yin par brjod par bya'o ||（D no. 4038, Zhi 134b1–7; P no. 5539, Zi 140b8–141a7）

（21）『大智度論』。
非道之処、則非女根、女心不楽。強以非理、故名邪婬。（巻十三。T25, 156c）

（22）『尊婆須蜜菩薩所集論』。
妻人自守、若為人所守下至婬女華飾香丸、此当言「他女」。（巻二。T28, 734b）

（23）『大智度論』。
如是種種、乃至以華鬘与婬女為要。如是犯者、名為邪婬。（巻十三。T25, 156c）

（24）『大毘盧遮那成仏経疏』。
如西方法、若女人銜売女色、自官許已、有人与彼若干物、随爾所時、即是彼所摂也。然彼有人時、即於門置標、令他人知。異人見之、即知彼已有所護。若固爾干犯、即同邪行也。（巻十八。T39, 760a）

（25）『成実論』十不善道品。

問曰。婬女非婦。与之行婬、云何非邪婬。答曰。少時為婦。如比尼中説「是少時婦」乃至以一鬘遮故。（巻八。T32, 304c）

（26）『成実論』七不善律儀品。
成就邪婬謂非道行婬及婬女等。（巻八。T32, 302b）

（27）『十善業道経』。
anaṅgaṃ nāma mukhavarcomārgadārakadārikājaghanarandhrāḥ svahastaś ca.（*Daśākuśalakarmapathāḥ*, in: Sylvain Lévi [1929]）

（28）参考：『阿毘達磨法蘊足論』所引説一切有部阿含経。
sa sabhāgato vā parṣanmadhyagato vā rājakulamadhyagato vā yuktakulamadhyagato vā jñātikulamadhyagato vā sākṣīpṛṣṭaḥ san haṃ bhoḥ puruṣa yaj jānīṣe tad vada yan na jānīṣe tan mā [vo-] /// tan mā vocaḥ so 'jānaka eva saṃjānāmīty āha. apaśyaka eva saṃpaśyāmīty āha. jānann ena（sic!）san na jānāmīty āha paśyann eva san* na paśyāmīty āha ity ātmaheto paraheto āmiṣakiṃci（tka-）/// -dād aprativirato bhavati.（Kazunobu Matsuda [1986: 18, 5–12]）
これを、『瑜伽師地論』に合わせ、次のように改訂。
*mṛṣāvādikaḥ khalv ihaiko bhavati. sa sabhāgato vā parṣanmadhyagato vā rājakulamadhyagato vā yuktakulamadhyagato vā jñātikulamadhyagato vā sākṣīpṛṣṭaḥ san haṃ bhoḥ puruṣa yaj jānīṣe tad vada. yan na jānīṣe tan mā vocaḥ. yan na paśyasi tan mā vocaḥ. so 'jānaka eva saṃjānāmīty āha, apaśyaka eva saṃpaśyāmīty āha. jānann eva san na jānāmīty āha, paśyann eva san na paśyāmīty āha. ity ātmahetoḥ parahetor ubhayahetor bhayahetor āmiṣakiñcitkahetor vā samprajānan mṛṣāvācaṃ bhāṣate mṛṣāvādād aprativirato bhavati.

（29）『瑜伽師地論』本地分中有尋有伺等三地。
mṛṣāvādikaḥ khalu bhavatīty uddeśapadam. apṛthacchenyaḥ（Tibetan [D no. 4035, Tshi 88a7–b1; P no. 5536, Dzi 101b8–102a1] reads: **rgyal po 'i pho brang' khor** zhes bya ba ni rgyal po'i'o || **bskos pa** zhes bya ba ni de'i sna la gtogs pa'o || **'khor** zhes bya ba ni tshong pa'i sde tshan tha dad pa'o ||）**pariṣat** tāsāṃ samavāyaś cāturdiśasya janakāyasya. tribhir vyavahārair anubhūtaṃ yat taj jñānaṃ.

dṛṣṭenānubhūtaṃ dṛṣṭam eva. **ātmahetor** iti bhayahetor vāmiṣakiñcitkahetor vā. yath**ātmahetor** evaṃ **parahetor ubhayahetoḥ**. [**bhayahetor** iti] vadhabandhanajyānigarhaṇādibhayāt. **āmiṣakiñcitkahetor** iti dhanadhānyahiraṇyādinimittam. **samprajānan**（corr. : YBh om. samprajānan）**mṛṣāvācaṃ bhāṣata** iti vinidhāya saṃjñāṃ（corr. : YBh om. saṃjñāṃ）ruciṃ dṛṣṭiṃ bhāṣaṇāt. samāsārthaḥ punar adhikaraṇato 'nyathā bhāṣaṇato nidānataḥ saṃjñāvivādataś ca mṛṣāvādo veditavyaḥ.（YBh 175, 1–7）

（30）『瑜伽師地論』摂決択分中有尋有伺等三地。

de la bdag nyid kyi phyir brdzun smra na yang brdzun du smra ba yin par brjod par bya'o || gzhan gyi phyir ram 'jigs pa'i phyir ram zang zing cung zad tsam gyi phyir ma mthong bar mthong ngo zhes smra'am | ma thos pa dang | bye brag ma phyed pa dang | rnam par ma shes par rnam par shes so zhes smra'am | mthong ba la ma mthong ngo zhes smra'am | thos pa dang bye brag phyed pa dang | rnam par shes pa la rnam par ma（P : mi D）shes so zhes smras na yang brdzun du smra ba yin par brjod par bya'o || yi ge'i zur gyis bsgyur cing smra'am | cang mi smra bas de'i don dang du len tam | lus bsgyur ba'i mtshan mas ston par byed dam | mngon sum nyid du smra'am | gzhan dag smrar bcug na yang brdzun du smra ba yin par brjod par bya'o ||（D no. 4038, Zhi 134b7–135a2; P no. 5539, Zi 141a7–b2）

（31）『成実論』七不善律儀品。

成就妄語謂歌舞伎児（〝歌舞伎児〟、宮本作〝哥戯俳児〟）等。（巻八。T32, 302b）

（32）『成実論』十不善道品。

妄語者、若身口意誑他衆生令虚妄解、是名妄語。（巻八。T32, 305a）

（33）『瑜伽師地論』本地分中有尋有伺等三地。

caturṇāṃ punar akuśalānāṃ karmapathānāṃ surāmaireyasya pañcamasyopāsakaśikṣāsambandhenādīnavā uktā bhagavatā te 'pi vistareṇa veditavyāḥ, tad yathā nandikasūtre.（YBh 194, 17–18）

（34）『ナンディカ経』。

pañcatriṃśad ime nandikādīnavāḥ surāmaireyamadyapramādasthāne veditavyāḥ. katame pañcatriṃśat. 1）sāṃdṛṣṭikaṃ kośakṣayaḥ; 2）rogānām āyatanam; 3）kalahavigrahavivardhanam; 4）kaupīnasaṃdarśanam; 5）akīrtisaṃjananam; 6）prajñādaurbalyakaraṇam; 7）anadhigatāś ca bhogā nādhigacchanti, adhigataś ca bhogāḥ parikṣayaṃ paryādānaṃ gacchanti; 8）guhyaṃ ca vivṛnoti; 9）karmāntāś cāsya parihīyante; 10）daurbalyakaraṇaṃ ca bhavati; 11）amātṛjñaś ca bhavati; 12）apitṛjñaś ca bhavati; 13）aśrāmaṇyaś ca bhavati; 14）abrāhmaṇyaś ca bhavati; 15）na kulajyeṣṭhāpacāyako bhavati; 16）buddhe 'gauravo bhavati; 17）dharme 'gauravo bhavati; 18）saṃghe 'gauravo bhavati; 19）śikṣāsamādāne cāgauravo bhavati; 20）indriyeṣv aguptadvāro bhavati; 21）strīsu cātyarthaṃ pramādam āpadyate; 22）mitrāmātyajñātisālohitānāṃ cāgrāhyo bhavati; 23）bahulāmanaāpaś ca bhavati; 24）bahujanapratikūlaś ca bhavati; 25）adharmacārī bhavati; 26）akarmapratigrāhakaś ca bhavati; 27）saddharmaparivarjitaś ca bhavati; 28）apatrāpyaparivarjitaś ca bhavati; 29）na caiman vidvāṃsaḥ pratyayeṣu sthāneṣu paripraṣṭavyaṃ manyante; 30）pramādaṃ ca kṛtvopekṣako bhavati; 31）tathāgatavacane na saṃtiṣṭhati; 32）dūrībhavati nirvāṇāt; 33）unmattasaṃvartanīyaṃ ca karma karoty upacinoti; 34）kāyasya bhedāt paraṃ maraṇād apāyadurgativinipātanarakeṣūpapadyate; 35）sacet punas tataś cyuta itthatvam āgacchati, manuṣyāṇāṃ sabhāgatāyai, sa yatra yatropapadyate, tatra tatra unmatto bhavati mūḍhasmṛtiḥ. ime nandika pañcatriṃśad ādīnavāḥ surāmaireyamadyapramādasthāne veditavyāḥ.（NS 124; 126; 138; 130）

（35）『成実論』五戒品。

問曰。飲酒是実罪耶。答曰。非也。所以者何。飲酒不為悩衆生故。但是罪因。（巻八、五戒品。T32, 300b）

（36）沙弥の十学処の一部。

[1] pāṇātipātā veramaṇī sikkhāpadaṃ samādiyāmi. [2] adinnādānā veramaṇī sikkhāpadaṃ samādiyāmi. [3] abrahmacariyā veramaṇī sikkhāpadaṃ samādiyāmi. [4] musāvādā veramaṇī sikkhāpadaṃ samādiyāmi. [5] surāmerayamajjapamādaṭṭhānā veramaṇī sikkhāpadaṃ samādiyāmi. [6] vikālabhojanā veramaṇī sikkhāpadaṃ samādiyāmi. [7] naccagītavāditavisūkadassana-mālāgandhavilepanadhāraṇamaṇḍanavibhūsanaṭṭhānā veramaṇī sikkhāpadaṃ samādiyāmi. [8] uccāsayanamahāsayanā veramaṇī

sikkhāpadaṃ samādiyāmi.

（37）『阿毘達磨大毘婆沙論』。

如『契経』説、近住律儀具足八支。何等為八。謂、離害生命、離不与取、離非梵行、離虚誑語、離飲諸酒諸放逸処、離歌舞倡伎、離塗飾香鬘、離高広床、離非時食。（巻百二十四。T27, 647b）

第四章

（1）『瑜伽師地論』本地分中菩薩地戒品。

evaṃ ca śīlasaṃvaravyavasthitasya bodhisattvasya catvāraḥ pārājayikasthānīyadharmā bhavanti. katame catvāraḥ. （BoBh 108, 12–13）

（2）『瑜伽師地論』本地分中菩薩地戒品。

lābhasatkārādhyavasitasyātmotkarṣaṇā parapaṃsanā bodhisattvasya pārājāyikasthānīyo dharmaḥ. （BoBh 108, 13–14）

（3）『虚空蔵菩薩経』。

punar aparam ādikarmikā bodhisattvā dvijihvikā bhavanty anyathā nidarśayanti. idaṃ ca mahāyānaṃ kīrtiśabdaślokārthaṃ lābhasatkārahetoḥ paṭhanti svādhyāyanti dhārayanti vācayanti deśayanti pareṣāṃ ca śrutamātram upadiśanti. evaṃ ca vakṣyanti. vayaṃ mahāyānikā nānye. te pareṣām īrṣyāyanti lābhasatkārahetor yatas te labhante upabhogaparibhogān parebhyas tatpratyayāt te prakupyanti teṣāṃ cāvarṇaṃ niścārayanti kutsanti paṃsayanti vijugupsanti. ātmānaṃ cotkarṣayanti na tān. atas te īrṣyahetunā cottarimanuṣyadharmair ātmānaṃ vijñapayanti. tatas te tena vastunā patitāḥ parājitā mahāyānasukhād etāṃ mahāgurukām āpattim āpadyante yayāpāyagāmino bhavanti. yathā kaścit puruṣo ratnadvīpaṃ gacched gantuṃ nāvā samudram avatarate sa mahāsamudre svayam eva tāṃ nāvaṃ bhindyāt tatraiva maraṇaṃ nigacched evam eva ye ādikarmikā bodhisattvā mahāguṇasāgaram avatartukāmā īrṣyāhetos tad vadanti. tatpratyayāt te śraddhānāvaṃ bhittvā prajñājīvitena viyogaṃ prāpnuvanti. evaṃ te bālā ādikarmikā bodhisattvā īrṣyāhetor anṛtapratyayā mahāgurukām āpattim āpadyante. iyaṃ pañcamī mūlāpattir ādikarmikasya bodhisattvasya. （ŚS 61, 21–62, 11）

（4）『瑜伽師地論』本地分中菩薩地戒品。
satsu saṃvidyamāneṣu bhogeṣu lobhaprakṛtitvāt duḥkhiteṣu kṛpaṇeṣv anātheṣv apratiśaraṇeṣu（corr.：apratiśaraṇeṣv）samyagayācakeṣu（corr.：asamyagayācakeṣu）pratyupasthiteṣu nairvṛṇyād āmiṣāvisargo dharmamātsaryāc cārthināṃ samyakpratyupasthitānāṃ dharmāṇām asaṃvibhāgakriyā bodhisattvasya pārājayikasthānīyo dharmaḥ.（BoBh 108, 14–18）

（5）『瑜伽師地論』本地分中菩薩地戒品。
yad api bodhisattvas tadrūpaṃ krodhaparyavasthānam anuvṛṃhayati yena tato na vākpāruṣyaniścāraṇamātrakeṇa nivartate. krodhābhibhūtaḥ pāṇinā vā loṣṭena vā daṇḍena vā śastreṇa sattvāṃs tāḍayati vihiṃsayati viheṭhayati. krodhāśayam eva ca tīvram antarākṛtvā pareṣām antikād vyatikramasaṃjñaptiṃ na pratigṛhṇāti na kṣamate nāśayaṃ vimuñcati. ayam api bodhisattvasya pārājayikasthānīyo dharmaḥ.（BoBh 108, 18–22）

（6）『瑜伽師地論』本地分中菩薩地戒品。
bodhisattvapiṭakāpavādaḥ saddharmapratirūpakāṇāṃ ca rocanā dīpanā vyavasthāpanā svayaṃ vā saddharmapratirūpakādhimuktasya pareṣāṃ cānuvṛttyā bodhisattvasya pārājayikasthānīyo dharmaḥ.（BoBh 108, 23–25）

（7）『瑜伽師地論』本地分中菩薩地戒品。
itīme catvāraḥ pārājayikasthānīyā dharmāḥ. yeṣāṃ bodhisattvo 'nyatamānyatamaṃ dharmam adhyāpadya prāg eva sarvān abhavyo bhavati dṛṣṭe dharme vipulasya bodhisattvasaṃbhārasyopacayāya parigrahāya. abhavyo bhavati ca dṛṣṭe dharme āśayaviśuddheḥ. [sa] bodhisattvapratirūpakaś ca bhavati. no tu bhūto bodhisattvaḥ.（BoBh 108, 25–109, 2）

（8）『瑜伽師地論』本地分中菩薩地戒品。
evaṃ bodhisattvaśīlasaṃvarasthitasya bodhisattvasyāpattir api veditavyā, anāpattir api kliṣṭāpy akliṣṭāpi mṛdvī madhyādhimātrāpi.（BoBh 109, 21–22）

（9）『瑜伽師地論』本地分中菩薩地戒品。

evaṃ bodhisattvaśīlasaṃvarasthito bodhisattvaḥ pratidivasaṃ tathāgatasya vā tathāgatam uddiśya caitye dharmasya vā dharmam uddiśya pustakagate ʼpi bodhisattvasūtrapiṭake [bodhisattvasūtrapiṭaka]mātṛkāyāṃ vā saṃghasya vā yo ʼsau daśasu dikṣu mahābhūmipraviṣṭānāṃ bodhisattvānāṃ saṃghaḥ kiñcid evālpaṃ vā prabhūtaṃ vā pūjādhikārikam akṛtvāntata ekapraṇāmam api kāyenāntato guṇān ārabhya buddhadharmasaṃghānām ekacatuṣpadāyāpi gāthāyāḥ pravyāhāraṃ vācā antata ekaprasādam api buddhadharmasaṃghaguṇānusmaraṇapūrvakaṃ cetasā rātriṃ divam atināmayati sāpattiko bhavati sātisāraḥ. sa ced agauravād ālasyakausīdyād āpadyate kliṣṭām āpattim āpanno bhavati. sa cet smṛtisaṃpramoṣād āpadyate akliṣṭām āpattim āpanno bhavati. anāpattiḥ kṣiptacetasaḥ. anāpattiḥ śuddhāśayabhūmipraviṣṭasya. tathāhi śuddhāśayo bodhisattvaḥ tad yathā avetyaprasādalābhī bhikṣur (corr. : bhikṣar) nityakālam eva dharmatayā śāstāraṃ paricarati paramayā ca pūjayā pūjayati dharmasaṃghaṃ ca. (BoBh 109, 23–110, 11)

（10）『瑜伽師地論』本地分中菩薩地戒品。

bodhisattvo mahecchatām asantuṣṭiṃ lābhasatkāragardham utpannam adhivāsayati sāpattiko bhavati sātisāraḥ kliṣṭām āpattim āpadyate. anāpattis tatprahāṇāya cchandajātasya vīryam ārabhatas tatpratipakṣaparigraheṇa tatpratibandhāvasthitasya prakṛtyā tīvrakleśatayābhibhūya punaḥ punaḥ samudācāraṇāt. (BoBh 110, 12–15)

（11）『瑜伽師地論』本地分中菩薩地戒品。

bodhisattvo vṛddhatarakaṃ guṇavantaṃ satkārārhaṃ sahadhārmikaṃ dṛṣṭvā mānābhinigrahīta āghātacittaḥ pratighacitto vā utthāyāsanaṃ nānuprayacchati. paraiś cālapyamānaḥ [saṃlapyamānaḥ] pratisammodyamānaḥ paripṛṣṭaś ca na yuktarūpeṇa vāk pratyudāhāreṇa pratyupatiṣṭhate mānābhinigṛhīta eva āghātacittaḥ pratighacitto vā sāpattiko bhavati sātisāraḥ kliṣṭām āpattim āpadyate. no cen mānābhinigṛhīto nāghātacittaḥ pratighacitto vāpi tv ālasyakausīdyād avyākṛtacitto vā smṛtisaṃpramoṣād [vā] sāpattika eva bhavati sātisāro no tu kliṣṭām āpattim āpadyate. anāpattir vāḍhaglānaḥ syāt kṣiptacitto vā. anāpattiḥ [suptaḥ] syād ayaṃ ca prativibuddhasaṃjñī upaśliṣyed ālapet saṃlapet pratisammodayet paripṛcchet. anāpattiḥ pareṣāṃ dharmadeśanāyāṃ prayuktasya sāṃkathyaviniścaye vā. anāpattis tadanyeṣāṃ pratisaṃmodayataḥ. anāpattiḥ pareṣāṃ dharmaṃ deśayatām avahitaśrotrasya śṛṇvataḥ sāṃkathyaṃviniścayaṃ vā. anāpattir dharmasaṃkathāvirasatāṃ dhārmakathikacittaṃ cānurakṣataḥ. anāpattis tenopāyena teṣāṃ sattvānāṃ damayato vinayato 'kuśalāt sthānād vyutthāpya kuśale sthāne pratiṣṭhāpayataḥ. [anāpattiḥ] sāṃghikakriyākāram anurakṣataḥ. anāpattiḥ pareṣāṃ prabhūtatarāṇāṃ cittam anurakṣataḥ.（BoBh 110, 16–111, 3）

（12）『瑜伽師地論』本地分中菩薩地戒品。

bodhisattvaḥ parair upanimantryamāṇo gṛhe vā vihārāntare vā gṛhāntare vā bhojanapānavastrādibhiḥ pariṣkārair mānābhinigṛhīta āghātacittaḥ pratighacitto vā na gacchati na nimantraṇāṃ svīkaroti. sāpattiko bhavati sātisāraḥ kliṣṭām āpattim āpadyate. ālasyakausīdyān na gacchaty akliṣṭām āpattim āpadyate. anāpattir glānaḥ syād apratibalaḥ kṣiptacitto vā. anāpattir viprakṛṣṭo deśaḥ syāt mārgaś ca sapratibhayaḥ. anāpattis tenopāyenāsya damayitukāmaḥ syād vinetukāmo 'kuśalātsthānād vyutthāpya kuśale sthāne pratiṣṭhāpayitukāmaḥ. anāpattir anyasya pūrvataraṃ pratijñānaṃ bhavet. anāpattir nirantarakuśalapakṣacchidrīkārānurakṣārtham agacchataḥ. anāpattir apūrvasyārthopasaṃhitasya dharmārthaśravaṇasya parihāṇihetoḥ. yathā dharmārthaśravaṇasya evaṃ sāṃkathyaviniścayasyāpi veditavyam. anāpattir viheṭhanābhiprāyeṇa nimantritaḥ syāt. anāpattiḥ pareṣāṃ prabhūtatarakāṇām āghatacittam anurakṣataḥ. anāpattiḥ sāṃghikaṃ kriyākāram anurakṣataḥ.（BoBh 111, 4–16）

（13）『瑜伽師地論』本地分中菩薩地戒品。

bodhisattvaḥ pareṣām antikāj（corr. : antikāja）jātarūparajatamaṇimuktāvaidūryādikāni ca dhanajātāni vicitrāṇi prabhūtāni pravarāṇi labhamāno 'nudadhyamāna āghātacittaḥ pratighacitto na pratigṛhṇāti pratikṣipati. sāpattiko bhavati sātisāraḥ kliṣṭām āpattim āpadyate sattvopekṣayā. ālasyakausīdyān na pratigṛhṇāti. sāpattiko bhavati sātisāro no tu kliṣṭām āpattim āpadyate. anāpattiḥ kṣiptacittasya. anāpattis tasmin pratigrahe ratiṃ cetasaḥ paśyataḥ. [anāpattir vipratisāram asya paścāt saṃbhāvayataḥ.] anāpattir dānavibhram asya saṃbhāvayataḥ. anāpattir vinirmuktāgrahasya dānapater dāridrayaṃ vighātaṃ tannidānaṃ saṃbhāvayataḥ. anāpattiḥ sāṃghikaṃ staupikaṃ saṃbhāvayataḥ. anāpattiḥ parāhṛtam ayogena（corr. : anena）saṃbhāvayataḥ yato nidānam ādinava（corr. : asya）utpadyeta vadho vā bandho vā daṇḍo vā jyānirgarhaṇā vā.（BoBh 111, 17–16）

（14）『瑜伽師地論』本地分中菩薩地戒品。

bodhisattvaḥ pareṣāṃ dharmārthinām āghātacittaḥ pratighacitta īrṣyāviprakṛto vā dharmaṃ nānuprayacchati. sāpattiko bhavati sātisāraḥ kliṣṭām āpattim āpadyate. ālasyakausīdyān na dadāti. sāpattiko bhavati sātisāro na kliṣṭām āpattim āpadyate. anāpattis tīrthikaḥ syāt randhraprekṣī. anāpattir bāḍhaglānaḥ syāt kṣiptacitto vā. anāpattis tenopāyena damayitukāmaḥ syād vinetukāmo 'kuśalāt sthānād vyutthāpya kuśale sthāne pratiṣṭhāpayitukāmaḥ. anāpattir dharme na pravṛttaḥ syāt. anāpattir yady agauravo 'pratīśo durīryāpathaḥ pratigṛhṇīyāt. anāpattir mṛdvindriyasyodārayā dharmadeśanayā dharmaparyāptyā uttrāsaṃ mithyādarśanaṃ mithyābhiniveśaṃ kṣatiṃ copahatiṃ ca saṃbhāvayet. anāpattis taddhastagatasya parebhyo 'bhājanabhūtebhyo visāraṃ dharmasya saṃbhāvayet.（BoBh 112, 1–10）

（15）『大宝積経』迦葉品。

catvāra ime kāśyapa dharmā bodhisatvasya prajñāpārihāṇāya saṃvartante. katame catvāraḥ. yad utāgauravo bhavati dharme ca dharmabhāṇake ca. dharmamātsaraś ca bhavati dharmācāryamuṣṭiṃ ca karoti dharmakāmāṃ ca pudgalānāṃ dharmāntarāyaṃ karoti vicchandayati vikṣipati na deśayati praticchādayati. ābhimānikaś ca bhavaty ātmotkarṣī parapaṃsakaḥ. ime kāśyapa catvāro dharmā bodhisatvasya prajñāpārihāṇāya saṃvartante（corr. : saṃvartate）.（KP §1）

（16）『瑜伽師地論』本地分中菩薩地戒品。

bodhisattvo raudreṣu duḥśīleṣu ca sattveṣv āghātacittaḥ pratighacitta upekṣate viceṣṭate vā raudratāṃ duḥśīlatām eva ca pratyayaṃ kṛtvā. sāpattiko bhavati sātisāraḥ kliṣṭām āpattim āpadyate. ālasyakausīdyād upekṣate smṛtisaṃpramoṣāc ca viceṣṭate. sāpattiko bhavati sātisāro no tu kliṣṭām āpattim āpadyate. tat kasya hetoḥ. na hi bodhisattvasya śīlavataḥ śānteḥ kāyavāṅmanaskarmapracāre tathānukampācittaṃ ca kartukāmatā ca pratyupasthitā bhavati yathā raudreṣu duḥśīleṣu sattveṣu duḥkhahetau vartamāneṣu. anāpattiḥ kṣiptacittasya. anāpattis tenopāyenāsya damayitukāmaḥ syād vistareṇa pūrvavat. anāpattiḥ pareṣāṃ prabhūtānāṃ cittānurakṣiṇaḥ. anāpattiḥ saṃghakriyākārānurakṣiṇaḥ.（BoBh 112, 11–19）

（17）『大宝積経』迦葉品。

catvāra ime kāśyapa bodhisatvasyāprameyāḥ（corr. : bodhisatvasyāprameyā）puṇyasaṃbhārāḥ. katame catvāraḥ. nirāmiṣacittasya dharmadānaṃ duḥśīleṣu ca sattveṣu mahākaruṇā sarvasattveṣu bodhicittārocanatā durbaleṣu sattveṣu kṣāntyā sevanatā. ime kāśyapa catvāro bodhisatvasyāprameyāḥ（corr. : bodhisatvasyāprameyā）puṇyasaṃbhārāḥ.（KP §20）

（18）『瑜伽師地論』本地分中菩薩地戒品。

bodhisattvo yad bhagavatā prātimokṣe vinaye pratikṣepaṇasāvadyaṃ vyavasthāpitaṃ paracittānurakṣām upādāyāprasannānāṃ sattvānāṃ prasādāya prasannānāṃ ca bhūyobhāvāya tatra tulyāṃ śrāvakaiḥ śikṣāṃ karoti nirnirākaraṇam. tat kasya hetoḥ. śrāvakās tāvad ātmārthaparamāḥ. te tāvan na paraniranurakṣā aprasannānāṃ prasādāya prasannānāṃ ca bhūyobhāvāya śikṣāsu śikṣante. prāg eva bodhisattvāḥ parārthaparamāḥ.

yat punaḥ pratikṣepaṇasāvadyam alpārthatām alpakṛtyatām alpotsukavihāratām ārabhya śrāvakāṇāṃ bhagavatā vyavasthāpitāṃ tatra bodhisattvo na tulyāṃ śikṣāṃ śrāvakaiḥ karoti. tat kasya hetoḥ. śobhate śrāvakaḥ svārthaparamaḥ parārthanirapekṣaḥ parārtham ārabhyālpārthaḥ alpakṛtyaś cālpotsukavihārī ca. na tu bodhisattvaḥ parārthaparamaḥ śobhate parārtham ārabhyālpārtho 'lpakṛtyaś cālpotsukavihārī ca.

tathā hi bodhisattvena pareṣām arthe cīvaraśatāni sahastrāṇy ajñātikānāṃ brāhmaṇagṛhapatīnām antikāt paryeṣitavyāni pravāritena. teṣāṃ ca sattvānāṃ balābalaṃ saṃlakṣya yāvadarthaṃ pratigṛhītavyāni. yathā cīvarakāṇy evaṃ pātrāṇi. yathā paryeṣitavyāny evaṃ svayaṃ yācitena sūtreṇājñātibhis tantuvāyair vāyayitavyāni（corr. : vāryayitavyāni）. pareṣāṃ cārthāya kauśeyasaṃstaraṇaśatāni niṣadanasaṃstaraṇaśatāny ūpasthāpayitavyāni. jātarūparajataśatasahasrakoḍhyagrāṇy api svīkartavyāni. evamādike 'lpārthatām alpakṛtyatām alpotsukavihāratām ārabhya śrāvakāṇāṃ pratikṣepaṇasāvadye na samānaśikṣo bhavati. bodhisattvo bodhisattvaśīlasaṃvarasthaḥ sattvārtham ārabhya āghātacittaḥ pratighacitto 'lpārtho bhavaty alpakṛtyo 'lpotsukavihārī. sāpattiko bhavati sātisāraḥ kliṣṭām āpattim āpadyate. ālasyakausīdyād alpārtho bhavaty alpakṛtyo 'lpotsukavihārī. sāpattiko bhavati sātisāro

’kliṣṭām āpattim āpadyate.（BoBh 112, 20–113, 17）

（19）『瑜伽師地論』本地分中菩薩地戒品。

asti kiṃcit prakṛtisāvadyam api [yad] bodhisattvas tadrūpeṇopāyakauśalyena samudācarati yenānāpattikaś ca bhavati bahu ca puṇyaṃ prasūyate.（BoBh 113, 18–19）

（20）『瑜伽師地論』本地分中菩薩地戒品。

yathāpi tad bodhisattvaś cauraṃ taskaraṃ prabhūtānāṃ prāṇiśatānāṃ mahātmanāṃ śrāvakapratyekabuddhabodhisattvānāṃ vadhāyodyatam āmiṣakiñcitkahetoḥ prabhūtānantaryakarmakriyāprayuktaṃ paśyati. dṛṣṭvā ca punar evaṃ cetasā cittam abhisaṃskaroti. yady apy aham enaṃ prāṇinaṃ jīvitād vyaparopya narakeṣūpapadyeyaṃ kāmaṃ bhavatu me narakopapattiḥ. eṣa ca sattva ānantaryakarma kṛtvā mā bhūn narakaparāyaṇa iti. evamāśayo bodhisattvas taṃ prāṇinaṃ kuśalacitto ’vyākṛtacitto vā viditvartīyamāno ’nukampācittam evāyatyām upādāya jīvitād vyaparopayati. anāpattiko bhavati bahu ca puṇyaṃ prasūyate.（BoBh 113, 19–114, 2）

（21）『方便善巧経』。

rigs kyi bu sngon ’das pa’i dus na tshong pa nor ’dod pa’i phyir rgya mtsho ’ching rnam chen por zhugs pa lnga brgya tsam yod de | yang de’i tshe na lam grogs de dag gi nang na mi las ngan pa can | sdig pa’i las can | mda’ dang mtshon la bslabs pa | rku ba | pha rol gyi nor ’phrog pa tshong pa’i tshul du ’dug pa zhig yod de | shin tu brtul ba’i phyir gru der zhugs par gyur to || de nas mi g-yon can de ni bdag gis tshong pa ’di thams cad srog dang phral la nor thams cad khyer te dzambu’i gling du ’gro’o snyam du sems par gyur to || yang de’i tshe na lam grogs kyi gru na ’dug pa dag gi nang na ded dpon snying rje chen po can zhes bya ba zhig yod do || de nas ded dpon snying rje chen po can de gnyid log pa’i rmi lam du gang rgya mtsho ’ching rnam chen po de na lha ’dug pa dag gis lam grogs kyi gru ’di na mi ming ’di zhes bya ba ’di lta bu slu bar byed pa gzhan gyi nor ’phrog pa zhig yod de | de ni tshong pa ’di thams cad srog dang phral la nor thams cad khyer te dzambu’i gling du ’gro’o snyam du sems kyis de bas na mi ’di ni tshong pa ’di dag gsod par 'gyur ro || sdig pa'i las mi bzad（corr. : zad P）pa byed par 'gyur ro || de ci'i phyir zhe na | de ltar tshong pa lnga brgya po de dag ni bla na med pa yang dag par rdzogs pa'i byang chub la gnas pa byang chub sems dpa' phyir mi ldog pa rnams yin te | gal te mi des byang chub sems dpa' de dag bsad du zin na | de las kyi sgrib pa'i nyes pa 'dis byang chub sems dpa' re re'i phyir yang byang chub sems dpa' re re'i（corr. : P ad. phyir）zhing ji srid kyis bla na med pa yang dag par rdzogs pa'i byang chub bsgrubs par 'gyur ba de srid du sems can dmyal ba chen por 'tshod par 'gyur te | de la ded dpon khyod（corr. : P om. khyod）kyis（corr. : gyis P）ci nas kyang mi 'di yang de ltar sems can dmyal bar ma song ba dang | de dag kyang bsad par mi 'gyur ba（corr. : P ad. nga）'di 'dra ba'i thabs soms shig ces rmi lam du bstan to || rigs kyi bu de nas ded dpon de 'di snyam du gyur te | tshong pa 'di dag kyang mi（corr. : mis P）gsad la | mi 'di yang sems can dmyal bar mi song bar bdag gis bya ba'i thabs gang yod ces sems par gyur te | gzhan la yang cung zad kyang mi smra ba las zhag bdun rlung ma langs nas zhag bdun 'das pa dang | de 'di snyam du gyur te | mi 'di srog dang bral ba las thabs gzhan med do || de 'di snyam du sems te | gal te tshong pa thams cad la sbran pa dang | de dag ni mi dge ba'i sems kyis mi gsad cing | de dag thams cad kyang sems can dmyal bar 'gyur du 'ong ngo snyam nas gal te bdag gis（corr. : gi P）mi 'di（corr. : P om. 'di）srog dang bral te | de'i phyir bdag sems can dmyal bar skyes kyang bskal pa brgya stong du phyi phyir sems can dmyal ba chen por skye bar bzod kyi | mi 'dis tshong pa 'di dag gsad nas sdig pa 'phel bar mi 'gyur bar bya'o snyam du sems so || rigs kyi bu 'di lta ste | ded dpon snying rje chen po can des byang chub sems dpa' de dag srung ba'i phyir snying rje chen po de dang thabs mkhas pa des ched（corr. : phyed P）du bsams te mi de mtshon shag tis gsad do || nga ni de'i tshe ded dpon snying rje chen po can zhes bya bar gyur te | rigs kyi bu ngas ni thabs mkhas pa de dang snying rje chen po des bskal pa brgya phrag stong du 'khor ba la rgyab kyis phyogs par byas so || mi de'ang shi 'phos nas mtho ris kyi 'jig rten du skyes so || gang tshong pa lnga brgya po grur zhugs pa de dag ni phyis bskal pa bzang po la sangs rgyas lnga brgya 'byung ngo ||（P no. 927, Zhu 319b2–320a7）

（22）『瑜伽師地論中菩薩地釈』。

byang chub sems dpa' thabs la mkhas pa'i mchog pha rol tu phyin pa thob pa rnams kyi spyod pa ni bsam gyis mi khyab ste | de la ni dge ba'i rtsa ba chung ba dang | shes rab rtul ba dang | bdag gi phyogs la mngon par zhen pa dang | sgra ji bzhin du don 'dzin pa rnams kyi blo yang 'jug par mi 'gyur ro || de la ni (D : P om. ni) sangs rgyas nyid kyi mngon sum yin te | de dag gi kha na ma tho ba dang bcas pa spyod pa ni de dag nyid kyis (D : kyi P) mkhyen par zad de | de bas na gzhan dag gis ni bsod nams ma yin pa mang po yongs su 'dzin pa'i thabs ye spang bar bya'o || (D no. 4047, Yi 169b2–4; P no. 5548, Ri 209a5–8)

（23）『瑜伽師地論』摂決択分中有尋有伺等三地。

gal te bla ma rnams kyi don du gsod par byed pa gang yin pa de ni chos dang legs par ldan pa yin no snyam pa de lta bu'i sems kyis gsod par byed pa dang | gal te rig byed rnams dang tshangs pa dang | skye dgu'i bdag po la smod pa dang bram ze rnams la gshe ba gsod par byed pa gang yin pa de ni chos dang legs par ldan pa yin no snyam pa de lta bu'i sems kyis gsod par byed pa yang gti mug las byung ba'i srog gcod pa yin par brjod par bya'o || (D no. 4038, Zhi 141a4–6; P no. 5539, Zi 148a4–6)

（24）『瑜伽師地論』本地分中菩薩地戒品。

yathāpi tad bodhisattvo ye sattvā rājāno vā bhavanti rājamahāmātrā vādhimātraraudrāḥ sattveṣu nirdayā ekāntaparapīḍāpravṛttāḥ, tāṃ satyāṃ śaktau tasmād rājyaiśvaryādhipatyāc cyāvayati yatra sthitās te tannidānaṃ bahv apuṇyaṃ prasavanty anukampācitto hitasukhāśayaḥ.

ye ca paradravyāpahāriṇaś caurās taskarāḥ sāṃghikaṃ staupikaṃ ca prabhūtaṃ dravyaṃ hṛtvā svīkṛtyopabhoktukāmās teṣām antikāt tad dravyaṃ bodhisattva ācchinatti. mā haiva teṣāṃ sa dravyaparibhogo dīrgharātram anarthāyāhitāya bhaviṣyatīti. evam eva pratyayaṃ kṛtvācchidya sāṃghikaṃ saṃghe niryātayati staupikaṃ stūpe.

ye ca vaiyāvṛtyakarā vārāmikā vā sāṃghikaṃ staupikaṃ ca prabhūtaṃ dravyaṃ vipratipādayanty anayena, svayaṃ [ca] paudgalikaṃ paribhuñjate, tān bodhisattvaḥ pratisaṃkhyāya mā haiva tat karma sa ca mithyāparibhogas teṣāṃ bhaviṣyati dīrgharātram anarthāyāhitāyeti, tasmād ādhipatyāc cyāvayati. tad anena paryāyeṇa bodhisattvo 'dattam ādadāno 'py anāpattiko bhavati. bahu ca puṇyaṃ prasūyate. (BoBh 114, 3–16)

（25）『瑜伽師地論』本地分中菩薩地戒品。

yathāpi tad gṛhī bodhisattvo ʼbrahmacaryeṣaṇārtaṃ tatpratibaddhacittam aparaparigṛhītaṃ mātṛgrāmaṃ maithunena dharmeṇa niṣevate, mā haivāghātacittatāṃ pratilabhya bahv apuṇyaṃ prasoṣyati, yathepsitakuśalamūlasanniyoge ca vaśyā bhaviṣyaty akuśala[mūla]parityāge cety anukampācittam evopasthāpyābrahmacaryaṃ maithunaṃ [dharmaṃ] pratiṣevamāno ʼpy anāpattiko bhavati, bahu ca puṇyaṃ prasūyate. pravrajitasya punar bodhisattvasya śrāvakaśāsanābhedam（corr. : śrāvakaśāsanabhedam）anurakṣamāṇasya sarvathā na kalpate ʼbrahmacaryaniṣevaṇam.（BoBh 114, 17–23）

（26）『方便善巧経』。

rigs kyi bu | ngas mngon par shes pa ʼdas paʼi bskal pa grangs med paʼi pha rol gyi yang shin tu pha rol na khyeʼu skar ma zhes bya ba zhig yod de | de nags kyi ʼdabs na lo bzhi khri nyis stong du tshangs par spyod pa spyad nas | de lo bzhi khri nyis stong ʼdas pa na rgyal poʼi pho brang ʼbyor pa zhes bya bar phyin nas de grong khyer chen po der song ba dang | chu chun ma zhig gis（corr. : gi P）khyeʼu bzang po de mthong nas ʼdod paʼi ʼdod chags kyis yongs su zin paʼi sems dang ldan pas khyeʼu deʼi mdun du brgyugs te phyag ʼtshal to || de nas rigs kyi bu khyeʼu skar mas bud med de（corr. : P om. de）la ʼdi skad ces smras so || sring mo khyod ci ʼdod | mos de la ʼdi skad ces smras so || khyeʼu bdag khyod ʼtshal lo || khos de la ʼdi skad ces smras so || sring mo kho bo ni ʼdod pa dgos pa ma yin no || mos de la ʼdi skad ces smras so || gal te bdag khyod dang ʼjal bar mi ʼgyur na | bdag ʼgum par ʼgyur ro || de nas khyeʼu skar mas ʼdi snyam du bsam mo || gang bdag gis lo bzhi khri nyis stong gi bar du tshangs par spyod pa spyad nas brtul zhugs gzhig pa ni bdag gi mi chaʼo snyam nas nan gyis ʼthon（corr. : mthon P）te bud med des btang nas gom pa bdun ʼphags pa dang | de gom pa bdun pa la gnas nas snying rje skyes te | bdag gis（corr. : gi P）brtul zhugs ʼdi bshig nas sems can dmyal bar song bar gyur kyang sems can dmyal baʼi sdug bsngal de myong bar bzod kyi | bud med ʼdi shir ʼong gi | bde bar gyur cig ces | rigs kyi bu khyeʼu skar ma de kha slar log ste | bud med de lag pa g-yas pas bzung nas sring mo khyod ci ʼdod pa byaʼi（corr. : byas P）longs shig ces de smras so || de nas khyeʼu skar ma lo bcu gnyis kyi bar du khyim na gnas nas slar yang mngon par byung ste | tshangs paʼi gnas bzhi bskyed nas shi ʼphos pa dang | tshangs pa'i 'jig rten du skyes so || rigs kyi bu khyod de'i tshe de'i dus na khye'u skar ma zhes bya ba de gzhan yin snyam du de ltar ma lta zhig | de ci'i phyir zhe na | de'i tshe de'i dus na nga ni khye'u skar mar gyur to || grags 'dzin ma ni chu chun du gyur to || rigs kyi bu nga 'dod pa ngan pa dang ldan pa'i snying rje chen po'i sems skyed pas kyang bskal pa stong phrag bcu'i bar du 'khor ba la rgyab kyis bltas shing spangs par gyur to || (P no. 927, Zhu 303a6–303b7)

（27）『瑜伽師地論』本地分中菩薩地戒品。

yathāpi tad bodhisattvo bahūnāṃ sattvānāṃ jīvitavipramokṣārthaṃ bandhanavipramokṣārthaṃ hastapādanāsākarṇacchedacakṣurvikalībhāvaparitrāṇārthaṃ yāṃ bodhisattvaḥ (corr. : bodhisattva) svajīvitahetor api samprajānan mṛṣāvācaṃ na bhāṣeta, tāṃ teṣāṃ sattvānām arthāya pratisaṃkhyāya bhāṣate. iti samāsato yena yena bodhisattvaḥ sattvānām artham eva paśyati, nānarthaṃ paśyati, svayaṃ ca nirāmiṣacitto bhavati, kevalasattvahitakāmatānidānaṃ ca vinidhāya saṃjñāṃ samprajānan anyathāvācaṃ bhāṣate. bhāṣamāṇaḥ anāpattiko bhavati, bahu ca puṇyaṃ prasūyate. (BoBh 114, 24–115, 5)

（28）『瑜伽師地論』本地分中菩薩地戒品。

yathāpi tad bodhisattvo ye sattvā akalyāṇamitraparigṛhītā bhavanti teṣāṃ tebhyo 'kalyāṇamitrebhyo yathāśakti yathābalaṃ vyagrakaraṇīṃ (corr. : byagrakaraṇīṃ) vācaṃ bhāṣate. vyagrārāmaś ca bhavati tena prīyamāṇaḥ. anukampācittam evopādāya mā bhūd eṣāṃ sattvānāṃ pāpamitrasaṃsargo dīrgharātram anarthāyāhitāyeti. anena paryāyeṇa mitrabhedam api kurvan bodhisattvo 'nāpattiko bhavati, bahu ca puṇyaṃ prasūyate. (BoBh 115, 6–10)

（29）『瑜伽師地論』本地分中菩薩地戒品。

yathāpi tad bodhisattva utpathacāriṇo 'nyāyacāriṇaḥ sattvān paruṣayā vācā tīkṣṇayāvasādayati yāvad eva tenopāyenākuśalāt sthānād vyutthāpya kuśale sthāne pratiṣṭhāpanārtham. evaṃ pārūṣiko bodhisattvo 'nāpattiko bhavati, bahu ca puṇyaṃ prasūyate. (BoBh 115, 11–14)

（30）『瑜伽師地論』本地分中菩薩地戒品。

yathāpi tad bodhisattvo nṛttagītavāditādhimuktānāṃ sattvānāṃ rājacaurānnapānaveśyāvīthīkathādyadhimuktānāṃ ca sattvānāṃ nṛttagītavāditena vicitrābhiś ca sambhinnapralāpapratisaṃyuktābhiḥ saṃkathābhir anukampāśayena toṣayitvāvarjya vaśyatāṃ vidheyatāṃ copanīyākuśalāt sthānād vyutthāpya kuśale sthāne pratiṣṭhāpayati. evaṃ sambhinnapralāpy api bodhisattvo 'nāpattiko bhavati, bahu ca puṇyaṃ prasūyate. (BoBh 115, 15–20)

（31）『瑜伽師地論中菩薩地釈』。

rang bzhin gyis (P : gyi D) kha na ma tho ba dang bcas pa la ni byang chub sems dpa' khyim pa rnams kho na 'jug par rig par bya ste | mdo las de dag kho na'i yin par mthong ba'i phyir ro || (D no. 4047, Yi 169b6; P no. 5548, Ri 209b2–3)

（32）『瑜伽師地論』本地分中菩薩地戒品。

bodhisattvaḥ utpannāṃ kuhanāṃ lapanāṃ naimittikatāṃ naiṣpeṣikatāṃ lābhena lābhaṃ niścikīrṣutāṃ mithyājīvakarāṃ dharmān adhivāsayati na tairitīyate na vinodayati. sāpattiko bhavati sātisāraḥ kliṣṭām āpattim āpadyate. anāpattis tatprativinodanāya cchandajātasya yatnam ārabhamāṇasya kleśapracuratayā cittam abhibhūya samudācāraṇāt. (BoBh 115, 21–25)

（33）『瑜伽師地論』本地分中菩薩地戒品。

bodhisattvaḥ auddhatyābhinigṛhītena cetasāvyupaśānto 'vyupaśamārāma (corr. : 'vyayupaśamārāmaḥ) uccaiḥ saṃcagghati (corr. : saṃñcagdhati) saṃkrīḍate saṃkilikilāyata auddhatyaṃ dravaṃ prāviṣkaroti pareṣāṃ hāsayitukāmo ramayitukāmaḥ. evam eva ca pratyayaṃ kṛtvā sāpattiko bhavati sātisāraḥ kliṣṭām āpattim āpadyate. smṛtisaṃpramoṣād akliṣṭām āpattim āpadyate. anāpattis tadvinodanāya cchandajātasya pūrvavat. anāpattiḥ pareṣām utpannam āghātaṃ tenopāyena prativinodayitukāmaḥ syāt. anāpattiḥ pareṣām utpannaṃ śokam apahāpayitukāmaḥ syāt. anāpattiḥ pareṣāṃ tatprakṛtikānāṃ tadārāmāṇāṃ saṃgrahāya vā praṇayānusaṃrakṣaṇāya vā tadanuvartanārtham. anāpattiḥ pareṣāṃ bodhisattve manyusambhāvanājātānām āghātavaimukhyasaṃbhāvanājātānāṃ saumukhyāntarbhāvaśuddhyupadarśanārtham. (BoBh 115, 26–116, 8)

（34）『瑜伽師地論』本地分中菩薩地戒品。

[yaḥ] punar bodhisattva evaṃdṛṣṭiḥ syād evaṃvādī na bodhisattvena nirvāṇārāmeṇa vihartavyam. api tu nirvāṇavimukhena vihartavyam. na ca kleśopakleśebhyo bhetavyaṃ na caikāntena tebhyaś cittaṃ vivecayitavyam. tathā hi bodhisattvena trīṇi kalpāsaṃkhyeyāni saṃsāre saṃsaratā bodhiḥ samudānetavyeti. sāpattiko bhavati sātisāraḥ kliṣṭām āpattim āpadyate. tat kasya hetoḥ. yathā khalu śrāvakeṇa nirvāṇābhiratir āsevitavyā kleśopakleśebhyaś ca cittam udvejayitavyaṃ tataḥ śatasahasrakoṭiguṇena bodhisattvena nirvāṇābhiratir āsevitavyā kleśopakleśebhyaś ca cetasa udvego bhāvayitavyaḥ. tathā hi śrāvako 'syātmano 'rthāya prayukto bodhisattvaḥ sarvasattvānām arthāya prayuktaḥ. tena tathā cittāsaṃkleśābhyāsaḥ samudānetavyo yathāyam anarhann api tatprativiśiṣṭenāsaṃkleśena samanvāgataḥ sāsrave（corr. : sāstrave）vastuni anuvicaret.（BoBh 116, 9–19）

（35）『瑜伽師地論』本地分中菩薩地戒品。

bodhisattvo 'nādeyavacanakaram apaśabdam ātmanaḥ ayaśo 'kīrti na rakṣati na pariharati bhūtavastukām. sāpattiko bhavati sātisāraḥ kliṣṭām āpattim āpadyate. abhūtavastukāṃ na pariharati. sāpattiko bhavati sātisāro 'kliṣṭām āpattim āpadyate. anāpattis tīrthikaḥ paraḥ syāt. iti yo vā punar anyo 'py abhiniviṣṭaḥ. anāpattiḥ pravrajyābhikṣācaryākuśalacaryānidāno 'paśabdo niścaret. anāpattiḥ krodhābhibhūto viparyastacitto niścārayet.（BoBh 116, 20–25）

（36）『瑜伽師地論』本地分中菩薩地戒品。

bodhisattvo yena kaṭukaprayogeṇa tīkṣṇaprayogeṇa sattvānām arthaṃ paśyati taṃ prayogaṃ daurmanasyārakṣayā na samudācarati. sāpattiko bhavati [sātisāraḥ] akliṣṭām āpattim āpadyate. anāpattir yat parīttam arthaṃ dṛṣṭadhārmikaṃ paśyet prabhūtaṃ（corr. : prabhūtaś）ca tannidānaṃ daurmanasyam.（BoBh 116, 26–117, 2）

（37）『瑜伽師地論』本地分中菩薩地戒品。

bodhisattvaḥ parair ākruṣṭaḥ pratyākrośati, roṣitaḥ pratiroṣayati, tāḍitaḥ pratitāḍayati, bhaṇḍitaḥ pratibhaṇḍayati. sāpattiko bhavati sātisāraṃ kliṣṭām āpattim（corr. : āpattibh）āpadyate.（BoBh 117, 3–5）

（38）『大般若波羅蜜多経』安忍波羅蜜多分。

又舎利子、諸菩薩摩訶薩欲証無上正等菩提、於諸有情、応修安忍。打不報打、罵不報罵、謗不報謗、瞋不報瞋、訶不報訶、忿不報忿、恐不報恐、害不報害、於諸悪事、皆能忍受。（巻五百八十九。T7, 1048a）

（39）『瑜伽師地論』本地分中菩薩地戒品。

bodhisattvaḥ pareṣāṃ vyatikramaṃ kṛtvā vyatikrameṇa vā saṃbhāvita āghātacitto mānābhinigṛhītaḥ saṃjñaptim anurūpāṃ nānuprayacchaty upekṣate. sāpattiko bhavati sātisāraḥ kliṣṭām āpattim āpadyate. ālasyakausīdyāt pramādād vā na saṃjñaptim anuprayacchati. sāpattiko bhavati sātisāro 'kliṣṭām āpattim āpadyate. anāpattis tenopāyena damayitukāmaḥ syād vinetukāmo 'kuśalāt sthānād vyutthāpya kuśale sthāne pratiṣṭhāpayitukāmaḥ. anāpattis tīrthikaḥ syāt. anāpattir akalpikena sāvadyasamudācāreṇa saṃjñaptipratigrahaṇam ākāṅkṣet. anāpattiḥ sa cet prakṛtyā kalahakārakaḥ syād ādhikaraṇikaḥ saṃjñapyamānaś ca（corr. : va）bhūyasyā mātrayā kupyed adhyārohet. anāpattiḥ paraṃ kṣamaṇaśīlam anāghātaśīlaṃ ca saṃbhāvayet parato vyatikramam ārabhya saṃjñaptilābhenātyartham ṛtīyamānam（corr. : ritīyamānam）.（BoBh 117, 6–16）

（40）『瑜伽師地論』本地分中菩薩地戒品。

bodhisattvaḥ pareṣāṃ kasmiṃścid adhikaraṇe nisṛtānāṃ dharmeṇa samena saṃjñaptim anuprayacchatām āghātacittaḥ paraviheṭhanābhiprāyaḥ saṃjñaptiṃ na pratigṛhṇāti. sāpattiko bhavati sātisāraḥ kliṣṭām āpattim āpadyate. no ced āghātacitto 'pi tv akṣamaṇaśīlatayā na pratigṛhṇāti. akliṣṭām（corr. : kliṣṭām）āpattim āpadyate. anāpattis tenopāyena paraṃ damayitukāmaḥ syāt pūrvavat sarvaṃ veditavyam. anāpattir adharmeṇāsamena saṃjñaptim anuprayacchet.（BoBh 117, 17–22）

（41）『瑜伽師地論』本地分中菩薩地戒品。

bodhisattvaḥ pareṣāṃ krodhāśayaṃ vahati dhārayaty utpannam adhivāsayati. sāpattiko bhavati sātisāraḥ kliṣṭām āpattim āpadyate. anāpattis tatprahāṇāya cchandajātasya pūrvavat.（BoBh 117, 23–25）

（42）『瑜伽師地論』本地分中菩薩地戒品。

bodhisattva upasthānaparicaryāparigardham adhipatiṃ kṛtvā sāmiṣeṇa cittena gaṇaṃ parikarṣati. sāpattiko bhavati sātisāraḥ kliṣṭām āpattim āpadyate. anāpattir nirāmiṣacittasyopasthānaparicaryāṃ svīkurvataḥ. (BoBh 118, 1–3)

(43)『瑜伽師地論』本地分中菩薩地戒品。

bodhisattva utpannam ālasyakausīdyaṃ nidrāsukhaṃ śayanasukhaṃ pārśvasukhaṃ cākāle amātrayā svīkaroti. sāpattiko bhavati sātisāraḥ kliṣṭām āpattim āpadyate. anāpattir glānaḥ syād apratibalaḥ. anāpattir adhvapariśrāntasya. anāpattis tatprahāṇāya cchandajātasya pūrvavad veditavyam. (BoBh 118, 4–7)

(44)『瑜伽師地論』本地分中菩薩地戒品。

bodhisattvaḥ saṃraktacittaḥ saṃgaṇikayā kālam atināmayati. sāpattiko bhavati sātisāraḥ kliṣṭām āpattim āpadyate. muṣitayā smṛtyātināmayati (corr. : ssṛtyātināmayati). akliṣṭām āpattim āpadyate. anāpattiḥ para udāharet sa ca parānuvṛttyā muhūrtam upasthitasmṛtiḥ śṛṇuyāt. anāpattiḥ kautukajātasya paripraśnamātre pṛṣṭasya ca pratyudāhāramātre. (BoBh 118, 8–12)

(45)『瑜伽師地論』本地分中菩薩地戒品。

bodhisattvaś cittasthitim ārabhyaṃ cittaṃ (corr. : citaṃ) samādhātukāma āghātacitto mānabhinigṛhīto nopasaṃkramyāvavādaṃ yācate. sāpattiko bhavati sātisāraḥ kliṣṭām āpattim āpadyate. ālasyakausīdyād (corr. : ālasyakausīdyā) akliṣṭam āpattim āpadyate. anāpattir (corr. : anāpatti) glānaḥ syād apratibalaḥ. anāpattiḥ viparītam avavādaṃ saṃbhāṣayet. anāpattiḥ svayaṃ bahaśrutaḥ syāt pratibalaś cittaṃ samādhātum. kṛtaṃ cānenāvavādakaraṇīyaṃ syāt. (BoBh 118, 13–18)

(46)『瑜伽師地論』本地分中菩薩地戒品。

bodhisattva utpannaṃ kāmacchandanivaraṇam adhivāsayati (corr. : adhivasayati) na vinodayati. sāpattiko bhavati sātisāraḥ kliṣṭam āpattim āpadyate. anāpattis tatprahāṇāya cchandajātasya vyāyacchatas tīvrakleśatayā cittam abhibhūya samudācāraṇāt. yathā kāmacchanda evaṃ vyāpādaḥ styānamiddham auddhatyakaukṛtyaṃ (corr. : auddhatyaṃ kaukṛtyaṃ) vicikitsā ca veditavyā. (BoBh 118, 19–22)

(47)『瑜伽師地論』本地分中菩薩地戒品。

bodhisattvo dhyānam āsvādayati dhyānāsvāde ca guṇadarśī bhavati. sāpattiko bhavati sātisāraḥ kliṣṭām āpattim āpadyate（corr. : ādte）. anāpattis tatprahāṇāya cchandajātasya pūrvavat.（BoBh 118, 23–25）

（48）『瑜伽師地論』本地分中菩薩地戒品。

yaḥ punar bodhisattva evaṃdṛṣṭi syād evaṃvādī na bodhisattvena śrāvakayānapratisaṃyukto dharmaḥ śrotavyo nodgrahītavyo na tatra śikṣā karaṇīyā. kiṃ bodhisattvasya śrāvakapratisaṃyuktena dharmeṇa śrutenodgṛhītena. kiṃ tatra śikṣayā prayojanam iti. sāpattiko bhavati sātisāraḥ kliṣṭām āpattim āpadyate. tathā hi bodhisattvena tīrthikaśāstreṣv api tāvad yogaḥ karaṇīyaḥ prāg eva buddhavacane. anāpattir aikāntikasya tatparasya vicchandanārtham.（BoBh 119, 1–6）

（49）『虚空蔵菩薩経』。

punar aparaṃ kulaputra keṣāṃcid ādikarmiko bodhisattva evaṃ vakṣyati. varjayata yūyaṃ kulaputrāḥ śrāvakayānakathāṃ mā śṛṇuta mā paṭhata mā pareṣām upadiśata. gopayata śrāvakayānakathāṃ na yūyaṃ tasmāt mahat phalaṃ prāpsyatha. na yūyaṃ tato nidānāc chaktāḥ kleśāntaṃ kartum. śraddadhata mahāyānakathāṃ śṛṇuta mahāyānaṃ paṭhata mahāyānaṃ pareṣāṃ copadiśata. tato yūyaṃ sarvadurgatyapāyapathān śamayiṣyatha. kṣipraṃ cānuttarāṃ samyaksaṃbodhim abhisaṃbhotsyatha. yadi te tasya vacanakāriṇo bhavantīdṛśaṃ dṛṣṭigatam upagṛhṇīyuḥ. ubhayor api mūlāpatir bhavatīyam ādikarmikasya bodhisatvasya caturthī mūlāpattiḥ.（ŚS 61, 14–20）

（50）『瑜伽師地論』本地分中菩薩地戒品。

bodhisattvo bodhisattvapiṭake sati bodhisattvapiṭake 'kṛtayogyaḥ sarveṇa sarvaṃ bodhisattvapiṭakam adhyupekṣya śrāvakapiṭake yogyāṃ karoti. sāpattiko bhavati sātisāraḥ kliṣṭām āpattim āpadyate.（BoBh 119, 7–9）

（51）『瑜伽師地論』本地分中菩薩地戒品。

bodhisattvo buddhavacane sati buddhavacane 'kṛtayogyas tīrthikaśāstreṣu bahiḥśāstreṣu yogyāṃ karoti. sāpattiko bhavati sātisāraḥ kliṣṭām āpattim āpadyate. anāpattir adhimātramedhasa āśūdgrahaṇasamarthasya cireṇāpy avismaraṇasamarthasyārthacintanāprativedhasamarthasya buddhavacane yuktyupaparīkṣāsahagatayāvicalayā buddhyā samanvāgatasya taddviguṇena pratyahaṃ buddhavacane yogyāṃ kurvataḥ.（BoBh 119, 9–14）

（52）『瑜伽師地論』本地分中菩薩地戒品。

evam api ca bodhisattvo vidhim anatikramya tīrthikaśāstreṣu bahiḥśāstreṣu kauśalaṃ kurvann abhiratarūpas tatra karoti（corr. : karauti）tena ca ramate na tu kaṭubhaiṣajyam iva niṣevamāṇaḥ karoti. sāpattiko bhavati sātisāraḥ kliṣṭām āpattim āpadyate.（BoBh 119, 15–17）

（53）『瑜伽師地論』本地分中菩薩地戒品。

bodhisattvo bodhisattvapiṭake gambhīrāṇi sthānāni śrutvā paramagaṃbhīrāṇi tattvārthaṃ vārabhya buddhabodhisattvaprabhāvaṃ vānadhimucyamāno 'pavadate. naite 'rthopasaṃhitā na dharmopasaṃhitā na tathāgatabhāṣitā na hitasukhāya sattvānām iti. sāpattiko bhavati sātisāraḥ kliṣṭām āpattim āpadyate. svena vāyoniśomanaskāreṇa parānuvṛtyā vāpavadamānaḥ.

bhavati khalu bodhisattvasya gambhīrāṇi paramagaṃbhīrāṇi sthānāni śrutvā cetaso 'nadhimokṣaḥ. tatra śrāddhenāśaṭhena bodhisattvenedaṃ pratisaṃśikṣitavyam. na me pratirūpaṃ syād andhasyācakṣuṣmatas tathāgatacakṣuṣaivānuvyavaharatas tathāgatasandhāyabhāṣitaṃ pratikṣeptum. iti [evaṃ] sa bodhisattva ātmānaṃ cājñaṃ vyavasthāpayati tathāgatam eva ca teṣu buddhadharmeṣv aparokṣatāyāṃ samanupaśyati. evaṃ samyakpratipanno bhavati. anāpattir anadhimucyamānasyāpratikṣipataḥ.（BoBh 119, 18–120, 2）

（54）『大宝積経』迦葉品。

yeṣu cāsya buddhir na gāhate tatra tathāgatam eva sākṣīti kṛtvā na pratikṣipati. tathāgata eva jānāti nāhaṃ jāne 'nantā buddhabodhir nānādhimuktikānāṃ sattvānāṃ yathādhimuktikatayā dharmadeśanā pravartate.（KP §6）

（55）『瑜伽師地論』本地分中菩薩地戒品。

bodhisattvaḥ sāmiṣacittaḥ pratighacittaḥ pareṣām antika ātmānam utkarṣayati parān paṃsayati. sāpattiko bhavati sātisāraḥ kliṣṭām āpattim āpadyate. anāpattis tīrthikān abhibhavitukāmasya śāsanasthitikāmasya. anāpattis tenopāyena tam eva pudgalaṃ damayitukāmasya vistareṇa pūrvavat. anāpattir aprasannānāṃ prasādāya prasannānāṃ ca bhūyobhāvāya.（BoBh 120, 3–7）

（56）『大宝積経』迦葉品（前掲。註（15）を見よ）。

（57）『瑜伽師地論』本地分中菩薩地戒品。

bodhisattvo dharmaśravaṇaṃ（corr.：dharmaśravaṇadharma-）sāṃkathyaviniścayaṃ vā mānābhinigṛhīta āghātacittaḥ pratighacitto nopasaṃkrāmati. sāpattiko bhavati sātisāraḥ kliṣṭām āpattim āpadyate. ālasyakausīdyān nopasaṃkrāmati. akliṣṭām āpattim āpadyate. anāpattir apratisaṃvedayataḥ. anāpattir glānaḥ syād apratibalaḥ. anāpattir viparītāṃ deśanāṃ saṃbhāvayet. anāpattir dhārmakathikacitattānurakṣiṇaḥ. anāpattiḥ punaḥ punaḥ [anu]śrutāṃ avadhṛtāṃ vijñātārthāṃ kathāṃ saṃjānataḥ. anāpattir bahuśrutaḥ syāc chrutādhāraḥ śrutasannicayaḥ. anāpattir nirantaram ālambanacittasthiteḥ bodhisattvasamādhyabhinirhārābhiyuktasya. anāpattir adhimātradhandhaprajñasya dhandhaṃ dharmam udgṛhṇato dhandhaṃ dhārayato dhandham ālambane cittaṃ samādadhataḥ.（BoBh 120, 8–17）

（58）『瑜伽師地論』本地分中菩薩地戒品。

bodhisattvo dharmabhāṇakaṃ pudgalaṃ saṃcintyāvamānayaty asatkaroty avahasaty avaspaṇḍayati（corr.：avaspaṇṇyati）vyañjanapratisaraṇaś ca bhavati nārthapratisaraṇaḥ. sāpattiko bhavati sātisāraḥ kliṣṭām āpattim āpadyate.（BoBh 120, 18–20）

（59）『大宝積経』迦葉品（前掲。註（15）を見よ）。

（60）『瑜伽師地論』本地分中菩薩地戒品。

saṃvarastho bodhisattvaḥ sattvakṛtyeṣv āghātacittaḥ pratighacittaḥ sahāyībhāvaṃ na gacchati yac ca tatkṛtyasamarthe vādhvagamanāgamane vā samyak[vyavahāra]karmāntaprayoge vā bhogarakṣaṇe vā bhinnapratisandhāne vā utsave vā puṇyakriyāyāṃ vā. sāpattiko bhavati sātisāraḥ kliṣṭām āpattim āpadyate. ālasyakausīdyān na sahāyībhāvaṃ gacchati. akliṣṭām āpattim āpadyate. anāpattir glānaḥ syād apratibalaḥ. anāpattiḥ svayaṃ kartuṃ（corr.：kartum）samarthaḥ（corr.：asamarthaḥ）syāt sapratisaraṇaś ca yācakaḥ. anāpattir anarthopasaṃhitaṃ adharmopasaṃhitaṃ kṛtyaṃ syāt. anāpattis tenopāyena damayitukāmaḥ syād vistareṇa pūrvavat.

anāpattir anyasya pūrvataram abhyupagataṃ syāt. anāpattir anyam adhyeṣataḥ pratibalam. anāpattiḥ kuśalapakṣe nairantaryeṇa samyakprayuktaḥ syāt. anāpattiḥ prakṛtyā dhandhaḥ syād (corr. : sthād) dhandham uddiśet pūrvavat. anāpattir bahutarakāṇām anyeṣāṃ cittam anurakṣitukāmasya. anāpattiḥ sāṃghikaṃ kriyākāram anurakṣitukāmasya. (BoBh 120, 21–121, 8)

(61) 『瑜伽師地論』本地分中菩薩地戒品（漢訳、蔵訳。和訳は蔵訳から）。

無違犯者〔……〕若知病者自有勢力能自供事。（巻四十一。T30, 520a）

bdag nyid kyis bdag gi rim gro dang bsnyen bkur byed nus na nyes pa med do || (D no. 4037, Wi 95a4; P no. 5538, Shi 106a3)

(62) 『瑜伽師地論』本地分中菩薩地戒品。

bodhisattvo glānaṃ vyādhitaṃ sattvam āsādya nopasthānaparicaryāṃ karoty āghātacittaḥ pratighacittaḥ. sāpattiko bhavati sātisāraḥ kliṣṭām āpattim āpadyate. ālasyakausīdyān na karoti. akliṣṭām āpattim āpadyate. anāpattiḥ svayam eva glānaḥ syād apratibalaḥ. anāpattiḥ paraṃ pratibalam adhyeṣato 'nukūlam. anāpattir glānaḥ sanāthaḥ syāt sapratisaraṇaḥ. anāpattir yāpyena dīrgharogeṇa spṛṣṭaḥ syāt. anāpattir ūdāranirantarakuśalapakṣābhiyuktasya kuśalapakṣacchidrānurakṣaṇārtham. anāpattir adhimātradhandhaprajñasya dhandhaṃ dharmam uddiśato dhandhaṃ dhārayato dhandham ālambane cittaṃ samādadhataḥ. anāpattir anyasya pūrvataram abhyupagataṃ syāt. (BoBh 121, 9–17)

(63) 『瑜伽師地論』本地分中菩薩地戒品。

yathā glānasyopasthānam evaṃ duḥkhitasya duḥkhāpanayāya sāhāyyaṃ veditavyam. (BoBh 121, 18–19)

(64) 『瑜伽師地論』本地分中菩薩地戒品。

bodhisattvo dṛṣṭadhārmike sāṃparāyike cārthe 'nayaprayuktān [sattvān] dṛṣṭvāghātacittaḥ pratighacitto nyāyaṃ nayaṃ na vyapadiśati. sāpattiko bhavati sātisāraḥ kliṣṭām āpattim āpadyate. ālasyakausīdyān na vyapadiśati. akliṣṭām āpattim āpadyate. anāpattiḥ svayam ajñaḥ syād apratibalaḥ. anāpattiḥ paraṃ pratibalam adhyeṣeta. anāpattiḥ sa eva svayaṃ pratibalaḥ syāt. anāpattir anyena kalyāṇamitreṇa parigṛhītaḥ syāt. anāpattis tenopāyena damayitukāmaḥ syād vistareṇa pūrvavat. anāpattir yasya nyāyopadeśaḥ karaṇīyaḥ sa āghātacittaḥ syād durvaco viparītagrāhī vigatapremagauravaḥ khaṭuṅkajātīyaḥ.（BoBh 121, 20–27）

（65）『瑜伽師地論』本地分中菩薩地戒品。

bodhisattva upakāriṇāṃ sattvānām akṛtajño bhavaty akṛtavedy āghātacitto na pratyupakāreṇānurūpeṇa pratyupatiṣṭhate. sāpattiko bhavati sātisāraḥ kliṣṭām āpattim āpadyate. ālasyakausīdyān na pratyupatiṣṭhate. akliṣṭām āpattim āpadyate. anāpattir yatnavato 'śaktasyāpratibalasya. anāpattis tenopāyena damayitukāmaḥ syāt pūrvavat. anāpattiḥ sa eva na saṃpratīcchet pratyupakāram.（BoBh 122, 1–6）

（66）『瑜伽師地論』本地分中菩薩地戒品。

bodhisattvo jñātibhogavyasanasthānāṃ sattvānām āghātacitta utpannaṃ śokaṃ na vinodayati. sāpattiko bhavati sātisāraḥ kliṣṭām āpattim āpadyate. ālasyakausīdyān na prativinodayati. akliṣṭām āpattim āpadyate. pūrvavad anāpattir veditavyā tad yathā kṛtyeṣv 'sahāyībhāvam ārabhya.（BoBh 122, 7–10）

（67）『瑜伽師地論』本地分中菩薩地戒品。

bodhisattvo bhojanapānādiny upakaraṇajātāni bhojanapānādikārthibhyaḥ samyagyācito na prayacchaty āghātacittaḥ pratighacittaḥ. sāpattiko bhavati sātisāraḥ kliṣṭām āpattim（corr. : āttim）āpadyate. ālasyakausīdyāt pramādād（corr. : pramādān）vā（corr. : BoBh om. vā）nānuprayacchati. akliṣṭām āpattim āpadyate. anāpattir asatsv asaṃvidyamāneṣu bhogeṣu. anāpattir akalpikam apathyaṃ vastu yācitaḥ. anāpattis tenopāyena damayitukāmaḥ syād vinetukāmaḥ pūrvavat. anāpattir（corr. : anāpattī）rājāpathyam anurakṣataḥ. anāpattiḥ sāṃghikaṃ kriyākāram anurakṣataḥ.（BoBh 122, 11–17）

（68）『瑜伽師地論』本地分中菩薩地戒品。

bodhisattvaḥ pariṣadam upasthāpya na kālena kālaṃ samyagavavadati（corr. : sabhyagavavadati）samyaksamanuśāsti. na ca teṣām arthavighātināṃ śrāddhānāṃ brāhmaṇagṛhapatīnām antikād dharmeṇa cīvarapiṇḍapātaśayanāsana[glāna]pratyayabhaiṣajyapariṣkārān（corr. : -pratyayamaiṣajyapariṣkārān）paryeṣata āghātacittaḥ. sāpattiko bhavati sātisāraḥ kliṣṭām āpattim āpadyate. [ālasyakausīdyāt pramādād vā nāvavadati na samanuśāsti na paryeṣate. akliṣṭām āpattim āpadyate.] anāpattis tenopāyena damayitukāmaḥ syād vinetukāmaḥ pūrvavat. anāpattiḥ sāṃghikaṃ kriyākāram anurakṣataḥ. anāpattir glānaḥ syād aprayogakṣamaḥ. anāpattir anyaṃ pratibalam adhyeṣataḥ (corr. : adhyeṣate). anāpattiḥ pariṣaj jñātā (corr. : jāta) mahāpuṇyā syāt. svayaṃ pratibalo vā cīvarādīnāṃ paryeṣaṇāya. kṛtaṃ caiṣāṃ syād avavādānuśāsanyām avavādānuśāsanīkaraṇīyam. anāpattis tīrthikapūrvī dharmasteyena praviṣṭaḥ syāt, sa ca syād abhavyarupo vinayāya. (BoBh 122, 18–28)

(69) 『瑜伽師地論』本地分中菩薩地戒品。

bodhisattva āghātacittaḥ pareṣāṃ cittaṃ nānuvartate. sāpattiko bhavati sātisāraḥ kliṣṭām āpattim āpadyate. ālasyakausīdyāt pramādād (corr. : pramādān) vā (corr. : BoBh om. vā) nānuvartate 'kliṣṭām āpattim āpadyate. anāpattiḥ pareṣāṃ yad abhipretaṃ tad apathyaṃ syāt. anāpattir glānaḥ syād aprayogakṣamaḥ. anāpattiḥ sāṃghikaṃ kriyākāram anurakṣataḥ. anāpattis tasyābhipretaṃ pathyaṃ ca syāt pareṣāṃ prabhūtatarakāṇām anabhipretam apathyaṃ ca syāt. anāpattis tīrthiko nirgrāhyaḥ syāt. anāpattis tenopāyena damayitukāmaḥ syād vinetukāmaḥ pūrvavat. (BoBh 123, 1–7)

(70) 『瑜伽師地論』本地分中菩薩地戒品。

bodhisattva āghātacittaḥ pareṣāṃ bhūtān guṇān nodbhāvayati bhūtaṃ varṇaṃ na bhāṣate subhāṣite sādhukāraṃ na dadāti. sāpattiko bhavati sātisāra. kliṣṭām āpattim āpadyate. ālasyāt kausīdyāt pramādād vā na bhāṣate 'kliṣṭām āpattim āpadyate. anāpattiḥ prakṛtyālpecchatāṃ saṃbhāvayatas tadanurakṣayaiva. anāpattir glānaḥ syād apratibalaḥ. anāpattis tenopāyena damayitukāmaḥ syād vinetukāmaḥ pūrvavat. anāpattiḥ sāṃghikaṃ kriyākāram anurakṣataḥ. anāpattis tato nidānaṃ saṃkleśaṃ madam unnatim anarthaṃ (corr. : anarthāya) saṃbhāvayataḥ tasya ca parihārārtham. anāpattir guṇaṃpratirūpakā guṇāḥ syur na bhūtāḥ. subhāṣitapratirūpakaṃ ca subhāṣitaṃ syān na bhūtam. anāpattis tīrthikaḥ syān nirgrāhyaḥ. anāpattiḥ kathāparyavasānakālam āgamayataḥ. (BoBh 123, 8–17)

(71) 『瑜伽師地論』本地分中菩薩地戒品。

bodhisattvo 'vasādanārhān sattvān daṇḍakarmārhān [pravāsanārhān] kliṣṭacitto nāvasādayaty avasādayati vā na ca daṇḍakarmaṇā samanuśāsti. samanuśāsti vā na pravāsayati. sāpattiko bhavati sātisāraḥ. kliṣṭām āpattim āpadyate. ālasyakausīdyāt pramādād vā nāvasādayati yāvan na pravāsayaty akliṣṭām āpattim āpadyate. anāpattir asādhyarūpam akathyaṃ durvacasam āghātabahulam adhyupekṣataḥ. anāpattiḥ kālāpekṣiṇaḥ. anāpattis tato nidānaṃ kalahabhaṇḍanavigrahavivādaprekṣiṇaḥ. anāpattiḥ saṃgharaṇavibhedaprekṣiṇaḥ. anāpattis te sattvā aśaṭhā bhaveyus tīvreṇa（corr.：trīvreṇa）hrīvyapatrāpyena samanvāgatā laghu laghv eva pratyāpadyeran.（BoBh 123, 18–25）

（72）『瑜伽師地論』本地分中菩薩地戒品。
bodhisattvo vicitrarddhivikurvitaprabhāvasamanvāgata uttrāsanārhāṇāṃ sattvānām uttrāsanāyāvarjanārhāṇāṃ ca sattvānām āvarjanāya śraddhādeyaparihārāya [ṛddhyā] nottrāsayati nāvarjayati. sāpattiko bhavati sātisāraḥ akliṣṭām āpattim āpadyate. anāpattir yatra sattvā yad bhūyasā pratiniviṣṭā bhaveyus tīrthikā āryāpavādikā（corr.：āryāpavādikayā）mithyādṛṣṭisamanvāgatāḥ（corr.：mithyādṛṣṭsamanvāgatāḥ）.（BoBh 123, 26–124, 3）

（73）『ガンダ・ヴューハ』（『大方広仏華厳経』入法界品）第十七章。
so 'haṃ kulaputraiṣāṃ sattvānāṃ damanāya paripācanāya vinayena hite saṃniyojanārthaṃ mahākaruṇāṃ puraskṛtya nirmitair vadhyaghātakair nirmitān vadhyapuruṣān ghātayāmi. nirmitaiḥ kāraṇāpuruṣair nirmitān akuśalakarmapathakāriṇo vividhāḥ kāraṇāḥ kārayāmi. hastapādakarṇanāsāṅgapratyaṅgaśīrṣacchedādhikārikāś ca duḥkhās tīvrā vedanāḥ pratyanubhavamānān saṃdarśayāmi. tac ca dṛṣṭvaite madvijitavāsinaḥ sattvā labhante saṃvegam, jāyate bhayam, jāyate saṃtrāsaḥ, bhavati caiṣāṃ chambhitatvam, yad uta pāpakarmavyāpattivinivṛttaye.（GV 123, 4–9）

（74）『瑜伽師地論』本地分中菩薩地戒品。
sarvatra cānāpattir adhikacittakṣepato duḥkhavedanābhinnasyāsamāttasaṃvarasya veditavyā.（BoBh 124, 3–4）

（75）『瑜伽師地論』本地分中菩薩地戒品。
itīmāny utpannavastukāni bodhisattvānāṃ śikṣāpadāni teṣu teṣu sūtrānteṣu vyagrāṇi bhagavatā ākhyātāni saṃvaraśīlaṃ

kuśalasaṃgrāhakaṃ śīlaṃ sattvārthakriyāśīlaṃ cārabhya. tāny asyāṃ bodhisattvapiṭakamātṛkāyāṃ samagrāṇy ākhyātāni yeṣu bodhisattvenādarajātena（corr. : bodhisattvenāradajātena）paramagauravam upasthāpya śikṣā karaṇīyā.（BoBh 124, 5–8）

（76）『瑜伽師地論』本地分中菩薩地戒品。

tatra kuśaladharmasaṃgrāhakaṃ śīlaṃ yat kiṃcid bodhisattvaḥ śīlasaṃvarasamādānād ūrdhvaṃ mahābodhāya kuśalam ācinoti kāyena vācā manasā sarvaṃ tat samāsataḥ kuśaladharmasaṃgrāhakaṃ śīlam ity ucyate.（BoBh 96, 13–15）

（77）『摂大乗論』。

byang chub sems dpa' rnams kyi tshul khrims ni | lus dang ngag dang sems kyi'o || nyan thos rnams kyi ni lus dang ngag gi nyid do || de nyid kyi phyir byang chub sems dpa' rnams kyi sems kyi ltung bar yang 'gyur gyi | nyan thos rnams kyi ni ma yin no ||（MSg VI. 3）

第五章

（1）『瑜伽師地論』摂決択分中五識身相応地意地。

sdom pa rang gis blang（P : blangs D）ba（P: pa D）dang | gzhan las blang ba gang yin pa de gang gis gzhan las len tam | rang gis（D : gi P）len na sdom pa yang dag par blang ba de gnyis la 'di lta ste | bsod nams dang bsod nams kyi bye brag 'ga' zhig yod dam zhe na | gal te bsam pa mtsungs pas len par byed cing de bzhin du srung bar yang byed na ni bye brag ni 'ga' yang med par rig par bya'o ||（D no. 4038, Zhi 34a6–7; P no. 5539, Zi 36b5–6）

（2）『瑜伽師地論』摂決択分中五識身相応地意地。

de la bye brag ni 'di yod de | sdom pa yang dag par blang bar 'os pa gang la sdom pa yang dag par len pa de la | de dag las la la ni gzhan las sam（D : dang P）rang yang len par byed do || de dag las la la ni rang kho na las（D : P om. las）len par byed de dge slong gi sdom pa ni ma gtogs so ‖ de ci'i phyir zhe na | 'di ltar dge slong gi sdom pa ni thams cad kyis yang dag par blang bar 'os pa ma yin pa'i phyir te | de la gal te dge slong gi sdom pa gzhan las nges par blang ba ma yin par gyur na | de la gang dag rab tu 'byung bar 'os pa dang | (D : P om. gang dag rab tu 'byung bar 'os pa dang |) gang dag rab tu 'byung bar 'os pa ma yin pa (D : par P) rang la rag lus pa'i rab tu 'byung bas rab tu byung ba de dag thams cad kyis bstan (D : brtan P) pa brtan par mi 'gyur zhing | legs par gsungs pa'i chos 'dul ba nyid kyang med par 'gyur bas | de'i phyir dge slong gi sdom pa ni rang la rag lus pa kho na ma yin no ‖ (D no. 4038, Zhi 29a4–7; P no. 5539, Zi 32a1–4)

（3）『仏説目連問戒律中五百軽重事』問五戒事品。

問。五戒若不能持、得中還不。答。得還。若欲都還五戒者、合三自帰還言。「従今日仏非我尊、我非仏弟子」。如是至三。法僧亦爾。若還一二三四者、但言。「我従今日不能復持某戒」。如是至三。若不満三、戒猶成就。（T24, 982ab）

（4）『瑜伽師地論』摂決択分中五識身相応地意地。

de la rgyu dus na dge slong gi sdom pa blangs kyang gtong bar 'gyur zhe na | mdor bsdu na rgyu lngas te bslab pa'i gzhi 'bul ba dang | ltung ba'i rtsa ba lhag par spyod pa dang | mtshan nub cing mtshan gnyis skyes pa dang | dge ba'i rtsa ba chad pa dang | rigs mthun pa spangs pas kyang dge slong gi sdom pa blangs ba gtong bar 'gyur ro ‖ dam pa'i chos rab tu rnam par zhig cing dam pa'i chos nub na ni dge slong gi sdom pa ma blangs pa ni blang du med la | sngar blangs pa ni yongs su mi gtong bar rig par bya ste | 'di ltar de'i tshe dus ngan pa byung ba de'i tshe na sems can 'ga' yang bsam pa nyams pas bsnyen par rdzogs par 'gyur ba yang med na | dge sbyong gi 'bras bu thob par 'gyur ba lta smos kyang ci dgos pa'i phyir ro ‖ dge bsnyen gyi sdom pa ni mi mthun pa'i sems skyes pa dang | dge ba'i rtsa ba chad pa dang | ris mthun pa spangs pas yongs su gtong bar rig par bya'o ‖ dam pa'i chos nub pas ni dge slong gi sdom pa ji lta ba bzhin du dge bsnyen gyi sdom pa dang | bsnyen gnas pa'i sdom pa yang de bzhin du rig par bya'o ‖ bsnyen gnas pa'i sdom pa gtong ba ni nyi ma shar ba dang | gal te sems mi mthun pa bskyed pa dang | snga rol du ris (P : rigs D) mthun pa spong zhing 'chi ba'i dus byed pa las khong du chud par bya'o ‖ (D no. 4038, Zhi 36a2–7; P no. 5539, Zi 38a7–b4)

（5）『瑜伽師地論』摂決択分中菩薩地。

sdom pa de ma btang na ni tshe rabs gzhan du yang rjes su 'jug par rig par bya'o ‖ gal te btang na ni ma yin no ‖ de gtong ba ni mdor bsdu na rgyu bzhis 'gyur te | yang dag par len pa'i sems kyis mi 'dra bar nges pa'i sems skyed（D : bskyed P）par byed pa dang | mi brda phrad pa'i drung du 'bul ba dang ldan pa'i tshig rjod（D : brjod P）par byed pa dang | pham pa'i gnas lta bu'i chos bzhi po de dag las thams cad dam | re re'i nyes pa 'byin pa dang |（D : P om. pham pa'i gnas lta bu'i chos bzhi po de dag las thams cad dam | re re'i nyes pa 'byin pa dang |）pham pa'i gnas lta bu'i chos bzhi po thams cad dam re re la kun nas dkris pa chen pos nyes pa 'byin par byed na byang chub sems dpa' sdom pa btang bar brjod par bya'o ‖ gal te phyir blang ba'i sems yongs su dag pa thob par gyur na yang phyir blang bar yang bya'o ‖（D no. 4038, Zi 38b6–39a1; P no. 5539, 'I 42a2–5）

第六章

（1）『十誦律』。

我某甲帰依仏帰依法帰依僧。第二我某甲帰依仏帰依法帰依僧。第三我某甲帰依仏帰依法帰依僧。（巻二十一。T23, 149c）

（2）『阿毘達磨大毘婆沙論』。

然応授彼近住律儀。令生妙行当受勝果。或扇搋等国王委任令知要務苦楚多人。若受律儀、毒心暫息、饒益多人故、亦応為受。然実不得近住律儀。（巻百二十四。T27, 648a）

（3）『薩婆多毘尼毘婆沙』。

若天、若龍、若鬼神、若鬱単越、若不男二根、種種罪人、尽得受三帰也。（巻一。T23, 509c）

（4）『成実論』七善律儀品。

問曰。有人言。「不能男等無戒律儀」。是事云何。答曰。是戒律儀従心辺生。不能男等亦有善心。何故不得。（巻八。T32, 303a）

（5）『瑜伽師地論』摂決択分中五識身相応地意地。

rgyu dus ni dge bsnyen gyi sdom pa len par mi 'gyur zhe na | mdor bsdu na rgyu gnyis kyis te | bsam pa nyams pa dang | skyes pa nyid nyams pas so || de la bsam pa nyams pas ni thams cad kyi thams cad du len par mi 'gyur ba kho nar khong du chud par bya'o || skyes pa nyid nyams pas ni len pa yod du zin kyang sngar bstan pa'i rgyu nyid kyis na de dge bsnyen du ni brjod par mi bya'o || bsnyen gnas pa'i sdom pa ni bsam pa nyams pa kho nas len par mi 'gyur bar khong du chud bar bya ste | gang la la dag gzhan gyi rjes su 'jug pa'am | rnyed pa dang bkur sti'i phyir bsnyen gnas pa'i sdom pa yang dag par len par dam 'cha' ba de dag kyang de la blang ba'i bsam pa med pa yin te | de ltar na de ni de'i bsam pa nyams pa yin par rig par bya'o || len par mi 'gyur ba'i rgyu nyid（D : P om. nyid）ji skad bstan pa de dag med pas ni sdom pa ji skad（D : P om. ji skad）bstan pa de dag len pa yin par khong du chud par bya'o ||

（D no. 4038, Zhi 35b6–36a2; P no. 5539, Zi 38a4–7）

（6）『阿毘達磨集論』。

za ma dang ma ning rnams las dge bsnyen gyi sdom pa bkag gam | dge bsnyen gyi sdom pa ma bkag gi（corr. : ce na DP）| dge bsnyen nyid ni bkag ste | dge slong dang dge slong ma'i phyogs gnyis la bsnyen bkur bya ba'i 'os ma yin pa'i phyir ro ||（D no. 4049, Ri 88a1; P no. 5550, Li 104b1–3）

（7）『阿毘達磨集論』。

dge bsnyen bslab pa'i gzhi'i phyogs gcig la slob na dge bsnyen gyi sdom pa dang ldan pa zhes bya'am | ldan pa ma yin pa zhes bya zhe na | ldan pa zhes kyang（D : P om. kyang）bya（D : P ad. ste）| tshul khrims 'chal pa zhes kyang bya'o ||（D no. 4049, Ri 87b7–88a1; P no. 5550, Li 104b1）

（8）『仏説目連問戒律中五百軽重事』問五戒事品。

問。五戒尽得悔不。答。若殺人婬其所尊及比丘尼盗三尊財、尽不得悔。餘得悔。（T24, 982a）

（9）『成実論』七善律儀品。

問曰。若得善律儀還破、失律儀不。答曰。不失。但以不善法汚此律儀。（巻八。T32, 303b）

（10） 慧皎『高僧伝』曇無讖伝。

初讖在姑臧、有張掖沙門道進、欲従讖受菩薩戒。讖云。「且悔過」。乃竭誠七日七夜、至第八日、詣讖求受、讖忽大怒。進更思惟。但是我業障未消耳。乃戮力三年、且禅且懺。進即於定中見釈迦文仏与諸大士授已戒法。其夕同止十餘人皆感夢如進所見。進欲詣讖説之。未及至数十歩、讖驚起唱言。「善哉善哉、已感戒矣。吾当更為汝作証」。次第於仏像前為説戒相。時沙門道朗振誉関西。当進感戒之夕、朗亦通夢、乃自卑戒臘、求為法弟。於是従進受者千有餘人。伝授此法、迄至于今、皆讖之餘則。（巻二。T50, 336c–337a）

（11） 『菩薩善戒経』。

舎利弗、若欲受持菩薩戒者、応先遠離欲痴瞋（〝欲痴瞋〟、聖本作〝瞋欲瞋〟、応作〝欲瞋痴〟）畏、六月昼夜、独処閑静纖（〝纖〟、聖本作〝痴〟）悔諸罪。（巻一。T30, 961a）

（12） 『大唐三蔵法師伝西域正法蔵受菩薩戒法』。

将欲受菩薩戒、先教発殷浄心。或復一年、下至七日、持斎礼拝、捨諸悪業、習諸善事、長養浄心、然可為受。（慧沼『勧発菩提心集』巻下所引。T45, 396a）

（13） 『瑜伽師地論』本地分中菩薩地戒品。

mṛdumadhyaparyavasthāna[ta]ś ca bodhisattva ebhiś caturbhiḥ pārājayikasthānīyadharmasamudācārād bodhisattvaśīlasaṃvarasamādānaṃ [na] vijahāti. adhimātraparyavasthānatas tu vijahāti. yataś ca bodhisattva eṣāṃ caturṇāṃ pārājayikasthānīyānāṃ dharmāṇām abhīkṣṇasamudācārāt parīttam api hrībyapatrāpyaṃ notpādayati. tena ca prīyate. tena ca ramate. tatraiva guṇadarśī bhavati. iyam adhimātratā paryavasthānasya veditavyā. na tu bodhisattvaḥ sakṛd eva pārājayikasthānīyadharmasam udācārāt bodhisattvaśīlasaṃvarasamādānaṃ vijahāti. tad yathā pārājayikair dharmair bhikṣuḥ prātimokṣasaṃvaram. parityaktasamādāno 'pi ca bodhisattvo dṛṣṭe dharme bhavyaḥ punar ādānāya bodhisattvaśīlasaṃvarasamādānasya bhavati nābhavya eva tad yathā pārājayikādhyāpannaḥ prātimokṣasaṃvarastho bhikṣuḥ. samāsataś ca dvābhyām eva kāraṇābhyāṃ bodhisattvaśīlasaṃvarasamādānasya tyāgo bhavati. anuttarāyāṃ samyaksaṃbodhau praṇidhānaparityāgataś ca pārājayikasthānīyadharmādhimātraparyavasthānasamucārataś ca. na ca parivṛttajanmāpi bodhisattvaḥ bodhisattvaśīlasaṃvarasamādānaṃ vijahāti. ata (corr. : adha) urdhvaṃ tiryaksarvatropapadyamāno yena bodhisattvena praṇidhānaṃ na tyaktaṃ bhavati. nāpi ca pārājayikasthānīyānāṃ dharmāṇām adhimātraṃ paryavasthānaṃ samudācaritaṃ bhavati. muṣitasmṛtis tu parivṛttajanmā bodhisattvaḥ kalyāṇamitrasamparkam āgamya smṛtyudbodhanārthaṃ punaḥ punar ādānaṃ karoti. na tv abhinavasamādānam. (BoBh 109, 3–20)

(14)『瑜伽師地論』本地分中菩薩地戒品。

yadi tair guṇair yuktaḥ pudgalo na sannihitaḥ syāt tato bodhisattvena tathāgatapratimāyāḥ purataḥ svayam eva bodhisattvaśīlasaṃvarasamādānaṃ karaṇīyam. evaṃ ca punaḥ karaṇīyam. ekāṃsam uttarāsaṃgaṃ kṛtvā dakṣiṇaṃ jānumaṇḍalaṃ pṛthivyāṃ pratiṣṭhāpya purato votkuṭukasthitenedaṃ syād vacanīyam. aham evaṃnāmā daśasu dikṣu sarvās tathāgatān mahābhūmipraviṣṭāṃś ca bodhisattvān vijñāpayāmi. teṣāṃ ca purataḥ sarvāṇi bodhisattvaśikṣāpadāni sarvaṃ bodhisattvaśīlaṃ samādade saṃvaraśīlaṃ kuśaladharmasaṃgrāhakaśīlaṃ (corr. : kuśaladharmasaṃgrāhakaṃ) sattvārthakriyāśīlaṃ ca yatrātītāḥ sarvabodhisattvāḥ śikṣitavanto 'nāgatāḥ sarvabodhisattvāḥ śikṣiṣyante pratyutpannā daśasu dikṣu sarvabodhisattvā etarhi śikṣante. dvir api trir apy evaṃ vaktavyam. uktvā utthātavyam. (BoBh 124, 25–125, 7)

(15)『瑜伽師地論』本地分中菩薩地戒品。

sarvā ceyam āpattir bodhisattvasya duṣkṛtyataḥ saṃgṛhītā veditavyā. yasya kasyacic chrāvakayānīyasya vā mahāyānīyasya vāntike deśayitavyā yas tāṃ vāgvijñaptiṃ pratibalaḥ syād avaboddhaṃ pratigrahītum. sa ced bodhisattvaḥ pārājayikasthānīyaṃ dharmam adhyāpanno bhavaty adhimātreṇa paryavasthānena tena tyaktaḥ saṃvaraḥ. dvir api punar ādātavyaḥ. sa cen madhyena paryavasthānenāpanno bhavati tena trayāṇāṃ pudgalānām antike tato vottari duṣkṛtā deśayitavyā. pūrvaṃ (corr. : pūrva) vastu parikīrtayitvā parato niṣadyedaṃ syād vacanīyam. samanvāharatv āyuṣmann (corr. : āyupmann) aham evaṃnāmā bodhisattvavinayātisāriṇīṃ yathāparikīrtite vastuni duṣkṛtām（corr. : dṛṣkṛtām）āpattim āpannaḥ. śiṣṭaṃ yathā bhikṣor duṣkṛtān deśayatas tathaiva vaktavyam. pārājayikasthānīyasya ca dharmasya mṛdunā paryavasthānena tadanyāsāṃ cāpattīnām ekasyaiva purato deśanā veditavyā. asati cānukūle pudgale yasya purato deśyetāśayato bodhisattvena punar anadhyācārāya cittam utpādayitavyam. āyatyāṃ ca saṃvaraḥ karaṇīyaḥ. evam asau vyutthito vaktavyas tasyā āpatteḥ.（BoBh 124, 11–24）

第七章

（1）『梵網経』。

若仏子、欲受国王位時、受転輪王位時、百官受位時、応先受菩薩戒。一切鬼神救護王身百官之身、諸仏歓喜。既得戒已、生孝順心恭敬心。見上座和上阿闍梨大同学、不起礼拝、一一不如法、供養以自売身国城男女、七宝百物而供給之、若不爾者、犯軽垢罪。（巻下。船山徹［2017：362］）

（2）『梵網経』。

若仏子、先在僧房中住、後見客菩薩比丘来入僧房舎宅城邑国王宅舎中、乃至夏坐安居処及大会中、先住僧応迎来送去、飲食供養、房舎臥具縄床事事給与。若無物、応売自身及以男女身肉売、供給所須、悉与之。若有檀越来請衆僧、客僧有利養分、僧房主応次第差客僧受請、而先住僧独受請、而不差客僧、房主得無量罪、畜生無異、非沙門、非釈種性、犯軽垢罪。

（巻下。船山徹［2017：385］）

（3）利渉『梵網経疏』。

渉云。問。売身供養、敬法宜然。国城男女何可売。悩乱衆生非菩薩故。答。事師学法、速得菩提。得菩提已、永劫□□□（多安楽？）。売男女者、一生悩害、此報出已、更多安楽。慈氏於此、有善教云「若欲施売妻子奴婢者、為説法令心歓喜、施与勝処、売与楽処。若在悪処、不応施売」。〈已上〉（凝然『梵網戒本疏日珠鈔』巻三十四。T62, 172a）

（4）『瑜伽師地論』本地分中菩薩地施品。

na ca bodhisattvaḥ svaṃ putradāraṃ dāsīdāsakarmakarapauruṣeyaparigrahaṃ samyagasaṃjñaptam akāmakaṃ vimanaskaṃ pareṣām arthinām anuprayacchati. samyaksaṃjñaptam api ca sumanaskaṃ chandajātaṃ nāmitreṣu na yakṣarākṣaseṣu na raudrakarmasu pratipādayati. nāpi ca dāsabhāvāya pratipādayati putradāraṃ sukumāraṃ kulajanam（corr.：kulaputraṃ janam）.（BoBh 83, 21–24）

（5）『梵網経』。
若有犯十戒者、教懺悔、在仏菩薩形像前、日日六時、誦十重四十八軽戒。苦到礼三世千仏、得見好相。若一七日、二三七日、乃至一年、要見好相。相者、仏来摩頂、見光華種種異相、便得滅罪。若無好相、雖懺無益。是現身亦不得戒、而得増受戒。若犯四十八軽戒者、対手懺罪滅。（巻下。船山徹［2017：222：224］）

（6）『菩薩瓔珞本業経』。
仏子、受十無尽戒已、其受者過度四魔、越三界苦、従生至生、不失此戒、常随行人、乃至成仏。仏子、若過去未来現在一切衆生不受是菩薩戒者、不名有情識者、畜生無異、不名為人、常離三宝海、非菩薩、非男非女、非鬼非人、名為畜生、名為邪見、名為外道、不近人情。故知菩薩戒有受法而無捨法、有犯不失、尽未来際。（巻下。T24, 1021b）

（7）『菩薩瓔珞本業経』。
有而犯者勝無不犯。有犯名菩薩。無犯名外道。以是故。有受一分戒名一分菩薩。乃至二分三分四分。十分名具足受戒。是故菩薩十重八万威儀戒。十重有犯無悔。得使重受戒。（巻下。T24, 1021b）

（8）『薩婆多毘尼毘婆沙』。
次大迦葉来詣仏所言。「仏是我師、我是弟子。世尊修伽陀是我師、我是弟子」。是名自誓受戒。（巻二。T23, 511a）

（9）『薩婆多毘尼毘婆沙』。
自誓唯大迦葉一人得。更無得者。（巻二。T23, 511b）

（10）『梵網経』。
若仏子、仏滅度後、欲好心受菩薩戒時、於仏菩薩形像前、自誓受戒、当七日仏前懺悔、得見好相、便得戒。若不得好相時、以二七三七乃至一年、要得好相。得好相已、便得仏菩薩形像前受戒。若不得好相、雖仏像前受戒、不得戒。若現前先受菩薩戒法師前受戒時、不須要見好相。是法師師師相授故、不須好相。是以法師前受戒、即得戒。以生重心、故便得戒。若千里内無能授戒師、得仏菩薩形像前受得戒、而要見好相。（巻下。船山徹［2017：384］）

（11）『菩薩瓔珞本業経』。

仏子、受戒有三種受。一者諸仏菩薩現在前受、得真実上品戒。二者諸仏菩薩滅度後、千里内有先受戒菩薩者、請為法師教授我戒、我先礼足、応如是語、「請大尊者、為師授与我戒」、其弟子得正法戒、是中品戒。三仏滅度後、千里内無法師之時、応在諸仏菩薩形像前、胡跪合掌、自誓受戒、応如是言、「我某甲白十方仏及大地菩薩等。我学一切菩薩戒」者、是下品戒。第二第三亦如是説。（巻下。T24, 1020c）

（12）『菩薩善戒経・優波離問菩薩受戒法』。

爾時受者自観己身、如観智者。爾時於寂静処、礼十方仏、東向像前、右膝著地、合掌而言。「大徳十方仏菩薩僧聴。今我某甲求菩薩戒。我已具優婆塞戒乃至具智者事。是故我従十方仏菩薩僧求菩薩戒。今十方仏菩薩僧観我心。我若有不信心毀菩提心、有悪心虚誑心、莫施我戒。若其無者、当施我戒。憐愍故」。第二第三亦如是。至心黙然、住専念已、而作是言。「今已施我菩薩戒、我已得菩薩戒。何以故。十方仏菩薩以他心智観我心。我有真実心、当知已施我戒。憐愍故。今我無師、十方仏菩薩為師」。第二第三亦爾。爾時十方仏菩薩即作相示、当知得戒。十方仏菩薩告諸大衆。「破（彼？）世界有某甲真実受菩薩戒。我今已施。憐愍故。今此人無師、我為作師。我今護念、是我法弟」。即起礼十方仏菩薩。是為自羯磨。

（T30, 1014a）

（13）『瑜伽師地論』本地分中菩薩地戒品。

evaṃ ca punaḥ śīlasaṃvarasamādānakarmaparisamāptyanantaraṃ dharmatā khalv eṣā yad（corr.：BoBh ad. vā）daśasu dikṣv anantāparyanteṣu lokadhātuṣu tathāgatānāṃ mahābhūmipraviṣṭānāṃ ca bodhisattvānāṃ ca tiṣṭhatāṃ dhriyatāṃ tadrūpaṃ nimittaṃ pradurbhāvati, yena teṣām evaṃ bhavati: bodhisattvena bodhisattvaśīlasaṃvarasamādānaṃ samāptam iti.（BoBh 106, 18–22）

（14）『占察善悪業報経』。
復次未来世諸衆生等欲求出家及已出家、若不能得善好戒師及清浄僧衆、其心疑惑不得如法受於禁戒者、但能学発無上道心亦令身口意得清浄已、其未出家者応当剃髪被服法衣、如上立願、自誓而受菩薩律儀三種戒聚。則名具獲波羅提木叉出家之戒、名為比丘比丘尼。即応推求声聞律蔵及菩薩所習摩徳勒伽蔵、受持読誦観察修行。（巻上。T17, 904c）

（15）『延暦僧録』高僧沙門釈普照伝。
但普照鑑真思託取〈取恐所〉到為期、自至聖朝合国僧不伏、無戒不知伝戒来由、僧数不足。先於維摩堂已具叙竟、従此已後伏受戒。其中志忠霊福賢璟引『占察経』許自誓受戒。便将『瑜伽論』決択分第五十三巻、詰云。「諸戒容自誓受、唯声聞律儀不容自受。若容自者、如是律儀都無軌範」。志忠賢璟等杜口無対、備以衣鉢受戒。
（宗性『日本高僧伝要文抄』巻三。DBZ101, 69a）

（16）元休『徹底章』。
問。南北両京律僧以三聚羯磨受菩薩戒号比丘者如何。
答。先於泉涌寺門流者、彼寺開山和尚歎日域律法断絶、企異朝伝律懇心、遥凌万里波濤、再伝両宗骨目。即建久十年〈歳次己未〉渡海在宋一紀、伝法及両宗、建暦元年帰朝。然僧衆未満之間、無十僧受戒儀、依之、勘『占察経』明文、任首師釈義為自行、密行自誓受戒儀。為於外儀、強存南北登壇之法。是故於自誓比丘者、南都雖及異論、北嶺絶紛諍也。自爾以来、或自誓或従他、南北二京于今不断絶。南都号通受比丘戒、北京号自誓比丘戒。是則泉涌受戒濫觴也。
問。『占察経』是偽経〈云云〉如何。
答。首『疏』正引之、列諸部得戒員数。南山霊芝多依用之。又『内典録』入録、不云「偽経」。依用利益多。毀謗招鬼業歟。左引之。可見。（ZKND69, 245ab）

（17）元休『徹底章』。
次南都自誓戒者、泉涌開山嘉禄三年〈歳次丁亥〉潤三月八日遷化之後、過十箇年、嘉禎二年〈歳次丙申〉九月二日於東大寺法華堂不空院照真〈号尊性。五十七歳〉、招提寺如願〈号慈禅。五十歳〉共自誓受戒。同四日、招提寺覚盛〈号窮情。四十三歳〉、西大寺叡尊〈号思円。三十六歳。受戒以後五十年、賜興正菩薩号〉同自誓受戒〈西大寺叡尊等四人同時起願自誓受戒。具如『南都自誓章』〉。是亦依『占察経』『崆峒記』文。

然南都者、中川実範上人、菩提院蔵俊僧正不用『占察経』、不許通受比丘、唯以登壇受戒応得比丘称〈云云〉。

(ZKND69, 246b–247a)

第八章

(1)『アングッタラ・ニカーヤ』(『増支部』)。

yato kho mahānāma upāsako buddhaṃ saraṇaṃ gato hoti dhammaṃ saraṇaṃ gato hoti saṅghaṃ saraṇaṃ gato hoti ettavatā kho mahānāma upāsako hoti.（AN vol. IV, 220)

(2)『雑阿含経』(舟橋一哉［1987：170–171］、本庄良文［2014：548–550］)。

yataś ca mahānāman gṛhy avadātavasanaḥ puruṣaḥ puruṣendriyeṇa samanvāgato buddhaṃ śaraṇaṃ gacchati dharmaṃ saṃghaṃ śaraṇaṃ gacchati vācaṃ ca bhāṣate upavāsakaṃ ca māṃ dharaya, iyatā upāvāsako bhavati.（AKBh 215,2–4)

(3)『阿毘達磨大毘婆沙論』。

健駄羅国諸論師言。「唯受三帰及律儀欠減悉成近事」。(巻百二十四。T27, 645c)

(4)『阿毘達磨大毘婆沙論』。

迦湿弥羅国諸論師言。「無有唯受三帰及欠減律儀名為近事」。(巻百二十四。T27, 646a)

(5)『毘尼母経』。

優婆塞者、不止在三帰、更加五戒、始得名為優婆塞也。(巻一。T24, 802b)

(6)『阿毘達磨順正理論』、『阿毘達磨蔵顕宗論』。

曾聞経部有作是執亦有無戒勤策苾芻。彼執便（〝便〞、『阿毘達磨蔵顕宗論』作〝応〞。）同布剌拏等諸外道見、非仏法宗。（『阿毘達磨順正理論』巻三十七、『阿毘達磨蔵顕宗論』巻二十。T29, 554a; T29, 869c）

（7）義浄『南海寄帰内法伝』。

師乃為授五種学処、名鄔波索迦。（巻三、受戒軌則。T54, 219a）

（8）『大般涅槃経』。

我即為説「若有善男子善女人諸根完具受三帰依、是則名為優婆塞」也。（曇無讖訳『大般涅槃経』巻三十四。T12, 568b）

（9）『大般涅槃経』。

rigs kyi bu dam chos srung ba’i dge bsnyen gyis ni bslab pa’i gzhi lnga blang bar mi bya’o || dge bsnyen gyi ’dul ba yang spyad par mi bya’o || tshul khrims dang cho ga dang | yon tan dang ldan pa’i dge slong rnams bsrung ba’i phyir mda’ gzhu dang | ral gri dang mdung thung kha leb lag tu thogs par bya’o || (P no. 788, Tu 47b2–3)

（10）『大般涅槃経』。

rigs kyi bu de bas na dge slong rnams mtshon cha lag na thogs pa’i dge bsnyen dag gis mdun du bdar te rgyu bar bya’o || theg pa chen po ’di la ni dge bsnyen gyis bslab pa’i gzhi lnga blang bar mi bya ste | dam pa’i chos srung ba’i phyir lag na mtshon cha thogs shing dge slong rnams bsrung bar bya’o || (P no. 788, Tu 49a7–8)

（11）『大般涅槃経』。

dge bsnyen rnams dang khyim bdag dang | rgyal po dang | blon po rnams kyis dge slong tshul khrims dang ldan pa bsrung ba’i phyir mtshon cha ’chang ba de yang tshul khrims yin zhe nga zer te | ’on kyang gsad par ni mi bya’o || de ni mchog tu mkhas pa’i tshul khrims yin no || (P no. 788, Tu 49b5–6)

（12）『優婆塞戒経』。

若優婆塞受三帰已不受五戒、名優婆塞。（巻三。T24, 1049a）

(13) 『瑜伽師地論』本地分中菩薩地功徳品。

tatra ye bodhisattvāḥ smeti pratijñāyāṃ bodhisattvā vartante na ca bodhisattvaśikṣāsu samyak pratipadyante te bodhisattvapratirūpakā veditavyāḥ. no tu bhūtāḥ. bodhisattvāḥ smeti pratijñāyāṃ vartante samyak [ca ye] bodhisattvaśikṣāṣu śikṣante te bhūtā bodhisattvā veditavyāḥ.（BoBh 203, 14-17）

(14) 伝最澄『末法灯明記』。

末法唯有名字比丘、此名字為世真宝。更無福田。設末法中有持戒者、既是怪異、如市有虎。此誰可信。（DDZ1, 418）

(15) 法然『十二問答』。

この畳のあるによりてこそ、やぶれたるか、やぶれざるかといふ事はあれ、つやつやなからんたたみをば、なにとか論ずべき。末法の中には持戒もなく破戒もなし。ただ名字の比丘ばかりありと、伝教大師の『末法灯明記』にかき給へるうへには、なにと持戒破戒の沙汰をばすべきぞ。（『黒谷上人語灯録』巻十四。T83, 223a. 原文のカタカナをひらがなに変換、濁点を追加）

(16) 慈円『愚管抄』。

この行者に成ぬれば、女犯をこのむも魚鳥を食も、阿弥陀仏はすこしもとがめ玉はず。一向専修にいりて念仏ばかりを信じつれば、一定最後にむかへ玉ふぞ。（巻六。NKBT86, 294）

(17) 『興福寺奏状』。

専修云。□（囲）棋双六不乖専修、女犯肉食不妨往生、末世持戒市中虎也、可恐可悪。若人怖罪憚悪、□（是）不憑仏之人也。（NST15, 315a）

(18) 法然『七箇条起請文』。

一、停止言「念仏門無有戒行」専勧婬酒食肉希見守律儀者名「雑行人」反説「憑弥陀本願者勿恐造悪」。

右、戒是仏法之大地也。衆行雖区、同依於此。是以善導和尚不挙目視女人。此其行状過本律制。浄業之徒、若不順之、遠違如来之遺教、近背祖師之嘉躅。都無拠者哉。（『黒谷上人語灯録』巻十。T83, 167c）

（19）唯円『歎異抄』。

弥陀の本願には老少善悪のひとをえらばれず、たゞ信心を要とすとしるべし。そのゆへは罪悪深重煩悩熾盛の衆生をたすけんがための願にまします。しかれば本願を信ぜんには、他の善も要にあらず。念仏にまさるべき善なきゆえに。悪をもおそるべからず。弥陀の本願をさまたぐるほどの悪なきゆえにと云々。（SZB 6. 原文のカタカナをひらがなに変換）

（20）唯円『歎異抄』。

そのゆへは、自力作善のひとは、ひとへに他力をたのむこゝろかけたるあひだ、弥陀の本願にあらず。（SZB 8-9. 原文のカタカナをひらがなに変換）

（21）唯円『歎異抄』。

善悪のふたつ惣じてもて存知せざるなり。そのゆへは、如来の御こゝろによしとおぼしめすほどにしりとをしたらばこそ、よきをしりたるにてもあらめ、如来のあしとおぼしめすほどにしりとほしたらばこそ、あしさをしりたるにてもあらめど、煩悩具足の凡夫、火宅無常の世界は、よろづのことみなもてそらごとたわごと、まことあることなきに、たゞ念仏のみぞまことにておはします。（SZB 36. 原文のカタカナをひらがなに変換）

（22）親鸞『末灯鈔』。

また往生の信心は、釈迦・弥陀の御すゝめによりておこるとこそみえてさふらへば、さりともまことのこゝろおこらせたまひなんには、いかゞむかしの御こゝろのまゝにては候べき。（SZ4, 373）

文献索引

あ行

阿毘達磨俱舎論　18, 20, 23, 24, 30, 42, 57, 58, 76, 82, 91, 93, 96, 167, 171, 174, 177, 189, 192, 198, 200–203, 227, 247
阿毘達磨俱舎論註ウパーイカー　199
阿毘達磨俱舎論註スプタールター　200
阿毘達磨識身足論　177
阿毘達磨集論　189, 192, 195, 199, 200
阿毘達磨順正理論　58, 82, 91, 96, 167, 171, 174, 177, 189, 192, 198, 200–203, 247
阿毘達磨蔵顕宗論　247
阿毘達磨雑集論　83, 189, 202
阿毘達磨大毘婆沙論　20, 42, 58, 76, 91, 100, 167, 171, 174, 177, 189, 192, 193, 198, 200–202, 246
阿毘達磨法蘊足論　51, 197, 200
アングッタラ・ニカーヤ　43, 61, 245
ヴィナヤ・アッタカター　96
有為無為決択　82, 96
ウパーサカ・ジャナ・アランカーラ　82, 93, 101, 167, 174, 186, 189, 198, 202–206, 246
優婆塞戒経　250, 251, 259
優婆塞五戒威儀経　61
優波離所問経　32, 209
延暦僧録　234
央掘魔羅経　68

か行

カターヴァットゥ・アッタカター　44, 167
ガンダ・ヴューハ（大方広仏華厳経入法界品）　158
魏志倭人伝　6
基督信徒の慰　267
愚管抄　253
クッダカパータ・アッタカター　96
決定義経　62
堅固深心品　189
高僧伝　208, 211
高僧法顕伝　59
興福寺奏状　254
虚空蔵菩薩経　109, 142
五分律　71
根本説一切有部毘奈耶雑事　60
根本説一切有部毘奈耶皮革事　201

さ行

在家仏教　248, 266
薩婆多毘尼毘婆沙　56, 62, 67, 193, 227
薩婆多部毘尼摩得勒伽　62
サンユッタ・ニカーヤ　20, 43
サンユッタ・ニカーヤ・アッタカター　82
七箇条起請文　254, 255
四分律　71, 87
四分律疏（智首）　236
ジャータカ・アッタカター　43
寂照堂谷響集　67
舎利弗阿毘曇論　82
十地経　45
十誦律　50–52, 71, 190, 191, 201
十二問答　253

十不善業道経　87, 88
宗要柏原案立　124
長阿含経　133
成業論　167
成実論　21, 31, 39, 42, 57, 58, 70, 75, 76, 83, 86, 87, 91, 92, 96, 97, 167, 171, 174, 186, 189, 192, 194, 198, 202, 207
勝思惟梵天所問経　189
摂大乗論　38, 160
スッタニパータ　28, 85
戦国策　253
占察善悪業報経　220, 226, 227, 232-23
265
雑阿含経　43, 58, 85, 196, 197,
雑阿毘曇心論　167, 171, 17
192, 198, 202
続高僧伝　211
尊婆須蜜菩薩所

た

大乗荘厳経論　38, 44
大乗法苑義林章　211
大智度論　39, 51, 70, 81, 85, 100,
191, 197, 199, 200
大唐三蔵法師伝西域正法蔵受菩薩戒法
210
大唐内典録　236
大般涅槃経（大乗教典）　60, 68, 199, 249-251, 259
大般若波羅蜜多経　136
大毘盧遮那成仏経疏　86
大宝積経　117, 119, 145, 146, 148
大方等陀羅尼経　64, 67
歎異抄　255, 256
中阿含経　43
ディーガ・ニカーヤ　28, 133
ディーガ・ニカーヤ・アッタカター　82
ディヴィヤ・アヴァダーナ　201
テーラガーター　60
徹底章　235

な行

南海寄帰内法伝　248
ナンディカ経　92, 93
南都自誓章　237
入楞伽経　68
野菊の墓　257

法
梵網
梵網経（
265

摩訶僧祇律　71, 197, 19
摩訶般若波羅蜜経　189
マッジマ・ニカーヤ・アッタ
末灯鈔　256
末法灯明記　253, 258

あ行

意楽　32, 111, 112, 170-172, 178, 179, 191, 194, 195, 208, 210, 211, 214, 215, 232, 263, 264
一殺多生　124
一得永不失　226
有情を悩まさないこと　38-40, 46, 69, 70, 81, 84, 88, 97, 102, 161, 221, 222, 238, 257, 258, 260, 263
オウム真理教　125

か行

戒体　166, 167
餓鬼　19, 20, 70
偽経は杏矯　223
苦行　5, 162
グル　126, 127
業　18, 19, 22, 26, 30, 34, 39, 41, 44, 46, 65, 66, 69, 70, 73, 81, 84, 88, 97, 102, 103, 161, 162, 166-169, 175, 181, 257, 258, 260
身業　23, 31, 102, 103, 118, 160, 162, 166, 168
語業　23, 31, 102, 103, 118, 160, 162, 166, 168
意業　23, 102, 118, 160-162, 166, 168
好相　224, 228-232, 239
五蓋　141
処（五戒・常戒）　5, 7, 26-30, 49-97,

離
50-　殺生）　5, 23, 27-29, 40,
植物　, 197, 200, 205, 250
屠畜　57-
肉食　68, 69,
微生物　56, 57
離不与取（不偸盗）　5, 23, 27
72-77, 99-101, 197, 200, 2
地中の物　76, 77
離欲邪行（不邪婬）　5, 2
50-52, 77-88, 197, 200, 20
口腔性交・肛門性交　81-83, 101
同性愛　84, 191, 211
不倫　80
マスターベーション　87, 88
遊女　85-87
欲邪行の定義　82, 83
離虚誑語（不妄語）　5, 23, 27-29, 50-52, 88-92, 99-102, 200, 205, 250
離飲諸酒（不飲酒）　5, 27-29, 50-52, 92-97, 99-101, 205, 250
飲諸酒の罪　96
五誓戒（婆羅門教・ジャイナ教）　28
近住（布薩）　20, 29, 30, 79, 97-99
近住律儀（布薩戒）　20, 21, 26, 27, 29-31, 49, 99, 100, 102, 103, 170, 174-177, 179, 186-188, 191-196, 198, 199, 203, 204, 206-208, 216, 263, 264
離非梵行　24, 29, 30, 99-101, 205
離歌舞倡伎、離塗飾香鬘　30, 99-101, 205
離高広床　30, 100-102, 205
離非時食　30, 99-102, 205

さ行

在家者
　達しうる位　43
　就くべきでない職業　61, 62, 67
　自分ひとりで受けることが認められている律儀　186
在家者の律儀
　自分ひとりで受けることの可否　174
　受ける準備　188-191
　受ける資格　191-196
　扇摭・半択迦と二形者とが在家者の律儀を得ることの可否　192
　範囲　196-201
　不完全に受けることの可否　198, 199
　たもつ者の種類　199, 200
　期限　202, 203
　優婆塞律儀／優婆夷律儀を期限つきで受けることの可否　202
　自分ひとりで受ける方法　203-206
　再開　206-208
差別　58-60, 63, 66-68
　触穢　59, 67
三帰依　188, 191, 193, 194, 246-249, 251
三福業事　41
三宝の内容　189
思　24, 166-169, 205, 206, 263
色界　18, 20, 225
地獄　19, 20, 70
自殺　69-72
　自殺しようとした出家者が得る違犯　71
自誓受戒　i, 226-239, 265
七衆　16, 17, 25, 244-252, 260
　七衆の学処と別解脱律儀　26
遮罪／制定罪　96, 97, 119-121
捨身　162
十学処(十戒)　26, 99
十善業道　22-25, 28, 30, 31, 34, 38-40, 158, 186, 263　→妙行も見よ
宗派・学派
　上座部　7, 9, 21, 25, 27, 29, 40, 42, 44, 50-52, 61, 71, 80, 82, 85, 93, 96, 98-101, 133, 166, 167, 174, 175, 186-189, 192, 198, 199, 202-204, 206, 216, 245, 246, 248, 250, 259, 263, 264, 266, 267
　説一切有部　18, 20, 21, 23-25, 27, 29, 30, 41, 42, 45, 50-52, 56, 57, 60, 62, 71, 76, 80-82, 85, 87, 91, 93, 96, 98, 100, 101, 166-168, 170, 171, 174, 176, 177, 188-194, 196-199, 201-203, 207, 227, 245, 247-249, 257, 259
　　カシミールの―　246-249, 251, 259
　　ガンダーラの―　198, 246, 250, 259
　経量部　18, 21, 25, 27, 29, 31, 39, 40, 42, 46, 52, 57, 58, 69, 70, 75, 76, 80, 81, 83, 84, 86-88, 91, 92, 96, 97, 101, 102, 161, 167, 168, 170, 171, 174, 186-189, 191, 192, 194, 198, 202-204, 206, 207, 216, 221, 238, 247, 257, 260, 263, 264, 267
　正量部　80-82, 84, 87, 96
　法蔵部　71, 80-82, 87, 133, 247, 248, 251, 259
　大衆部　44, 71, 167, 168, 196, 197, 199
　唯識派　18, 21, 25, 27, 29, 44, 52, 80, 81, 83, 84, 87, 96, 101, 108, 160, 167, 169-178, 186-189, 191, 192, 194, 195, 199-204, 206, 208, 216, 260, 263, 264, 267
　チベット仏教　9, 98, 187, 249, 266
　日本天台宗　124, 220, 235, 236, 252, 253, 264, 265
　日本曹洞宗　220, 252, 265
　浄土宗　220, 252-255, 265
　浄土真宗　244, 255, 257, 259, 265
　真言律宗　265
　婆羅門教　24, 28-30
　ジャイナ教(ニルグランタ)　28-30, 54,

57, 58, 63
常戒　→五学処
性罪／世間罪　96, 97, 121, 125, 132
清浄意楽地　112
生天　6, 12, 41, 42, 46, 169, 193
神変月　97, 98
制定罪　→遮罪

た行

大菩提　44-46, 160
畜生　19, 20, 70, 213
通受　236, 237
天　19, 20, 70, 194

な行

ニルグランタ　→宗派・学派
人　19-21, 39, 70
涅槃　6, 12, 39-42, 44-46, 69, 95, 134, 135, 170, 189, 228, 229

は行

八支近住学処（八斎戒）　26, 29, 30, 57, 97-103, 196, 206, 263
不飲酒　→五学処
布薩　→近住
布薩戒　→近住律儀
不邪婬　→五学処
不殺生　→五学処
不偸盗　→五学処
不妄語　→五学処
別解脱律儀　18-34, 38-40, 57, 102, 160, 161, 170, 173, 175-179, 186, 192-194, 197, 200, 201, 203, 208, 220, 232, 233, 237, 244, 252, 263
　戒　5-10, 17-19, 21, 22, 26, 27, 30, 31, 33, 34, 38-42, 44-46, 64-66, 69, 70, 81, 84, 88, 97, 102, 103, 108, 160-162, 166, 169, 171, 175, 181, 201, 205-207, 215, 220, 235, 238, 247, 250, 252-255, 257-260, 263-269
　妙行　18-20, 22, 23, 26, 30, 34, 39, 41, 44, 46, 57, 64, 69, 70, 81, 84, 88, 97, 102, 103, 161, 162, 166, 169, 175, 181, 193, 197, 201, 203, 257-260　→十善業道も見よ
　業　→業
　モノ　166, 169, 175, 181
　七衆の別解脱律儀の棄捨の原因　177
別受　237
方便善巧　124-126
菩薩戒　31-33, 120, 159, 175, 208-215, 219, 220, 226, 229-233, 237, 263　→菩薩律儀も見よ
　律儀戒　31-33, 111, 159-161, 175, 208, 214, 232, 233, 235, 237　→別解脱律儀も見よ
　摂善法戒　31, 33, 159-161, 175, 208, 214, 232, 233, 235, 237
　饒益有情戒　31, 33, 159-161, 175, 208, 214, 232, 233, 235, 237
　菩薩戒と他勝処法、違犯との対応　161
　『梵網経』の―　220-222, 224-226, 228-230, 232, 233, 235-239, 252, 263, 265
菩薩律儀　22, 31-34, 38, 107, 160-162, 175, 180, 186, 187, 208-216, 219, 232, 251, 252, 260, 263, 264
　受ける準備　208-211
　受ける資格　211
　範囲　211
　期限　212, 213
　自分ひとりで受ける方法　213, 214
　再開　214-216

ま・や・ら行

無教会キリスト教　267
無色界　18, 20, 225
欲界　18-23, 25-27, 29, 31, 34, 103, 162, 225
律儀　17-22, 24, 26, 30, 34, 41, 44, 46, 58, 69, 70, 81, 84, 88, 97, 102, 103, 161, 162, 166, 168-175, 181, 191, 192, 194-197, 200-203, 207, 208, 211, 212, 232, 244-251, 254, 257-260
別解脱律儀　→別解脱律儀
静慮律儀　18-21, 23
無漏律儀　18-21, 23
律儀の獲得の原因　171

著者紹介
大竹　晋（おおたけ　すすむ）
1974年、岐阜県生まれ。筑波大学卒業。博士（文学）。
現在、仏典翻訳家。
著書に『宗祖に訊く』『大乗起信論成立問題の研究』『大乗非仏説をこえて』（国書刊行会）、『唯識説を中心とした初期華厳教学の研究』『元魏漢訳ヴァスバンドゥ釈経論群の研究』（大蔵出版）、『「悟り体験」を読む』（新潮社）、訳書に新国訳大蔵経・『十地経論Ⅰ・Ⅱ』『大宝積経論』『能断金剛般若波羅蜜多経論釈 他』『法華経論・無量寿経論 他』（大蔵出版）などがある。

セルフ授戒《じゅかい》で仏教徒《ぶっきょうと》
——五戒《ごかい》・八戒《はっかい》・菩薩戒《ぼさつかい》、インド直伝実践《じきでんじっせん》マニュアル
ISBN978-4-336-07030-2

令和２年６月25日　初版第１刷発行

著　者　大竹　晋
発行者　佐藤今朝夫

〒174-0056　東京都板橋区志村1-13-15
発行所　株式会社　国書刊行会
電話 03(5970)7421　FAX 03(5970)7427
E-mail: info@kokusho.co.jp　URL: https://www.kokusho.co.jp

落丁本・乱丁本はお取替えいたします。
装幀　鈴木正道（Suzuki Design）
印刷　創栄図書印刷株式会社
製本　株式会社ブックアート